하늘은 나를 얻고

하늘은 나를 얻고
—

1판 1쇄 펴냄 2024년 4월 10일

지은이 김민웅
펴낸이 한종호
디자인 임현주
인쇄·제작 미래피앤피

펴낸곳 꽃자리
출판등록 2012년 12월 13일
주소 경기도 의왕시 백운중앙로 45, 2단지 207동 503호(학의동, 효성해링턴플레이스)
전자우편 amabi@hanmail.net
블로그 http://fzari.tistory.com

Copyright ⓒ 김민웅 2024

—
ISBN 979-11-86910-51-1 03230
값 18,000원

하늘은 나를 얻고

김민웅 지음

차례

하나님의 영에 취해 걸어간 길

《사랑이여, 바람을 가르고》라는 제목의 설교집을 20년 전에 냈습니다. 미국 뉴저지주에 위치한 길벗교회에서 스무해 가까이 목회하던 시절의 설교를 여러 편 모아 중간 중간에 노트를 달아 출간했던 책입니다. 그걸 다시 내자는 꽃자리출판사의 요청으로 새로 고쳐 세상에 내놓습니다. 돌아보면 그때 그 시절, 길벗교인들이 제게 주신 사랑이 참으로 감사합니다. 이제는 만나 볼 수 없는 분들도 계십니다. 그립습니다. 이책에 담긴 말씀들은 그렇게 길벗으로 어울려 나눈 사랑과 하나님의 은총으로 주어진 열매들입니다.

　책의 제목은《하늘은 나를 얻고》로 새책이 되었습니다. 글 꼭지 하나의 제목에서 따온 것이자, 하나님의 기쁨이 곧 우리의 기쁨이 되는걸 바라는 마음을 담았습니다. 성서는《새번역》을 사용했습니다. 운율이 아쉬운 경우가 있긴 해도 번역이 충실하고 현대 우리 언어생활과 맞기 때문입니다.

설교는 본래 입을 열어 말하고 귀를 기울여 듣는 것입니다. 설교자의 목소리와 그걸 듣는 이가 있는 현장이 중요합니다. 문자로 기록된 설교는 그 생동감을 그대로 전할 수는 없습니다. 하지만 "읽는 설교" 역시 소중합니다. 읽으면서 시간을 가지고 성찰할 수 있고 그 의미를 더 깊게 캐들어갈 수 있기 때문입니다. 그래서 여기에 다시 쓴 설교들은 애초에 비해 길이가 달라졌습니다. 조금 더 친절하고 섬세해지고 싶은 마음에서입니다.

말씀으로 돌아가는 일은 삶의 근본에 다가서는 일이기도 합니다. 성서의 본문이 짚어나가는 뜻을 깊게 새기는 과정은 우리의 사유와 마음의 힘을 기릅니다. 전체 스무 편의 글이 실려 있는데, 모두 대대적인 개정작업과 함께 추가로 더한 글들도 있습니다. 그간 세월도 흘렀고 그러는 사이에 저의 신학적 관점의 발전과 삶의 경험이 나름대로 쌓여온 결과들입니다.

형식의 독특함이 하나 있습니다. 설교의 처음 또는 중간 중간에 노트처럼 짧은 글들이 있습니다. 첫 출간 당시는 설교자들을 위한 길잡이 역할을 염두에 두고 넣은 것이나, 이제는 잠시 쉬어가면서 생각을 나누는 뜻으로 정리했습니다. 명상 노트인 셈입니다. 또는 다루는 주제에 대한 문제의식이나 설교문에 대한 질문과 답, 내지는 주해의 성격도 지녔습니다. 물론 설교의 흐름을 우선 그대로 따라가고 싶다면 이를 건너뛰고 설교 그 자체를 그대로 끝까지 읽어도 무방합니다. 그렇지만 보다 깊게 생각하면서 읽고자 한다면 이걸 같이 읽기를 추천합니다.

날로 어지러운 세상에 중심을 잡고 살아가는 일은 쉽지 않습니다.

그래도 성서의 말씀을 자신의 양식으로 삼아 성찰하고 묵상하고 기도하면서 자신을 돌아보고 세상을 응시해 나가는 힘을 길러 갈 수 있다면 희망의 길이 열리지 않겠습니까. 사실 종교란 인간 누구에게나 의미가 있습니다. 기독교라는 제도종교에 대해 반감을 갖는 경우라도, 삶에서 궁극에 이른 이들의 마음과 영혼이 깨우치게 된 바를 함께 생각해 보는 것은 단지 신도에게만 속하는 일은 아닐 것입니다.

준비할 때마다 기도하는 중에 밤을 꼬박 지새우며 헤아린 말씀들입니다. 어떤 길을 어떻게 가게 되는지 전혀 알지 못한 채 하나님의 영에 취해 걸어간 길입니다. 거기에서 받은 깨우침과 은총을 다시 건져 올려 새롭게 다듬는 기쁨과 감사가 큽니다. 글을 고쳐 쓰면서 지난 세월과 다시 마주하고 내 자신이 걸어온 시간들과 만나는 감격 또한 누렸습니다.

오랜 세월 우정을 나누어 온 믿음의 형제 한종호 목사님의 노고에 감사를 표합니다. 또한 책이 되기 전 원고를 미리 읽고 독자들을 위한 글을 써주신 존경해마지 않는 민영진 박사님, 오강남 박사님, 문학과 역사 믿음의 삶을 하나로 살고 있는 김응교 교수님, 말씀의 씨알에 정밀한 시선을 담아낸 구미정 박사님, 그리고 오랜 세월 벗이 되어 그 마음으로 이 책의 원고를 읽고 그 후기를 보내준 정범구 대사님과 박재동 화백님에게 감사를 표합니다. 이번에 목회를 은퇴한 벗 김기석 목사님에게도 감사와 함께 건강을 기원합니다. 인생을 힘차고 보람있게 살아가고자 하는 독자들에게 은혜가 되기를 진심으로 비는 마음입니다.

2024년 2월 김민웅

성서에 충실한 설교자,
그 말씀을 실존 그리고 역사와 만나게 하다

한종호/꽃자리출판사 대표

김민웅 목사님과의 인연은 오래 전 그가 낸 《물 위에 던진 떡》이다. 설교전문 잡지 「그말씀」 편집장으로 일했던 시절, 마감을 하면 광화문에 있는 교보문고에 나가 설교와 관련된 신간들을 살펴보곤 했다. 책들을 둘러보던 중 《물 위에 던진 떡》이 눈에 들어왔다. 신학서적을 내는 곳이지 설교집은 내지 않는 한국신학연구소의 출판물이라 우선 눈이 갔다. 이례적이었기 때문이다. 그리고 펼쳐 들고는 놀라웠다. 전혀 다른 성서읽기와 해석의 보고(寶庫)였다. 그의 설교를 직접 들으면 그 역동적인 말씀의 선포는 더욱 강렬하게 가슴에 새겨진다. 그걸 직접 듣지 못해 아쉬워하고만 있을 일은 아니다. 글로 기록된 내용은 그 감동을 최대한 담아내고 있음을 알게 되기 때문이다.

《하늘은 나를 얻고》, 이 책의 원본이 되는 《사랑이여 바람을 가르고》는 뉴스앤조이 초대 편집인 시절 내 자신이 출간을 맡았던 인연 또한 있다. 세월이 지나면서 이 책을 다시 내고 싶은 갈증이 점점 커졌다. 김민웅 목사님의 설교는 인간의 실존부터 역사에 이르기까지 그 지평이 깊고 넓다. 무엇보다도 성서해석이 근간이 된 설교라는 점에서 그 의미가 중요하고 무겁다.

'김민웅' 하면 다양한 이미지가 떠오른다. 언론인, 방송인, 교수, 목사, 시민활동가를 비롯 무엇보다도 문필가로서의 사회적 역할이 중심인 김민웅 목사님인지라 그의 설교는 설교의 내용이 정치사회적 사례들로 가득할 것 같다는 인식을 하기 쉽다. 그러나 이런 이미지는 그의 설교에서 여지없이 깨진다.

성서의 본문 자체가 가진 메시지를 주목하는 것이 그의 설교가 가진 힘이다. 그 시선으로 자신과 세상을 보면 되니 다른 군말이 필요치 않다. 자의적인 해석이 중심에 서게 될 가능성이 높은 성서 밖의 세계를 통해 성서에 들어가는 것이 아니라, 성서 안의 세계에서 성서 밖의 세계로 나온다. 그리고 이 두 세계는 서로 하나가 되는 과정을 거친다.

따라서 이 책은 그가 성서와 세상을 대하는 시선과 태도를 충실하게 보여준다. 특히 설교 중간 중간에 담은 '명상노트'는 그의 정신 내부에 펼쳐지는 사유, 문제의식, 그리고 설교의 형식에 담지 않은 지층 밑의 서사가 있다. 설교자가 설교를 어떻게 구축해나갔는지를 알게 해줄 뿐만 아니라, 이로써 우리는 성서와 현실이 만나게 되는 지점을 발견하게 된다. 그런 차원에서는 일반 독자만이 아니라, 설교를 준비하는 이들 또는 성서연구에 관심있는 이들에게 모두 도움이 되지 않을까 하는 기대가 크다.

이 책에는 원본이었던 《사랑이여 바람을 가르고》와 비교해보면 김민웅 목사님이 그간 지내온 세월에 길러온 여러 성찰이 더해지면서 신학적 메시지 역시 심화된 것을 느끼게 된다. 더해진 새로운 설교들도 있다. 사실 그의 설교는 대단히 많다. 이제 겨우 그걸 조금 소개하는 정도가 되는가 싶다.《물 위에 던진 떡》도 언젠가 다시 출간할 예정이다.

마냥 혼란스럽고 거칠어만 가는 세상이다. 이런 때에 말씀의 힘으로 자신의 중심과 역사의 중심을 바로 세우는 감격을 나누고 싶다. 김민웅 목사님의 이 책《하늘은 나를 얻고》가 그런 생명의 기운을 뿜어내 줄 것을 믿는다.

믿음과 진실, 그리고 깊은 성찰로 태어난 말씀의 힘은 세월의 풍파에 마모되지 않는다. 도리어 그 기운의 빛깔이 더더욱 선명해진다.《하늘은 나를 얻고》가 바로 그런 책이라는 것을 편집자로서 확신한다.

누군가의 가슴에 사랑의 불씨가 되기를

김기석/청파교회 목사

김민웅 목사하면 박람강기(博覽强記)라는 말이 떠오른다. 어떤 주제가 나오든 그는 마치 오랫동안 그 주제를 천착해 온 것처럼 거침없이 말한다. 허풍이 아니다. 그의 사유는 깊고 넓다. 학자이면서도 광장을 떠나지 못하는 그는 달변가이고 사람들을 설득하는 그의 언어는 섬세하다. 그는 사람들을 깊은 인식의 세계로 인도하기 위해 강의를 하고, 연극을 하고, 노래를 부르기도 하지만 기본적으로는 선포자이다. 뉴저지주에 있던 길벗교회의 담임자로 살면서 선포한 설교를 새롭게 다듬어고치고 거기에다 새로 쓴 설교를 더해 묶은 이 책은 그의 삶을 관통하는 밑절미가 하나님에 대한 열정임을 보여준다.

　그는 언제나 우리가 처한 삶의 현장에 눈길을 준다. 절망과 어둠의 무게에 짓눌린 이들의 삶의 자리를 외면하지 않는다는 말이다. 땅에서 들려오는 신음소리를 차마 외면하지 못하셨던 하나님처럼 그도 땅의 소리에 예민하게 반응한다. 그렇기에 그의 설교는 뜬 구름을 잡는 것처럼 공허하게 느껴지지 않는다. 애초부터 명증한 해답을 아는 자로 자신을 드러내지 않는다. 그는 청중들과 함께 성서의 이야기 속으로 한 걸음 한 걸음 조심스럽게 걸어 들어간다. 이미 내던져진 흙더미를 다시 유심히 살피는 고고학자의 시선으로 그는 성서의 메시지에 귀를 기울인다. 우리가 바라보는 저 우람한 산이 산의 전모가 아니듯, 성서는 바라보는 관점과 입장에 따라 언제나 새롭게 해석될 수 있다. 성서해석은 정답 찾기가 아니다.

글을 쓰는 이의 마음속에서 마치 빛이 명멸하듯 수많은 아이디어들이 떠올랐다 스러지곤 한다. 애초에 글의 길잡이가 되어주었던 아이디어가 최종적인 결과물에서는 생략되는 경우도 제법 많다. 글을 쓰는 것은 어떤 생각을 심화하고 확장하는 과정이지만, 많은 것을 생략하거나 포기하는 과정이기도 하다. 한 편의 설교는 정교한 구조물과 같아서 사람들은 그 결과물만 보지만 설교를 준비하는 이들은 거푸집과도 같은 구조를 만들었다 허무는 과정을 반복한다.

이 책은 이중구조로 이루어져 있다. 설교문은 명조체이지만 설교의 뿌리를 이루고 있는 신학적 사색과 지향은 볼드체로 표기되어 있다. 짧은 설교의 구조 속에 다 설명할 수 없기에 생략할 수밖에 없었던 사유의 뿌리를 그는 용감하게 드러낸다. 많은 목회자와 신학생들이 이 책을 읽고 설교라는 구조물이 어떻게 만들어지는지를 배울 수 있으면 좋겠다.

《하늘은 나를 얻고》라는 책 제목에 들어간 '나를 얻고'는 얼핏 기이할 수 있다. 우리는 보통 믿음을 가지면 우리가 하늘을 얻는다고 여기고 있기 때문이다. 이 책 설교문의 제목 "나는 하늘을 얻고 하늘은 나를 얻고"의 뒤를 따온 제목이다. 책의 제목을 이리 붙이니 나를 얻으시려는 하나님의 절실한 마음이 느껴진다. 이 시대의 냉랭함과 무정함으로 탄식하는 이들을 돌보시는 하나님의 마음 말이다.

우리를 자신의 딸과 아들로 받아 안아 그 힘으로 살아가게 하시려는 분의 사랑을 이 책은 일깨운다. 사랑이야말로 생명의 뿌리이지 않겠는가. 이 책이 누군가의 가슴에 사랑의 불씨가 되기를 바란다.

김민웅 목사의 언어, 말, 소리, 메시지

민영진/전 대한성서공회 총무

소리 없이 퍼지는 메시지

시편 19편 시인은 우주에 가득 찬 언어와 말과 소리를 두고서 다음과
같이 읊는다.

> 하늘은 하나님의 영광을 드러내고(개역/개정 '선포하고', 공역 '속삭이고'), 창
> 공은 그의 솜씨를 알려 준다. 낮은 낮에게 말씀을 전해주고, 밤은 밤
> 에게 지식을 알려 준다. 그 이야기 그 말소리, 비록 아무 소리가 들리
> 지 않아도 그 소리 온 누리에 울려 퍼지고, 그 말씀 세상 끝까지 번져
> 간다.(《새번역》 시편 19:1~4a)

피조물인 하늘과 창공이 말한다. 피조물인 시간(낮과 밤)도 말로 정보
를 전달한다. 시인의 역설(逆說)이 나온다. 이 우주에 언어가, 말이, 가
득 차 있어도 들리는 소리가 없단다.(안 들려!) 다음 행에서 이 역설이 한

번 더 뒤집힌다. "그 소리 온 누리에 울려 퍼지고, 그 말씀 세상 끝까지 번져 간다"(4a)고. 하늘과 창공이 우주 안에서 같은 언어로 말해도 소리가 안 들리고, 안 들리니 전달되는 메시지가 없기는, 설교단에서 선포되는 말이나, 설교집에 활자로 전달되는 설교라고 예외일까. 우리의 설교에는 한국어라고 하는 '언어'가 있다. 언어 행위로서의 '말'이 있다. 청력을 지닌 사람들이 들을 수 있도록 적절한 음량을 갖춘 '소리'가 있다. 읽는 이들을 위한 '글'이 있다. 이것들이 함께 조화를 이루어 전달하는 '정보'나 '메시지'가 있다. 그러나 어떤 귀는 그 소리를 듣고, 어떤 귀는 그 소리를 전혀 듣지 못한다. 읽어도 무슨 말인지 모르는 눈도 있다.

김민웅 목사(이하 설교자)의 설교집 《하늘은 나를 얻고》가 나왔다. 그의 목회 현장에서는 언어, 말, 소리로 이 설교가 선포되었었다. 지금 우리에게 이 설교는 말이 아닌, 활자 매체로 전달되고 있다. 말로 전달될 때도 소리가 안 들려 그의 설교를 들을 수 없었던 이들이 있었을 것이고, 지금은 비록 활자 매체로 전달되어도 독해(讀解)를 거부하고 문해(文解)를 외면하면 이 설교집에 담긴 설교 역시 독자를 얻지 못할 것이다. 그것은 마치 지금도 하늘이 말을 퍼붓고 궁창이 이야기해도 귀가 막혀 있으면 안 들리듯이.

설교 속 하나님의 모정(母情)

설교자는 그의 설교 「첫날의 깨달음」에서 창세기를 가리켜 "절망에 빠진 이들을 위한 기록" "고난의 시절에 쓰여진 책"으로 규정한다. 설교자는 또 "창세기는 고난받고 있는 존재가 하나님의 생명과 만나 새롭게 인생의 출발을 하게 된 사건들을 기록한 책이다. 이 책의 기록자들이 자기들이 살던 땅에서 뿌리뽑혀진 채 당대의 제국 바빌로니아의 포로로 노예 생활을 하면서 고통과 절망에 빠져 있던 사람들이라는 사실을 우선 기억할 필요가 있다"고 강조한다. 이어서 설교자는 창세기 1장 2절("하나님의 영은 물 위에 '움직이고' 계셨다.")과 신명기 32장 11-12절 ("마치 독수리가 그 보금자리를 뒤흔들고 새끼들 위에서 '퍼덕이며', 날개를 펴서 새끼들을 받아 그 날개 위에 업어 나르듯이, 주님께서만 홀로 그 백성을 인도하셨다.")라는 두 본문을 융합하여, 사람을 창조하신 하나님의 인간 사랑을 어미 독수리의 새끼 사랑에 비유하여 설명한다.

견강부회(牽强附會)가 아니냐고? 아니다. 하나님의 영이 물 위에서 '움직이고 계셨다'라는 것과, 어미 독수리가 둥지를 드나드는 새끼들을 공중에 높이 떠서 보살피느라 날개를 '퍼덕인다'라는 말이 히브리어로는 같은 말 '락하프'다. 그리고 이 말은 히브리어 구약성경 전체에서 창세기 1장 2절과 신명기 32장 11절에서만 나온다. 그리하여, 성경 주석자들이 나오기 전부터 히브리어 언어학자들이 성경어구사전과 관주(貫珠)를 만들 때 같은 히브리어 '락하프'가 창세기 1장 2절과 신명기 32장 11절에 나온다는 것을 밝혔고, 상상력이 풍부한 주석자들과 설교자들이 이 두 본문을 연결하여 하나님의 모정(母情)을 감지하기에 이른다.

그래서 우리의 설교자는 드디어 그의 설교「첫날의 깨달음」에서 "'하나님의 영이 물 위에 움직이고 계셨다'라는 본문의 대목에서, 이 움직임이 갖는 성경 본래의 이미지는 분명합니다. 어미 새가 커다란 날개를 펴고 그 주위를 감돌면서 사랑의 기운을 불어넣는 모습이라고 할 수 있습니다"라는 메시지를 선포한다.

설교자와 번역 성경

설교자 김민웅은 그의 설교집 서문에서 말한다. "성서는《새번역》을
사용했다. 번역이 충실하고 현대 우리 언어생활과 맞기 때문이다."
1993년 부활절에《성경전서 표준새번역》이 나왔다. 대한성서공회는
출판에 앞서《새번역》의 시험본(trial edition) 1천 부를 인쇄하여 각 교
단에서 추천하는 목회자 1천 명에게 돌려 고견을 구했다. 많은 의견이
들어왔고, 번역실에서는 목회자들의 의견을 번역위원회에 넘겨, 재론
을 요청했고, 고견이 반영된 결정판을 간행했었다.

아마 2000년이 시작되기 전인 어느 여름이나 가을 즈음이었을 것
같다. 대한성서공회 번역실에서 나는 미국 뉴저지 길벗교회 담임 김민
웅 목사의 방문을 받았다. 나를 찾아온 그가 1993년에 출간된《표준
새번역》전도서 11장 1절을 문제 삼는다.《개역성경》의 "너는 네 식물
을 물 위에 던지라 여러 날 후에 도로 찾으리라"가《표준새번역》에서
는 "돈이 있으면, 무역에 투자하여라. 여러 날 뒤에 너는 이윤을 남길
것이다"로 되어 있다. 아무런 대가를 바라지 않고 누군가에게 선의의
양식이 되리라는 기대를 담은 본문을 어쩌자고 해외무역에 투자하여
이윤을 남기라고 하는, 다분히 자본주의적인 발상으로 본문을 왜곡할
수 있느냐는 항의를 받았다.《개역성경》의 모호한 번역보다 1992년에
나온 현대영어역(TEV)의 "Invest your money in foreign trade, and
one of these days you will make a profit."이 더 낫겠다 싶어서 위
원회에서는《표준새번역》(1993)이 TEV 번역을 수용하기로 의견을 모

왔고, 그후 1996년에 나온 NIRV 역시 "Put your money into trade across the ocean. After a while you will earn something from it."이라고, 같은 번역 경향을 보였으므로 2001년《표준새번역 개정판》에서도, 2004년《새번역》에서도 이 번역을 개정하지 않았다. 다만 김민웅 목사가 지적한 "번역에 반영된 자본주의 논리" 비평은 30여 년이 지난 지금까지 잊히지 않는 날카로운 지적이다. 당시《표준새번역》이 국내보다 해외 교민 사회에서 더 신속히 보급되었는데, 시험본 배부 대상에 해외 목회자를 고려하지 못한 것이 지금도 후회가 된다.

역사 속 하나님 나라의 도래(到來)

이 설교집의 마지막 설교 「배 오른편의 비밀」에서 설교자는 예수의 하나님 나라 선포가 이스라엘 역사에 깊이 관여했던 제국의 지배 역사, 흥망하는 제국의 하수인 노릇을 한 이스라엘 지배계급의 횡포와 수탈을, 기원전 6세기 바빌로니아 포로 생활, 5세기 페르시아 제국의 식민 지배, 4세기 알렉산더 그리스 제국의 지배, 로마제국의 출현, 기원전 63년, 로마의 폼페이우스가 선봉에 선 정복 전쟁, 이스라엘의 로마 식민지화, 여기에 항거한 기원전 2세기 마카비우스의 민중 봉기, 반제국주의 투쟁, 잠시 누린 이스라엘의 독립, 기원전 37년에 나사렛 남부 도시 세포리아에서 일어난 민중 반란, 스파르타쿠스 노예반란을 진압한 뒤 수천 명이 십자가에 매달려 처형당하는 참극, 예수시대 갈릴리 나사렛은 바로 그런 세포리아 반란의 기세가 남아 있는 현장이었음을 지적하고, 제국주의의 억압과 민중의 항거 역사를 하나님 나라 도래의 신학으로 해석하는 과제를 제시한다.

설교자는 이것을 그대로 우리의 역사에 접목한다. 개혁군주 정조가 죽고 권문세가들의 세도정치가 권세를 부린 19세기 초반에서 1백 년의 시기는 홍경래(洪景來)의 반란(反亂)에 이어 진주민란, 그리고 급기야는 동학농민전쟁을 거쳐 1900년대에서 1904년에 이르는 활빈당의 출현, 1948년 4·3 제주민중항쟁으로 이어지기까지의 역사를 하나님 나라의 도래와 관련한 신학화 작업을 시도한다.

설교자의 성경 본문 주석

설교자가 설교의 기본 자료로 선정한 성경 본문은 일반적으로는 설교를 뒷받침하는 자료다. 20편 설교 전체에서 설교자는 그의 설교가 이 본문에 입각한 것임을 매번 충분히 설명한다. 각 설교의 상당 분량이 성경 본문에 관한 해설이다. 해설에는 설교자가 터득한 주석적 견해가 정확하게 반영되어 있다. 설교에서 청중에게, 혹은 독자에게 성경 본문 내용과 본문의 의도를 충분히 설명한다.

기본 본문 외에, 선포되는 메시지의 구체적 내용을 뒷받침하는 보조 본문을 설교 현장에서 그때그때 적절히 그리고 넉넉히 제시한다. 그래서 그의 설교에는 기본 본문 외에, 많게는 15개 안팎의 보조 본문이 선정되어 설교에 보충되기도 한다. 예를 들면, 설교 「고난이 기른 선(善)」은 기본 본문이 창세기 37장 23-24절, 50장 19-21절이다. 그런데 실제 설교 안에서는 이 본문 외에 창세기 37장 2, 3, 4, 6-11, 13-28, 15-16절; 39장 4, 6-10, 11-20절; 41장 1-8, 14, 31-36, 41절; 마태복음 5장 4-7절 등이 실제로 더 인용되어 있다. 성경적 근거와 지원이 없는 메시지는 전달하지 않는다는 증거 제시가 과민할 정도가 아닌가 싶을 수도 있다. 그러나 이렇게 여러 곳 본문을 증거로 제시하면서도 성경 본문의 내용과 문맥, 본문의 배경을 설명할 때 설교자의 능숙한 스토리텔링은 듣는이/읽는 이가 재미있게 이야기에 몰입할 수 있게 한다. (제한된 지면에서 일일이 예를 들지 못해 아쉽다.)

딱 한 곳, 그의 설교 「주님, 우리가 칼을 쓸까요?」에서 설교자는 난해한 본문(누가복음 22:38)을 다룬다. 설교자가 주석들 사이에서 대립하는 견해를 비판적인 안목을 가지고 융합시키는 과정에서 독자를/청중을 미로로 데려가기도 하는, 이 드문 예를 잠시 짚고 가보자. 이것은 설교자의 결함을 지적하려는 것이 아니라 그리스어 신약 본문의 난해함을 말하기 위함이다.

… 칼을 준비하라는 것과 칼 두 자루면 넉넉하다는 말씀을 분명하게 이해할 필요가 있습니다. 이 두 말씀을 하나로 묶으면, (칼을) 준비하긴 하되 두 자루 정도면 된다는 것입니다.(「주님, 우리가 칼을 쓸까요?」)

그리스어 '히카논 에스틴'의 문자적 의미는 꼭 "(칼 두 자루가) 넉넉하다"라는 말은 아니다. '넉넉하다'라는 서술어의 주어는 그리스어에서는 '칼 두 자루'가 아니다. 영어 번역들이 보여주듯이, 그냥 특정 대상을 지칭함이 없이, 문맥에 따라 의미가 결정되는 말이다. 현재 문맥에서는 제자들이 그들의 랍비가 비유로 하는 말을 문자로 들으니, 그들의 랍비가 더는 그의 제자들과의 대화의 필요성을 느끼지 않고, "됐다!" "그만하자!"("It is enough!" "That's enough!")라고 하는 뜻이다.(대다수 주석) 번역에 따라서는 아주 드문 경우이긴 하지만, 고대 시리아어역,

아랍어역, 에티오피아어역 등은 '넉넉하다'의 주어를 복수로 번역한다.("They are sufficient.") 이런 번역은 "칼 두 자루면 넉넉하다"라는 뜻이다. 그러나 이것은 대단히 예외적인 번역이다. 코이네 그리스어 신약 본문의 반영도 아니고, 이런 번역을 따르는 다른 언어 번역도 더는 찾기 어렵다.

누가복음 22장 38절 번역에서 New English Translation과 New American Bible은 각각 다음과 같은 각주를 제시한다.

"예수의 말을 제자들이 오해하고 있으니까 예수는 It is enough!라고 말하고 대화를 끝내버린다."(NET 각주) "예수의 고별사는 갑자기 예수가 말한 It is enough!라는 말로 끝난다. 예수는 지금 제자들이 곧 당하게 될 세상의 적대행위에 직면하여 거기에 대처할 것을 비유적 언어로 말하는데, 제자들이 스승의 의도를 파악하지 못하고 스승의 말을 계속해서 문자대로만 알아듣기 때문에 예수는 더는 제자들과의 대화를 계속할 필요를 느끼지 못한다."(NAB 각주)

설교 속 아포리즘

설교는 문학적 성격이 아포리즘을 포함할 수밖에 없다. 그러기에 명상이 깊은 설교자 김민웅에게서는 깊은 진리를 간결하게 압축한 짧은 글, 곧 금언, 격언, 잠언, 경구 따위를 쉽게 만난다. 설교 스무 편 전체에 40-50개의 아포리즘을 찾았다. 여기에서 극히 일부만 소개한다.

주어진 현실이 제약이 되는 것이 아니라 돌파의 조건으로 변모하는 것이다.(「축제의 사람, 그 영혼의 힘」)

스스로를 구원하려면 타인의 상처를 보듬어야(「상처받은 영혼을 향해」)
건너기 전 앞에 가로놓인 홍해는 이들 탈출자들에게 죽음의 바다였
으나 일단 건너면 그것은 누구도 쉽게 뒤쫓아와 범할 수 없는 천연의
요새가 된다는 점이다. 궁지와 위기를 어떻게 돌파하는가에 따라, 그
곤경의 현장은 우리 인생사에서 사지(死地)가 되기도 하고, 그와는 반
대로 견고한 방어벽이 되기도 하는 법이다.(「마라에서 엘림으로 가는 길」)

험곡에서 헤매다 지쳐 쓰러져 있을 양을 천신만고 끝에 찾아 그 양을
어깨에 메고 돌아오는 목자. 쓰레기 같은 인생을 살다가 거지꼴을 하
고 돌아온 아들을 맞이하는 아버지의 뜨거운 포옹. 여기서 우리는 하
나님의 품성을 발견한다.(「편안한 어깨, 포근한 품」)

나사렛 예수는 자신을 위해 존재하지 않았으며 또한 자신을 향해 존
재하지도 않았다. 자신의 모든 것이 남김없이 인간을 향해, 인간을
위해 기쁨의 원천이 되기를 바랐고, 그것에 생명을 걸었다.(「절정絶頂
의 완성」)

예수는 인간을 사랑하는 하나님의 마음이 이 땅에서 구체적으로 드
러나는 현존(現存), 그 자체다.(「사랑이여, 바람을 가르고」)

"일하기를 싫어하는 사람은 먹지도 말라"(데살로니가후서 3:10)는 것은
사람들 위에 군림하며 남의 수고와 노동을 착취하면서 살아가는 자
들에 대한 경고이지, 일할 능력조차 없는 이들에게까지 한 말은 아니

다. 먹을 권리와 생존의 존엄은 누구에게나 인정되어야 한다.(「포도원의 비밀」)

이렇게 김민웅의 설교를 읽다보면 흔히들 성서를 보조도구로 삼고 다른 이야기로 빠져나가기 일쑤인 것과는 달리 상서 자체와 치열한 씨름을 하고 그 씨름의 과정에서 우리의 현실과 만나게 하려는 걸 절감하게 된다. 그는 성서를 기록한 이들의 고투에 찬 삶을 파고들어 그들이 들었던 하나님의 음성을 그 자신도 들으려 한 것이자 그로써 오늘날 고난을 겪은 이들의 삶에 그 음성이 일깨운 지혜와 믿음을 나누고자 한 것이다. 설교 속 김민웅의 아포리즘은 그냥 나온 것이 아니다.

시대의 예언자가 부르는 아리랑

구미정/이은교회 목사, 숭실대 초빙교수

성경은 악보와도 같다. 악보는 그 자체만 놓고 보면 일종의 암호다. 작곡가가 음표 하나하나에 새겨넣은 곡진한 마음 그리고 음표와 음표 사이에 심어놓은 살가운 이야기를 누군가 해독해야 한다. 그 역할을 맡은 이가 연주자다. 같은 악보라도 연주자에 따라 달리 들리는 만큼, 연주자의 해석은 무척 중요하다.

설교자 역시 연주자다. 단순히 독자이기만 하다면 홀로 성경을 읽고 깨달아 실천하면 그뿐이지만, 설교자는 거기서 그치지 않는다. 말씀의 신비를 풀어헤쳐 청중에게 전달해야 한다. 설교자의 어깨가 무거운 이유이자 설교자에게 현장이 중요한 이유다.

내가 20대에 처음 만난 '김민웅'은 설교자의 전형이었다. 미국 뉴저지 길벗교회가 그의 현장이었고, 거기서 전한 말씀이 《물 위에 던진 떡》(한국신학연구소, 1995)으로 묶여 나왔다. 헌데 책으로 읽은 그의 설교는 전형성에서 한참을 비켜나 있었다. 이를테면 첫 설교에서 벌써 온몸에 전율이 일었다. 기독교인이라면 누구나 아는 아브라함이 이삭을 바친 이야기를 그는 완전히 새롭게 조명했다. 세상에, 이 이야기의 알짬은 이삭이 아브라함의 법정에 하나님을 세운 거라니. 피고석에 선 하나님이 세상에서는 때로 유죄판결을 받으나 "추호의 의심도 없이 하나님의 진실을 믿는 것"(20쪽), 그것이 바로 믿음이라고 힘주어 외친다.

금기도 없고, 성역도 없다. 교조나 통념 따위는 개나 줘버려, 그런 기개와 자유가 그의 설교의 특징이었다. 가부장제가 기본값인 세상에서 한껏 짓눌려 있던 20대의 여성신학도가 '은밀하고 위대하게' 전투력을 공급받았다고나 할까. 그러고는 한동안 '설교자 김민웅'을 잊었다. 티브이에서 정치평론가로, 대학에서 인문학자로 활약하는 그의 이미지가 워낙 강했다.

그가 다시 '설교자 김민웅'으로 돌아왔다. 아니다. 고쳐 말해야 한다. 사실 그는 한 번도 설교자가 아니었던 적이 없었다. 정치적 발언에 힘쓸 때조차도 그 언어는 성서적 예언의 번역이었다. 거리의 단상이 그에게는 교회의 강단과 다를 바 없었다. 이번에 꽃자리에서 나온 설교집 《하늘은 나를 얻고》를 읽노라니 단박에 알겠다. 그는 천생 목사라는 것을. 그가 서 있던 모든 자리가 목회현장이었다는 것을.

이번에도 첫 설교에서 한 대 얻어맞은 기분이었다. 흔하디흔한 창세기 첫머리의 천지창조 이야기가 그의 손이 닿으니 다르게 요리되어 나왔다. '태초'를 "하나님이 우리의 삶에 '결정적으로 행동하시는 순간'"(51쪽)이라고 풀어낸다.

낡은 인생을 되풀이하며 살다가 하나님께서 그 삶에 다가오셔서 결

정적으로 개입하고 움직이시면 바로 그 순간이 새로운 시작을 알리
는 '그 인생의 태초'입니다. 카이로스의 순간입니다. (52쪽)

이 '태초'로 인해 삶에 드리워진 고통과 상처, 그늘과 어둠이 새로운
의미를 획득한다. 태초 이전의 어둠은 좌절과 낙담, 혼돈과 공허에 불
과했지만, 태초 이후의 어둠은 낮을 위해 필요한 밑절미로 인식된다.
베드로의 경우를 보라. 저 혼자 살자고 스승을 세 번 부인했다. "영원
히 땅에 묻고 싶은 '비밀스러운 상처'"(85쪽)에 포획당했다. 어둠에 갇
힌 존재가 되었다. 그런 그에게 부활한 예수가 찾아오신다. 숯불구이
생선 밥상을 차려주신다.(「배 오른 편의 비밀」) 왜 그랬냐는 추궁이나 정죄
대신에 여전히 자기를 사랑하냐고 물으신다.

그 마음이 있으면 되었다는 것입니다. 그 마음이 어떤 한계를 가지고
있는가가 판단의 대상이 아니라, 그 마음이 어떤 일을 하려는가가 관
건입니다. (88쪽)

야곱도 그렇고(「얍복 나루 이쪽과 저쪽」), 요셉도 마찬가지다.(「고난이 기른 선」)
아버지의 유산을 선취해 탕진한 뒤 돼지치기로 전락한 둘째 아들은 어
떠하고(「하늘은 나를 얻고」), 함께 있던 사람들은 하나둘씩 포도원 품꾼으
로 불려가는데 이런저런 이유로 기회를 얻지 못해 낙오된 사람들은 또
어떠한가.(「포도원의 비밀」) 그들 모두 하나님의 마음에 접속하니 빛이 보
인다. 끝없이 이어질 것만 같던 어둠이 그 이상 위력을 떨치지 못한다.
이게 창조다, 부활이다.

이 대목에서 나는 '마음'에 새삼스레 밑줄을 긋는다. 특히 "마음이란, 생각의 들판에서 길을 만드는 근본이 되는 힘"(106쪽)이라는 문장을 곱씹어 읽는다. 이 간결한 문장을 낳기까지 설교자가 걸어왔을 무수한 길을 짚어본다. 이미지만 봐서는 '생각', 그것도 냉철한 생각을 주장할 것만 같은 그가 '마음', 그것도 애절한 마음을 강조하는데, 이 엇박자가 은근 매력을 더한다. 그러고 보니 광장의 투사로 각인된 그의 이미지가 실제의 그를 가렸겠구나 싶다. 아니 그를 광장으로 내몬 마음이 '하나님의 마음', 그러니까 '모든 죽어가는 것', 더 정확히 말하면 '죽임당하는 것들'을 사랑하는 마음(「참 주인을 기다린 보물」)이었음을 알게 된다. 그의 삶 자체가 하나님을 향한 아리랑이었다. 잃은 양을 기어코 찾을 뿐만 아니라 '기뻐하면서' 어깨에 메고 오는 목자의 마음(「편안한 어깨, 포근한 품」)이 고스란히 느껴진다.

> 목자의 어깨는 생명이 고비에 처한 이를 평안하게 하는 어깨이며, 그로써 고단한 인생들이 그에 기대어 새 힘을 얻어 소생하는 자리입니다. … 사랑이란 무엇입니까? 다름아닌 이 마음으로 사는 일입니다. 사랑이란 무엇입니까? 이 마음이 우리의 뜨거운 육신이 되는 일입니다. 사랑이란 무엇입니까? 고생하며 지치고 허기진 심령에게 우리의 어깨와, 우리의 품을 내어주는 일입니다. 그래서 병들고 죽어가던 영혼이 평안함과 포근함을 체험하고 소생하도록 하는 일이며, 이를 그 무엇보다도 기뻐하는 일입니다.(111, 114쪽)

그가 '몸'의 언어를 사용하는 게 기이하다. 몸은 땅이며 자연이며 여성이다. 그의 설교는 곳곳에서 여성성을 뿜어낸다. 하나님을 어미 새에 비유할 때만 그런 게 아니다. 묵자나 김민기나 심지어 니체를 인용할 때도 그의 언어는 여전히 여성적이다. 류춘도를 언급하거나 헨리 데이빗 소로우를 소환하는 맥락이 다 그렇다. 세상의 작고 여린 것들과 끊임없이 눈을 맞춘다.

그는 자신을 '하나님 나라의 의병'(156쪽)으로 규정하는 듯하다. 자신의 설교를 '읽는' 독자에게도 "하나님 나라의 의를 위한 파르티잔"(296쪽)이 되자고 도전한다. 그는 역시 투사다. 우리더러 함께 '의병투쟁'을 하자고 선동한다. 이 투쟁은 자본과 권력이 야합해 인민의 삶을 질식시키는 '야만적 짐승의 세계'(323쪽)와 맞서는 일이다.

이렇게 우리 가슴에 불을 지를 때조차도 그의 언어는 남성적 지배 언어로 기울지 않는다. '칼'의 한계를 아는 까닭이다. 그것으로는 '섬김'을 열쇳말로 하는 하나님 나라에 들어갈 수가 없다. 그는 지배 권력과 한판 대결을 위해 예루살렘으로 입성하시는 예수가 어린 나귀를 타고 강자들의 소굴로 들어간 것에 주목한다.(「어린 나귀의 힘」)

우리의 승리는 우리가 하나님 나라의 방식으로 승리할 때에 비로소 완성되는 것입니다.(156쪽)

"한 권의 책은 우리 안의 얼어붙은 바다를 깨는 도끼여야 한다"는 프란츠 카프카의 말에서 '한 권의 책'을 '한 편의 설교'로 바꾸어도 무방하다고 나는 믿는다. 김민웅 목사님의 설교에는 그런 힘이 있다. 우리 안의 얼어붙은 세계가 여지없이 깨진다. 그리고 다시 태어나는 또 하나의 세계. 가난하고 힘없고 약하고 모자란 존재들이 풍성한 생명을 누리는 축제의 현장.

"조금 더 친절하고 섬세해지고 싶은 마음"(7쪽)에서 '명상 노트'를 달았다는 목사님의 배려가 오히려 애교스럽게 보인다. 설교집의 새로운 진화다. 나이 들수록 이렇게 부드러워지는 남성 설교자가 나는 참 좋다. 부드러움이 강함을 이기는 법이므로.

더 나은 세상의 실현을 위한 성서 읽기

오강남/캐나다 리자이나대학교 종교학 명예교수

여기 설교집에서 발견되는 김민웅 목사는 최근 우리가 익히 알고 있는 민주 운동의 기수 김민웅 투사와 사뭇 다른 모습이다. 이처럼 목사로서의 김민웅이 민주화 투쟁의 기수 김민웅이 되는 힘은 어디에서 나온 것일까?

그가 서문에서 밝힌 것처럼 "성서의 말씀을 자신의 양식으로 삼아 성찰하고 묵상하고 기도하면" "자신을 돌아보고 세상을 응시해 나가는 힘을" 기를 수 있다고 한다. 성서에서 발견할 수 있는 더 깊은 뜻을 알게 될 때 '우리 인생을 사는 일에 근본이 되는 원칙'을 깨닫게 된다고도 한다. 예를 들어 창세기에 나오는 창조 이야기를 읽고 "엉망진창이 되어버린 것을 이전의 흔적은 찾아낼 수 없이 새롭게 만들어 낸" 기적을 볼 수 있고, 가나의 혼인 잔치에서 물로 포도주를 만드는 이야기를 읽고 하나님 나라의 능력은 '현실적 조건에 의존' 하는 것이 아니라 그것을 뛰어 넘는 데서 해결하는 힘이라는 진실을 발견하게 된다고 한다. 성서에서 얻은 이런 깊은 통찰이 바로 현실을 직시하고 현실에 참여할 힘의 원천이 아니었던가? 이런 기본 입장에서 볼 때 김민웅 목사와 김민웅 투사는 둘이 아니다.

그는 오랫동안 성서를 연구한 신학자로서의 삶에서 얻은 힘을 가지고 목회자로서 교인들을 일깨우고, 교수로서 후학들을 가르치고, 문필가로서 일반 대중들을 깨우치는 글을 쓰고, 이런 저런 일로 봉사하다가 드디어 더 좋은 세상을 만들기 위해 직접 정치적 영역으로까지 확대하고 적용하고 있다.

이런 목사와 투사 동일체 이미지를 대하면 종교와 정치가 다르다고 하는 사람은 종교가 무엇인지도, 정치가 무엇인지도 모르는 사람이라고 한 마하트마 간디의 말이 생각난다. 종교와 정치는 우리의 삶에 가장 직접적인 영향을 미치는 분야라 할 수 있다. 이 시대, 이 세상을 응시할 능력의 소유자라면 이 두 영역을 분리해서 생각할 수 없다. 종교와 정치의 아름다운 결합을 가장 극명하게 삶으로 보여주고 있는 이가 바로 김민웅 목사라 할 수 있다.

사실 예수님이 누구신가? 그는 무엇보다도 로마의 포학한 식민지 지배 아래서 신음하는 유대인들을 위해 "회개하라 하나님의 나라가 가까웠다"고 외치신 분, 요즘 말로 좀 풀어서 말하면 "정신 차리라, 보는 눈을 바꾸라. 그리고 로마의 폭압 정치체제에서 벗어나 정의와 사랑과 진리의 원칙이 지배하는 하나님 나라의 도래를 위해 힘쓰라"는 개벽의 메시지를 외치신 분이 아닌가? 이런 점에서 지금의 혼탁한 사태의 심각성을 보고 혼신의 노력으로 개벽을 이루고자 하는 김민웅 목사 겸 투사는 가장 충성스러운 예수님의 제자가 아닌가?

독자들은 이 설교집을 통해 성서의 더욱 깊은 뜻을 깨닫고 나아가 기독교가 지금 우리에게 주려고 하는 메시지가 무엇인가 발견할 수 있다면, 그리하여 우리가 당면한 이 암울한 현실을 개벽할 용기를 얻을 수 있다면, 독자들로서 얻을 수 있는 축복을 크게 누리는 일이 될 것이라고 믿는다.

결국은 믿음으로?

정범구/전 독일대사

답답한 시절이다. 한 줄기 빛과 한 뼘의 위로조차 절실한 시절이다. 세상은 과거로 돌아가는 것 같고, 새로운 전망은 쉬이 보이지 않는다. 과거와 비교하며 현실을 이야기하기에 젊은 세대는 저 멀리 떨어져 있다.

지난 몇 십년간 우리 세대와 사회가 이룩한 성취들은 다 어디로 갔나? 기나긴 여정 끝에 도달한 곳이 고작 여기란 말인가? 많은 이들의 낙담과 한탄도 이제는 지겹다. 과연 역사에는 어떤 정답이 있는 것인가? 인간의 머리와 가슴으로 쉽게 가늠이 안 된다. 이런 자괴와 혼돈의 시간들 사이로 그의 목소리가 들려온다.

> 하나님 나라의 방식은 이렇게 현재의 조건만을 주목할 때 납득이 가지 않고, 받아들이기가 어려운 법입니다. 그러나 현실적 조건에 의존하는 해결이라면 그것은 굳이 하나님 나라의 능력에 의존할 이유가 없는 것 아닙니까?(「축제의 사람, 그 영혼의 힘」)

그래서 그는 주말마다 여전히 바람 부는 광장으로 나가고 있는 것일까? 많은 이들의 낙담과 좌절 속에서도 여전히 변혁의 전망을 잃지 않고, 희망의 빛을 쏘아 올리면서?

역시 그는 '목자'였다. 박사, 교수, 목사, 사회운동가, 언론인 등으로 다양하게 묘사될 수 있는 그이지만 이 설교집을 읽으면서 다시 보는 그는 '거리의 목자'이다. 광야에서 외치는 선지자이기 보다는 속세의 저자거리에서 우리 곁에 다가와 조근조근 이야기하며 손 잡고 함께 걷고 있는 목자였다. 하루의 일상에 지치고, 생계의 비루함에 발목 잡힌, 그러면서 감당하기 힘든 역사의 반동을 겪어내야 하는 이들에게 그는 이런 위로를 전한다.

> 현실의 악조건을 뚫지 못하면 그 사랑은 사랑으로서의 진정한 생명과 위력을 갖지 못하게 되고 만다. 전도서 본문(전도서 11:4)의 의미는 하나님의 뜻과, 그것을 이루어 나가는데 등장하는 기회주의적 현실론과의 충돌을 보여준다. 그리고 현실의 형편을 근거로 삼지 말고, 하늘이 우리의 삶에 내린 소명 그 자체를 가지고 살아나갈 것을 촉구하고 있다.(「사랑이여, 바람을 가르고」)

그러면서 말한다.

사랑은 현실에서 끊임없이 도전에 처한다. 그 사랑이 완성되는 것을 질시하고. 좌절시키고 패배하게 만들려는 세력이 이 세상에는 존재하고 있기 때문이다. 그런 상황에서 우리는 정세를 살피는 자가 되

고, 기회를 엿보는 자가 되며 급기야는 이른바 '작전상 후퇴'를 하는
자가 되기도 한다.(『사랑이여, 바람을 가르고』)

우리들의 약함을 있는 그대로 본다. 그러면서 우리들을 위로해 주기
위해 저자는 저자거리의 노래를 세심하게 찾아내기도 한다.

"함께 가자 우리 이 길을/셋이라면 더욱 좋고/둘이라도 떨어져 가
지 말자/함께 가자 우리 이 길을/앞에 가며 너 뒤에 오란 말일랑 하지
말자/뒤에 남아 너 먼저 가란 말일랑 하지 말자/가로질러 들판 산이라
면 어기여차 넘어주고/사나운 파도 바다라면 어기여차 건너주고/산
넘고 물 건너 언젠가는 가야 할 길/함께 가자 우리 이 길을/네가 넘어
지면 내가 가서 일으켜주고/내가 넘어지면 네가 와서 일으켜주고/에
헤라 가다 못 가면 쉬었다 가자/아픈 다리 서로 기대며"

사람들은 현실적으로 방법이 있다고 여길 때 설득되고 확신을 하지
만, 믿음은 보이지 않는 길을 보고 간다. 보통사람들로서는 쉽게 따를
수 있는 길이 아니지만 아마 여기에 믿음의 마법이 있을 것이다. 성경
에 나오는 이른바 '오병이어의 기적'이 그렇다. 다섯 개의 떡과 두 마
리 생선으로 오천 명 이상을 배불리 먹이고도 남은 '기적'은 현실적 계
산으로는 이해가 안되지만, '믿음이 곧 방법이다'라고 일깨우시는 예
수님에게는 가능한 현실이었다.

김민웅 목사가 내게 해 준 이야기 중 주변사람들에게 종종 인용하
는 말이 있다.

"가나안에 도달하기 위해서는 광야를 지나지 않을 수 없다."

힘들고 어렵다고 느껴지던 시절, 실제로 내게 많은 힘과 위안을 주

었던 구절이다. 문제는 그 시절을 다 지나왔다고 생각한 순간 다시 가나안이 여전히 멀고, 우리는 정처없는 광야에서 헤매고 있다는 자각이었다. 이 광야를 과연 무사히 건널 수 있을까? 그리고 이 광야의 저 편에 과연 가나안이 있기는 한 것일까? 의심많은 자의 불안은 여전하다.

그런 나의 질문에 김민웅은 대답한다.

성서는 모두 '변방'의 의미를 주시하는 선언이다. 새것은 변방에서 태어나고 자란다. 중심은 기득권의 탐욕과 부패가 혁신의 길을 가로막는다. 하나님 나라를 이끈 예수와 그 제자들 역시 변방의 존재들이다. 그러나 변방이 기존 질서의 중심을 흔든다. 그래야 새것이 태어날 수 있기 때문이다.(「나는 하늘을 얻고 하늘은 나를 얻고」)

우리가 지금 걷고 있는 이 광야가 변방에서 중심으로 이르는 길이 되기를 간절히 빈다.

특권의 성채는 결국 돌 위에 돌 하나도 남지 않고 반드시 무너지게 될 것입니다. 강도의 소굴은 그 정체가 밝혀질 것입니다. 사악한 자들은 모두 놀라 도망칠 날이 올 것입니다. 저들은 군대귀신처럼 강력하게 뭉쳐있지만 마침내 죄다 패망하게 될 것입니다. 갈 곳은 모두가 혐오하는 존재와 거처의 상징, 돼지 속이며 그 갈 길은 바다에 빠져 죽는 일만 남았습니다. 이 나라 역사의 모든 악한 권세자들, 독재자들과 그 세력들은 그렇게 사라졌습니다. 그리고 우리는 이만큼 진전해온 것입니다.(「나는 하늘을 얻고 하늘은 나를 얻고」)

김민웅의 설교가 선지자의 그것처럼 웅장하다.

나이를 먹으며 더욱 쓸쓸해 지는 것은 순결을 잃고 하루하루 낡아져 가고 있다는 자괴감이다. 그도 같은 고민을 하고 있는 것 같다.

세파를 무수히 겪어도 여전히 순결한 열정을 지니고 살 수 있을까? 우리의 존재가 언제까지나 아름다움으로 빛날 수는 없는 것일까? 사는 일의 힘겨움을 알면 알수록 우리는 영혼의 순결을 스스로 포기해 버리고 만다. 그렇지 않으면 생존의 현실에서 이겨낼 수 없다고 믿기 때문이다. 여기에 우리 생의 본질적 비극이 도사리고 있다. 이것을 건너뛰어 우리가 이 세상에 태어난 본래의 아름다움을 드러내면서 살아가는 길은 없는가? 그것을 위해서 우리에게는 도대체 무엇이 필요한 것일까?(「참 주인을 기다린 보물」)

그러면서 스스로 이렇게 답한다.

시인 윤동주는 그 영혼의 순결로 우리의 마음을 사로잡는다. 그가 살아야 했던 시대의 폭력과 거칠기 짝이 없는 세월을 생각해보면, 그가 끝까지 지켜 내려한 마음의 아름다움은 놀랍기만 하다. 우리는 얼마나 쉽게 세월과 시대의 탓으로 자신의 타락을 정당화하는가?(「참 주인을 기다린 보물」)

결국은 다시 믿음으로 돌아가야 하는 것일까?

파레시아스트의 묵상

김응교/시인, 문학평론가, 숙명여대 교수

이 설교집은 그저 연구실이나 인터넷 수준의 정보를 짜깁기한 글이 아니다. 고전이라면 고전, 경전이라면 경전이라 할 수 있는 성서의 한 말씀 한 말씀을 '삶의 정황'(Sitz im Leben)에서 깊이 성찰하여 두레박으로 길어올린 차디찬 얼음물이다. 게으른 내 오랜 잠을 깨우는 그 얼음 조각의 알짬들을 나는 이렇게 메모했다. 메모를 하면 그의 목소리가 들려온다.

> 하나님을 만나는 순간이 '진정한 인생의 태초'입니다. 하나님의 은혜는 이렇게 어둠을 통과하는 방식을 바꾸어 놓습니다. 태초의 첫날은 단 한 번만의 일회적 사건이 아니라, 인생사에 끊임없이 이루어지는 기쁨입니다.(「첫 날의 깨달음」)

> 축제의 본질은 포도주가 아닌 '기쁨'입니다. 그 결혼식에서 신랑과 신

부가 칭찬 받도록, 나사렛 예수께서는 우리를 주인공의 삶으로 만들어주시기 위해 행동하십니다. 인간과 함께 어울려 축제의 기쁨을 만끽하면서 춤추는 신이 진정 사랑에 넘치는 하나님의 모습입니다. 예수님의 삶이 바로 그것입니다.(「축제의 사람, 그 영혼의 힘」)

한 편 한 편마다 알곡을 채집하고, 한 행 한 행 사이마다 풍성한 영적 상상력을 공짜로 얻는다. 이 알곡들을 모아 요리하면 책 한 권을 새로 쓸 수 있지 않을까. 이 책을 보시는 독자들이 이어서 더 채집하시기를 권하면서 이 글을 쓴다.

교육방송이었을까. 그를 낮고 다정한 목소리의 티뷔 진행자로 텔레비전에서 보았다. 2013년 내가 사회자로 진행하던 CBS TV 〈크리스천 NOW〉 토론 방송에서 그를 두 번 초대했다. 두 번 모두 그는 어떤 대본도 없이, 상대의 허점을 헤짚고 설득해 가며 낮은 목소리로 토론했다. 또한 경희대학교 교수로, 북콘서트 진행자로 혹은 시민대학 강연자로, 강의하는 학자로 그를 보았다.

그와 여러 자리에서 만났다. 방송에서와 달리 여의도에서 열린 어느 집회에서 불을 토하듯 불의를 저격하는 놀라운 그를 만났다. 한 번은 광장에서 그가 연설하고 이어서 내가 연설해야 하는 자리가 있었다. 그는 단상 뒤에서 왔다갔다 하며 할 말을 외우고 있었다. 흉내내듯 나도 단상에서 할 말을 외우던 순간이 있었다.

불호령을 토하는 인물과 다정하기만 한 인물 사이에서 그는 많은 역할을 감당해 왔다. 목회자의 자리, 학자의 자리, 민주주의 활동가의 자리 등 다양한 자리에서 한치의 게으름 없이 성실하게 자기 일을 해

온 사역자다.

그를 보면 파레시아(parrhesia)라는 고대 그리스 말이 떠오른다. 어떤 위험에도 불구하고 담대하게 비판적 태도를 가지고 진실을 말할 수 있는 용기를 뜻하는 단어다. 목회자의 길을 가려고 대학원 과정까지 공부했으나 스스로 자격 없다는 것을 알고 포기한 내게, 세상 속에서 소금 역할을 하는 선배는 파레시아의 표본 같은 분이다.

교수, 방송 진행자, 연설가, 민권운동 지도자 등 다양한 얼굴을 갖고 있지만, 그의 본령은 목회자다. 목회자도 권위에 찌든 교권주의자가 아니라, 예언자와 예수의 길을 따르는 파레시아스트(parresiastes)다. 그 알짬을 모은 귀중한 원고들을 나는 도저히 빨리 읽을 수 없어 하루에 한 편씩 읽는다. 글다운 글을 읽는 순간은 이토록 달고 행복하구나.

이 시대 더욱 따스한 피가 흐르는 바울의 편지

박재동/화백

언제 우리에게
이런 깨우침을 준
목자가 있었던가!

그는 아득한 과거 태초,
그것이 바로 오늘임을 말해 준다.
이어 성서 속 많은 사건들이
옛 이야기, 남의 이야기가 아니라
바로 지금, 나의 이야기임을
일깨워 준다.

누가 있었던가!
태초가 바로 오늘이며

예수와의 만남이
바로 지금이라는 것을 말 해 준 사람이.

그의 글은
그리스도의 몸과 손길이
먼 옛날 혹은 머언 하늘나라에
있는 것이 아니라
바로 지금 우리 앞에서
숨 쉬고 있음을
알게 해 준다.

만난 적이 없었을 뿐 아니라
도리어 탄압했던 그리스도를
만난 사람 보다 더
실천적으로 전해 준 바울 보다
김민웅의 글은
더욱 따스한 피가 흐르는
그리스도를 직접 만나게 해 주는
이 시대의 바울의 편지이다.

그리하여 깨닫게 해 준다.
숱한 기적을 만드는 사람이 인자(人子)
즉 민중의 아들, 곧 우리라는 것을.

우리가 바로 그리스도들이라는 것을!

그리고
그 모든 폭풍같은 분노와
성을 무너뜨리는 진노도
한 마리 양을 찾아 어깨에 메고 오며
집 나간 아들을 껴안아 주는
용서와 사랑이라는 것을!

김민웅의 글은
이 시대에 우리를 질풍 같이 깨우치고
봄 바람처럼 우리를 껴안는
또 하나의 작은 성서이다.

첫날의 깨달음

태초에 하나님이 천지를 창조하셨다. 땅이 혼돈하고 공허하며, 어둠이 깊음 위에 있고, 하나님의 영은 물 위에 움직이고 계셨다. 하나님이 말씀하시기를 "빛이 생겨라" 하시니, 빛이 생겼다. 그 빛이 하나님이 보시기에 좋았다. 하나님이 빛과 어둠을 나누셔서, 빛을 낮이라고 하시고 어둠을 밤이라고 하셨다. 저녁이 되고 아침이 되니, 하루가 지났다. (창세기 1:1-5)

창세기, 절망에 빠진 이들을 위한 기록

이제껏 이런 저런 이유로 고통받고 실패하고 낙오한 인생을 새롭게 창조해서 기운차게 출발할 수 있다면 얼마나 감사할까요? 그러나 인간은 자신의 경험에 너무 집착하는 경향이 높아, 한 번의 실패로도 자신에게 주어진 미래 전체를 비관해버리는 자가 될 수도 있습니다. 희망을 가질 수 있는 충분한 상황에서도 냉소적이 되는 것이지요.

──── 독실한 신앙인일지라도 불행의 경험이 극도로 깊으면, 때론 기도조차 할 수 없는 지경에 이르고 하나님에 대한 믿음마저 포기해버리기도 한다. 그러다가 마음이 약한 이가 그만 직행하기도 하는 것이 죽음일 수도 있다. 죽음으로 가는 길에서 인간은 인생사를 비난하고 저주하며 비관적으로 단정하는 가운데, 희망에 대한 적대감을 나타낸다. 가슴 아프고 안타까운 일이다. 그 죽음의 기운이 몸과 영혼에 퍼진 이들은 자신의 인생을 격려할 생각보다는 인생에서 그렇게 크게 기대할 바가 없다고 자신과 세상을 설득하거나 세뇌시키고 만다. 물론 이건 그만의 잘못이 아닐 수도 있다. 하지만 이런 판단이 비극적인 행동으로 옮겨지는 것은 어떻게든 막아야 하는 일 아닌가?

고난을 겪은 이의 눈은 과거와 지금의 암담한 현실에만 고정되기 쉽습니다. 충격의 트라우마를 벗어나는 것은 사실 쉽지 않기 때문입니다. 그러기에 어떤 새로운 미래의 씨앗이 그 안에 담겨 자라날 것인가에 대한 생각의 여지가 존재하지 않게 됩니다. 지금 직면한 불행이 언젠가는 행복의 재료가 될 것이라는 기대가 좀처럼 생겨나지 않게 되는 것입니다.

오늘 우리의 본문은 창세기 첫 장입니다. 창세기가 그 처음에 강렬하게 표현하고 싶었던 건 도대체 무엇이었을까요? 온 우주와 세상이 만들어지게 된 그 기원에 관한 책? 그렇기도 하지요. 인간의 첫 시작에 대한 이야기? 그렇기도 합니다. 이스라엘의 역사적 계보? 그 또한 맞습니다.

그러나 창세기는 이 모든 것을 관통하는 매우 중요한 출발점을 가지고 있습니다. 이 책은 고난의 시절에 쓰여진 책이라는 사실을 먼저 떠올려야 그 뜻을 제대로 헤아릴 수가 있게 됩니다. 성서를 읽을 때 이 책이 쓰여진 역사적 상황을 이해하거나 성서편집의 역사를 연구하는 데 근대 이후의 과학이라는 눈이 도움을 주기도 하지만, 본문 자체의 의미를 깨닫는데에는 큰 비중을 갖기 어렵습니다. 성서는 사건에 담긴 '뜻'이 중심이기 때문입니다.

──── 창세기는 고난받고 있는 존재가 하나님의 생명과 만나 새롭게 인생의 출발을 하게 된 사건들을 기록한 책이다. 이 책의 기록자들이 자기네가 살던 땅에서 뿌리 뽑혀진 채 당대의 제국 바빌론의 포로로 노예 생활을 하면서 고통과 절망에 빠져 있던 사람들이라는 사실을 우선 기억할 필요가 있다. 창세기는 창세의 시간을 누군가가 보고 있다가 다큐로 기록한 책이 아니라, 이런 고난의 시기에 받은 깨우침으로 자신들의 삶을 새롭게 조명하며 기록해 나간 결과물이다.

바로 이런 이들과 만나신 하나님이 다름 아닌 창세기에 고백된 하나님이시다. 해서, 이 책은 지상에서 고생하며 사는 뭇 인생들에 대한 하나님의 마음이 절절히 드러난 기록들이다. 그러한 까닭에, 창세기는 그렇게 고난의 자리에서 태어나 살아가는 이들이 기적처럼 겪게 되는 경이로운 '반전(反轉)'을 우리들에게 보여주고 있다. 그 새로운 탄생은 하나님의 마음과 만나는 자리에서 비롯된 것임을 창세기는 증언하고 있는 것이다.

이 고백의 뜨거운 육성과 감동의 환희를 느낄 때 우리는 창세기의 현장에서 이루어진 하나님의 진정한 마음과 만날 수 있다. 죽음의 기운이 우리의 인생을 저주하지 못하게 하고, 고생으로 지쳐 쓰러지는 법이 없도록 우리의 고난을 재료로 삼아 놀라운 생명의 세계를 창조하시는 하나님을 여기서 만나게 된다.

즉, 성서의 첫 장은 하나님의 마음이 어떻게 움직여서 인간존재를 위한 생명의 자리를 펼쳐 내시는가를 보여주고 있는 것입니다. 무엇이 어떻게 창조되는가를 아는 일도 중요하지만, 어떤 마음이 그 창조의 과정과 결과물에 담겨 있는가를 아는 일은 더욱 중요합니다. 뜻이 그 존재의 내면에 담겨 활동하기 때문입니다.

창세기의 첫 대목을 읽어 나갈 때 바로 이러한 안목을 가지고 대하는 것은 하나님과의 속 깊은 만남을 위해서 반드시 필요한 자세입니다.

—— 성서는 무엇보다도 '마음으로 읽는 책'이다. 뜻을 알아내는 깊이 읽기가 필요하다. 인간에 대한 하나님의 사랑이 표현된 책이기 때문이다. 성령에 충만한 마음이 필요하다. 성령에 충만하다는 것은 하나님의 심정이 우리의 마음을 뜨겁게 움직이는 것을 의미한다. 육안으로 보이는 것 너머의 세계에 대한 일깨움이 그것이다. 우리의 마음이 하나님의 마음과 깊이 통하여 그분의 심정이 헤아려지고 깨달아지는 것이다. 사람도 마음이 만나져야 비로소 진실한 관계가 시작되듯이 하나님과의 관계도 그와 다르지 않다. 사건만 보고, 그 사건의 밑바닥에 흐르고 있

는 마음의 깊이가 느껴지지 못하면 우리는 아직도 그 사건의 뜻을 헤아리지 못하고 있는 셈이다.

태초의 사건도 마찬가지다. 이 사건 속에 스며 있는 하나님의 마음, 이것이 정작 우리에게 파악되어야 할 소중한 대목이다. 하나님의 마음은 인간의 고난에 집중되어 계시다. 그 고된 현실에서 우리 인간을 구하고자 하시기 때문이다. 애초부터 그런 고난이 아예 없으면 좋겠는데, 인생사가 그런 건 아닌가 보다. 고난의 시간이 왜 주어지는지 알 까닭이 없는 시기를 거쳐, 고난의 시간이 자신에게 축복의 기원이었다는 것을 몸소 체험한다면 고난이 힘겹기는 하지만 결국 감사하게 되지 않을까?

그런 차원에서, '태초'라는 단어는 단지 아득히 먼, 지금으로서는 가늠조차 도저히 할 수 없는 옛날의 한 시점을 뜻하는 '천문학적 수치' 또는 '고고학적 개념'이 아니다. 창세기에 담긴 이 '태초'라는 단어를 최초로 발설한 순간 느꼈던 사람들의 감격이 무엇인지 새겨볼 때에 비로소 그 의미가 밝혀진다. 고난의 인생사에 다가오신 하나님의 축복이 '태초'의 깨우침, 그 순간에 이루어진 체험의 실체이다.

본문에서 '태초'란, 아득한 옛날 우리가 알지 못하는 시간의 첫 시작이기도 하지만, 보다 중요한 의미는 하나님이 이 세계와 어울려 역사하신 순간에 대한 총칭입니다. 달리 말해, 하나님이 우리의 삶에 '결정적으로 행동하시는 순간', 그것은 새로운 세계가 창조되는 '태초의 시간'이 되는 것을 우리는 깨우칠 필요가 있습니다.

한 시간 두 시간, 하루 이틀처럼 흐르는 시간을 '크로노스(chronos)'라는 고대 그리스어에 담을 수 있다면, 이렇게 결정적 의미를 가진 시간을 '카이로스(kairos)'라고 하는 것으로 설명할 수 있지 않을까 합니다. 이는 그 시간의 특별한 본질을 압축하는 개념입니다. 태초는 바로 카이로스의 관점으로 다가갈 때 그 뜻이 깨우쳐질 것입니다.

이를테면 새것에 대한 소망을 갖기 어려운 상황에서, 새로운 시작이 이루어지는 놀라움과 감격이 이 단어 하나에 압축되어 있습니다. 낡은 인생을 되풀이하며 살다가 하나님께서 그 삶에 다가오셔서 결정적으로 개입하고 움직이시면 바로 그 순간이 새로운 시작을 알리는 '그 인생의 태초'입니다. 결정적 변화를 가져오는 카이로스의 순간입니다.

────── 창세기에 이 기록을 남긴 사람들은 어느 날 바로 이런 하나님의 마음에 깊이 사로잡혀 태초의 비밀을 깨우치게 되었으며, 자신의 삶 또한 그러한 창조의 대상이 될 것을 믿어 의심치 않았다. 자신의 고된 삶의 현존은 태초 이전의 현실과 다를 바 없는 처지에 놓여 있었고, 따라서 그런 자신의 삶에도 창조의 때와 같은 축복의 사건이 있을 것이라는 희망을 품을 수 있게 되었던 것이다. 그러니, 이 창세기의 첫 대목은 이들의 생명이 누리게 된 감격이 뜨겁게 표현된 대목이 아닐 수 없다. 그저 시간의 순서로 이해하는 크로노스로서의 태초에 이 우주가 하나님에 의해 창조되었다는 식의 사실적 기술을 넘어, 그 감동의 깊이를 간명하면서도 명확하게 담아내려 했다는 점을 주목할 필요가 있다.

왜 그렇습니까? 우선 창세기의 내용을 근거로 그 태초의 직전은 어떠했는가를 봅시다. 혼돈과 공허와 어둠이 깔려 있었다는 겁니다. 이 태초 이전의 세계는 하나님과의 의미심장한 만남이 있기 이전의 우주적 현실이기도 하고 우리 인생의 혼미하고 낙담스러운 현실을 떠올리게 해주는 대목이기도 합니다. 이것은 당시 바빌론으로 끌려갔던 히브리 노예들의 암담했던 삶의 정황과 그대로 연결됩니다. 모든 것이 뒤죽박죽되어서 어디서 어떻게 잘못 풀렸는지 알 수 없으며, 사는 것이 무의미하고 앞이 보이지 않는 어둠 속을 헤매는 인생이 바로 이들 히브리 노예들의 실존이었습니다.

그러나 하나님의 영이 마치 어미 새가 알이 부화하는 것을 기다리면서 온기를 스며들게 하듯이 이들의 삶을 감싸자, 이들은 자신의 삶이 새로운 차원으로 변화하는 것을 체험했던 것입니다. 고통과 고난의 심연에서 울부짖고 탄식하면서 나의 도움이 어디에서 올꼬, 하고 주저앉아 있을 때 그 마음에 스며드는 하나님의 목소리가 들렸던 것입니다. 이 신비로운 체험이 없었다면 창세기는 쓰여질 수 없었습니다. 고통으로 깊어지고 깊어진 영혼의 귀가. 그리고 눈이 열리는 경험이 신탁처럼 내린 것입니다. 논리로 해명되지 않는 집단체험이자 공동체의 내면을 치는 감격이라고 하겠습니다.

1919년 기미년, 우리 민족이 일제의 탄압으로 신음하고 있을 때 그해 3월, 전국 방방곡곡에서 예상을 넘는 만세소리가 울려퍼졌던 것도 그저 일어난 일이 아닙니다. 분노와 절망, 그리고 그걸 갑자기 뛰어넘는 희망의 기세가 누구도 그 까닭을 분명히 알지 못한 채 터져 나온 이 역사의 시간을 떠올리면 바빌론 제국의 포로가 되어 살던 이들의 충격적 경험을 짐작할 수 있을 것입니다.

이 체험은 노예로 살아가던 이들에게 창조의 때에 하나님의 마음이 어떻게 활동하셨는가를 깊이 깨우치게 하였습니다. '하나님의 마음의 법칙'을 알게 된 것입니다.

──── 태초의 창조 행위에서 우리의 눈길을 끄는 특징이 하나 있다. 그것은 아무것도 없는 무(無)에서 유(有)를 창조했다는 식의 통상적인 창조 개념이 여기에 존재하고 있지 않다는 점이다. 아예 아무것도 없는 것에서 새로운 질서를 만들어 내는 것은 어쩌면 도리어 쉬울 수도 있다. 창조와 관련된 고대 전설과 설화는 신(神)이 이 세상을 만들 때 무에서 유를 이끌어 내는 것을 대체로 강조한다. 그러나 도저히 재료가 될 수 없는 엉망진창이 되어버린 것을 이전의 흔적은 찾아낼 수조차 없도록 새롭게 만들어 낸 것이 성서에 나타난, 태초의 창조 기적속에 담긴 놀라움이다.

혼돈과 공허와 어둠에서 무슨 새로운 가능성을 볼 수 있겠는가? 냉소가 지배하는 시대는 이러한 현실 앞에서 앞으로 남은 것은 망하는 길 외에는 없다고 단정할 것이다. 그러나 성서는, 하나님의 마음이 바로 이러한 어지럽고 허무하며 앞이 보이지 않는 세상을 도리어 재료로 하여 새로운 우주를 창조하셨다고 증언한다. 이 증언은, 바로 이러한 현실을 살던 이들이 하나님의 마음과 만나서 새로운 생명의 질서가 그의 인생사에 이루어진 것을 실존적으로 체험한 결과의 고백이었던 것이다. 지난날 겪은 자신의 고난이 한탄스럽지 않고 오히려, 하나님의 마음과 만나는 계기로 작용한 것을 기뻐하게 된 것이다. 하나님의 창조에는 그렇게 재료가 있다. 그건 다시 강조하건데 혼돈과 공허와 어둠이다.

하나님과의 만남이 '진정한 인생의 태초'

"하나님의 영이 물위에 움직이고 계셨다"라는 본문의 대목에서, 이 움직임이 갖는 성서 본래의 이미지는 분명합니다. 앞서 언급했듯이 어미새가 커다란 날개를 펴고 그 주위를 감돌면서 사랑의 기운을 불어넣는 모습이라고 할 수 있습니다.

새들이 자기 새끼들을 기르기 위해 어떤 치열한 노력을 하는지 알거나 본 사람들은 이 이미지가 얼마나 강력한지 깨닫습니다. 어느 어미된 존재가 그러지 않겠나 합니다만, 어미 새는 자신이 안중에 없습니다. 모든 노력은 둥지에 있는 새끼들에게 집중됩니다. 자기를 방어할 능력이 전혀 없는 새끼들은 어미의 사랑으로 생존의 능력을 갖게 됩니다. 그 어미의 품, 그게 하나님의 영입니다.

하나님의 첫 창조물이 '빛'이라는 게 얼마나 놀랍고 감사한 일입니까? 더이상 새로운 희망은 없다고 단정하면서 살고 있던 이들의 삶에 하나님의 사랑이 감싸고 돌면서, 이들의 미래가 빛으로 충만해지는 감격과 체험이 여기서 압축되어 나타나고 있는 것입니다. 지금까지 끌고 온 고단한 인생을 자기 눈으로는 아무리 들여다보아도 빛의 가능성이란 도대체 찾을 수 없는데, 하나님의 마음이 여기에 닿으니까 기적처럼 빛이 생겨났다는 감동인 겁니다. 이것은 이 창세기 첫 대목을 처음 깨우친 이들에게 현실적으로 생생하게 충만했던 체험입니다.

———— 창조가 말씀으로 이뤄진 것도 주목된다. 말의 본래 기능은 이렇게 새것을 창조하는 것에 있다. 그것도 빛을 창조하는 것이다. 말은 소

통의 도구라고들 이해하지만 말 자체의 본질적 능력은 그보다 깊고 높다. 말로써 어둠을 만들어 내는 이들이 있는가 하면, 빛을 창조하는 이들이 있다. 이걸 깨우치면 우리가 말을 할 때 그 핵심이 분명해질 것이다.

'아!' 하는 놀라운 탄성이 이 첫 장의 기록에 문자를 넘어 뜨겁게 담겨 있는 것입니다. 내가 지금 치르고 있는 고생이 고생으로 끝나지 않는다, 그 고생이 하나님의 마음과 만나면 도리어 빛의 재료가 되는 기적이 있구나 하는 충격적인 감동이 생겨나는 거지요. 고난을 겪은 것이 그에게 생명을 새롭게 태어나게 하는 근거가 되었다는 겁니다. 자신에게 주어진 생명이 얼마나 귀하고 존엄한 줄을 깨우치고, 그 생명의 근원이 누구이신지를 알았으며 그야말로 든든하기 짝이 없는 하나님의 마음과 하나가 되어 인생살이에 새로운 빛을 누릴 수 있게 되었다는 것입니다.

같은 고생을 해도 이 깨우침이 없으면, 고난은 그를 병들게 하고 죽여가는 과정이 될 뿐입니다. 그러니 이 영적 깨우침이 얼마나 귀중한 생명의 기력이 되었겠습니까? 하여, 그 감동을 알지 못하고 이 대목을 그냥 읽으면 이것은 단지 창조 설화의 수준이나 창조과정에 대한 과학적 진위를 따지는 지루하고 소모적인 논쟁의 차원에서 맴돌게 됩니다.

이 빛을 보신 하나님께서 좋았다는 자신의 감동을 표현하고 계십니다. 빛은 모든 인간을 향한 하나님의 역사가 출발하는 조건이며 환경이자, 현실입니다. 그러니 좋을 수밖에 없습니다. 우리가 그 빛 가운데 거해야 모든 것이 바르게 드러나기 때문이며, 그로써 바르게 보는 일과 바르게 판단하는 일이 이루어지기 때문입니다. 자신이 딛고 있는 땅이 어떤 땅인지, 자신이 잡고 있는 손이 누구의 손인지, 자신이 대하고 있는 이의 얼굴이 어떤 표정인지 우리는 빛 속에서 비로소 깨닫습니다. 그 빛의 체험은 영적으로는, 하나님이 주시는 따뜻한 마음과 밝은 머리와 온유한 가슴으로 드러납니다. 혼돈을 비난하지 않고 공허를 멸시하지 않으며 어둠을 끝장으로 낙인찍지 않는 자가 될 때, 우리는 자신의 삶 속에 하나님의 빛이 창조된 것을 확인할 수 있습니다.

그런 사람이야말로 인간사의 고달프고 힘겨운 사연에 진지하고 정성스럽게 마음의 귀를 기울이는 사람입니다. 그런 사람이야말로 다른 사람의 마음에 빛을 창조하는 하나님의 역사를 이루는 일꾼이 될 수 있습니다. 오만과 편견에 사로잡힐 사이가 없으며, 아무리 상처투성이이며 실패로 끝날 듯한 인생사라도, 이를 새롭게 출발시키시는 하나님의 은혜를 무시하는 자가 될 리 만무합니다.

여기서 한 걸음 더 나아가 더욱 중요한 것은 하나님께서 그 빛을 어둠에서부터 분리하셨다는 대목입니다. 빛과 어둠이 서로 엉켜서 혼재(混在)하는 것이 아니라, 빛은 빛대로의 자리를 어둠은 어둠대로의 자리를 갖게 된 것입니다. 빛과 어둠이 서로 새로운 역할을 각기 얻은 셈입니다. 빛을 '낮'이라고 하시고, 어둠을 '밤'이라고 하셨다는 것입니다. 그렇게 해서 첫날이 이루어졌습니다.

바로 이 과정이 우리의 삶 속에 이루어질 때에 우리는 우리의 삶이 그 '첫날'을 비로소 시작하게 됨을 깨우치게 될 것입니다. 그 인생에 정돈된 시간이 생겨났으며, 그로써 그 시간마다 각기 감당해야 할 바가 분명해지게 되는 겁니다. 우리의 삶이 언제 무엇을 해야 하는가가 정해지게 된 것이며, 그래서 각각 주어진 시간을 그 시간의 성품대로, 그 가치대로 사용할 수 있는 자유와 권리가 주어진 것이라 하겠습니다.

　이제부터 무엇을 어떻게 해야 할지 모르겠다는 식의 막막한 인생관에서 벗어나게 되는 겁니다. 깨어나야 할 때에 잠을 자고, 잠을 잘 때에 깨어나는 식의 앞뒤가 뒤바뀐 삶이 아니라 그 시간의 가치에 충실한 인생으로 변화해 나가는 것입니다. 인생의 새로운 시작에서 우리가 얻게 되는 것은 이렇게 주어진 시간의 역할과 의미에 대한 깨달음입니다.

─── 새롭게 창조된 우주와 인생은, 이제 그 안에 제 나름의 가치를 갖는 질서가 이뤄지게 된다. 서로 간에 아무런 연관도 없이 혼란스럽게 존재하고 있던 것들이 하나의 목적과 체계를 가지고 '생명 활동의 실체'로 형성되어 가는 것이다. 오늘날의 과학으로 풀자면 '의미 있는 복잡계의 출현'이다. 오늘은 무엇을 해야 하며, 내일은 무엇을 해야 하는지, 또한 때가 이르면 무엇을 소산으로 내놓아야 하는지 깨달아 지는 것이다. 낮의 시간에는 무엇을 위해 살고, 밤의 시간에는 또 무엇을 해야 생명이 기력을 얻게 되는지 확실하게 알게 되는 것이다.

　'나는 이제 이렇게 살아야겠구나' 하는 마음의 결단은 자신에게 주어진 낮과 밤의 가치를 새롭게 인식하도록 만듭니다. 자기 인생사의 시작과 끝을 어떻게 풀고 마무리지어야 하는 지를 깊이 깨우치게 하는 것입니다.

─── 본문의 대목에서 우리의 상식과는 다른 기이한 내용을 발견하게 된다. "아침이 지나고 밤이 오니 하루가 지났다"가 아니라 그와는 거

꾸로 "저녁이 되고 아침이 되니 하루가 지났다"는 것이다. 하루의 시간이 시작하는 시점이 아침이 아니라 저녁이며, 아침은 그 하루를 마무리하는 역할을 한다는 것이다. 밤은 아침을 꿈꾸며, 아침은 그 꿈을 현실에서 이루어 나가는 것으로 하루의 생명을 누리게 된다. 밤은 더 이상 절망이 깊어지는 괴로운 시간이 아니며, 아침은 더 이상 그 밤의 연장으로 허덕이는 시간이 아니다.

낮은 우리의 활동이 이루어지는 시간입니다. 그리고 밤이 있어야 우리는 휴식하고 우리의 몸과 영혼에 평화의 시간을 갖게 할 수 있습니다. 낮의 활기와 밤의 평화가 조화를 이룰 때 우리는 하루의 축복을 체험합니다.

태초 이전의 어둠은 어떤 것이었습니까? 그건 더 이상 앞이 보이지 않는 좌절과 낙담, 혼돈 이상의 의미를 갖지 못했습니다. 그러나 '태초 이후의 어둠'은 낮을 위해 필요한 존재로 그 가치와 역할이 바뀌었습니다. '언제 이 밤이 끝나나' 하고 인생에 대한 좌절이 깊어 가는 시간이 아니라, 희망의 꿈을 꾸는 시간이 되는 겁니다. 같은 어둠인데도 그 어둠을 통과하는 의미가 사뭇 달라지는 거지요. 밤이 있는 것이 고맙고, 그로 인해 낮의 활기를 준비할 수 있음이 또한 감사한 것입니다. 그러니 기쁜 아침이 열려야 비로소 하루가 감사하게 완료되는 걸 일깨웁니다.

밤의 시간은, 앞날이 불안하여 뒤척거리면서 날을 새는 과정이 아니라, 내일의 새로운 희망을 가슴에 품고 편안히 자는 아름다운 시간으로 변화하는 것입니다. 그렇지 않아도 시편 127편에는 하나님이 인간에게 주시는 귀중한 선물 가운데 하나로 잠의 축복을 기록하고 있습니다.(시

하나님의 은혜는 이렇게 어둠을 통과하는 방식을 바꾸어 놓습니다. 그리고 그 시간을 생명의 시간으로 변화시키시는 것입니다. 하나님의 은혜가 내리면, 쓸모없고 공허하다고 여긴 어둠이 생명의 시간으로 그 가치를 발휘합니다. 아침이 지나 저녁이 되니 하루가 이루어진 것이 아니라, 저녁이 되어 그 저녁이 아침을 준비해서 아침이 오니 하루가 되었다는 것입니다. 그 하루가 자신의 역할을 감당하니 하루의 마무리가 되어 첫 하루가 완성된 것입니다.

첫날의 감격과 희망이 주는 힘

────── 태초의 첫날은 이러한 모습과 의미로 우리의 삶 속에 이루어졌다. 이 태초의 첫날은 그러나 단 한 번만의 일회적 사건이 아니라, 하나님의 마음이 역사하시는 일체의 인생사에 끊임없이 이루어지는 기쁨이다. 그래서 이 기쁨을 체험하는 사람에게 오늘은 어제와 달라지는 것이며, 태양이 뜨자 보이는 세상이 이전과는 다르고 밤의 시간이 다가오면 낙심이 아니라 영혼의 평화가 찾아오는 것이다.

이 첫날의 깨달음은 우리의 인생을 사는 일에 근본이 되는 원칙을 일깨워 줍니다. 혹 우리가 이제까지는 태초 이전처럼 혼돈스럽고 허망하게 살아왔다고 해도 하나님의 마음과 만나면, 우리는 사람들에게 안식과 평화를 주는 밤의 시간과 같은 존재가 될 수 있는 겁니다. 낮동안에 시달리고 기진한 영혼을 위로하고 달래며 내일을 준비하도록 스스로도, 남들도 따뜻하게 품어주는 사람이 되는 것입니다. 비록 때가 모든 신경이 곤두서서 마음이 헝클어지는 낮일지라도, 밤의 평화를 줄 수 있게 됩니다. 그 밤이 지나면, 우리는 새로운 생명의 기세가 담긴 아침의 활기를 얻습니다. 창조의 기쁨을 만끽하는 아침의 사람이 되는 것입니다. 그래서 하루를 마무리할 사명과 보람, 수고를 쏟을 수 있게 될 겁니다.

실로, 아침은 밤의 노고가 있어서 이루어진 시간입니다. 이전에는 혼돈으로만 가득차 있던 어둠에게조차 새로운 역할과 가치를 주시자 아침도 새로운 지위를, 의미를 얻게 되었습니다. 이처럼 하나님의 능력 안에서 쓸모없는 것은 아무것도 없습니다. 우리의 삶이 그렇게 해서 새로워지는 것입니다. 그 시각이 바로 다름 아닌 '태초'입니다. 이 생명의 우주가 우리의 실존에 창조되도록 하시는 것이 하나님의 마음입니다. 지금 이 시각에도 밤을 힘겹게 지새우며 아침을 기다리는 모든 이들에게 '첫 하루의 감격과 희망'이 태어나고 자라기를 빕니다.

—— 하나님 안에서 그 어느 것도 무의미해지거나 쓸모없는 것이 없다. 고난은 고난대로 기쁨은 기쁨대로 우리 인생사에 축복의 재료가 될 것이다. 이를 깨닫지 못하면 우리의 고난은 우리에게 좌절을 깊게 하는 질고와 병이요, 우리의 기쁨은 우리를 교만하게 하며 타락시키는 덫이 될 수 있다. 태초의 첫날, 그 어지러운 현실에서 하나님이 이루어내신 빛의 생명이 우리의 실존과 역사의 현장에 생명의 하루 하루를 일구어내는 크나큰 힘이 될 것을 기원한다.

축제의 사람, 그 영혼의 힘

사흘째 되는 날에, 갈릴리 가나에서 혼인 잔치가 있었다. 예수의 어머니가 거기에 계셨고 예수와 그의 제자들도 그 잔치에 초대를 받았다. 그런데 포도주가 떨어지니, 예수의 어머니가 예수에게 말하기를 "포도주가 떨어졌다" 하였다. 예수께서 어머니에게 말씀하셨다. "여자여, 그것이 나와 당신에게 무슨 상관이 있습니까? 아직도 나의 때가 오지 않았습니다." 그 어머니가 일꾼들에게 이르기를 "무엇이든지, 그가 시키는 대로 하세요" 하였다. 그런데 유대 사람의 정결 예법을 따라, 거기에는 돌로 만든 물 항아리가 여섯이 놓여 있었는데 그것은 물 두세 동이들이 항아리였다. 예수께서 일꾼들에게 말씀하셨다. "이 항아리에 물을 채워라." 그래서 그들은 항아리마다 물을 가득 채웠다. 예수께서 그들에게 말씀하시기를 "이제는 떠서, 잔치를 맡은 이에게 가져다 주어라" 하시니 그들이 그대로 하였다. 잔치를 맡은 이는 포도주가 된 물을 맛보고 그것이 어디에서 났는지 알지 못하였으나, 물을 떠온 일꾼들은 알았다. 그래서 잔치를 맡은 이는 신랑을 불러서 그에게 말하기를, "누구든지 먼저 좋은 포도주를 내놓고 손님들이 취한 뒤에 덜 좋은 것을 내놓는데, 그대는 이렇게 좋은 포도주를 지금까지 남겨 두었구려!" 하였다. (요한복음 2:1-10)

인생사의 난관 앞에서

인생이 행복해지기를 바라지 않는 사람은 없습니다. 그러나 막상 현실은 그렇지 않은 경우가 적지 않습니다. 애써 준비해놓은 인생 계획이 알고 보니 준비가 부족했거나 예상하지 못했던 난관에 직면하여 파선하기도 합니다.

본문에 나오는 포도주가 떨어진 혼인잔치는 그런 곤경에 처한 현실을 대변해 주고 있습니다. 그렇다면 이 위기의 현실을 어떻게 돌파해 나갈 것인가? 오늘 우리가 풀어볼 숙제입니다.

우리가 읽은 본문은 요한복음에 기록된 나사렛 예수의 첫 번째 기적 이야기입니다. 이 본문의 다음 구절인 요한복음 2장 11절에는 다음과 같은 내용이 있습니다. 이야기 전체를 아우르는 결론입니다.

예수께서 이 첫 번 표적을 갈릴리 가나에서 행하여서 자기의 영광을 드러내셨다. 그래서 그의 제자들은 그를 믿었다.

도대체 예수라는 존재가 누구인가 하는 질문에 대하여 요한복음은 이 가나의 혼인잔치에서 벌어진 사건을 통해 전하고 있습니다. 이 기적을 직접 목격한 이들은 예수님에 대한 믿음이 확고해집니다. 상상치 못했던 놀라운 일이었겠지요.

거기서 우리가 발견하게 되는 것은 나사렛 예수가 무엇보다도 '축제를 위해 존재하는 분'이라는 사실입니다. 그건 달리 말해, '우리의 삶은 축제가 되어야 하는 시간'이라는 일깨움이기도 합니다. 그러나 그렇게 꿈꾸던 축제가 예기치 않게 파장(罷場)이 되어버리는 듯한 경우가 생기면 우리는 당혹해하고 어찌할 바를 모르게 되곤 합니다. 우리들 모두 겪는 인생사의 경험입니다.

———— **가나의 혼인잔치에서 생긴 이 사건은 우리 인생사와 직결된 일이다. 기적을 일으키는 예수의 능력에 대한 감탄과 찬사로만 이 사건을 마무리 짓는데 초점을 맞추면, 이는 우리와 관련이 없는 일이 되고 만다.**

본문의 사건으로 들어가 봅시다. 갈릴리의 가나에서 열린 한 혼인잔치에 예수께서는 그의 어머니, 그리고 제자들과 함께 초대를 받았습니다. 그는 손님이었습니다. 잔치의 주관자가 아니기에 이 축제에 참여하여 축하하고 즐기고 돌아가면 그뿐입니다. 잔치의 성패에 대해 책임을 질 일도 없습니다. 그런 그가 잔치에 꼭 필요한 포도주가 더는 없는 상황을 안타까워하는 어머니 마리아의 청(請)을 거절하지 못하고 이 사태에 깊숙이 개입하게 됩니다. 애초 예수님 자신도 이런 경우를 대비했던 것도 아니었습니다. 더군다나 이와 같은 요구를 받았을 때 그걸 그대로 행할 작정도 아니었던 상황에서 벌어진 일이었습니다.

하나님의 역사란 이런 것이라 하겠습니다. 누군가의 인생살이가 치루는 안타까운 지경에 마음이 이끌려 시작되는 것입니다. 모세를 통한 이집트 제국 탈출 사건도 노예로 지내고 있던 히브리인들의 비통한 아우성을 들으신 하나님의 응답이 있어서 시작되지 않았습니까?

포도주가 다 떨어져 버리고 나면 축제는 더 이상 진행할 수 없게 되고, 손님들은 한참 기분이 오르고 있을 때에 그만 김이 새버린 표정으로 귀가해야 하는 아쉬움을 갖게 됩니다. 모두가 기뻐하는 날이 적어도 이렇게 되지는 않도록 해야되지 않겠는가 하는 어머니의 채근이 예수님의 마음을 결국 움직이게 됩니다. 어머니 마리아의 심정은 잔치가 잘 끝나기를 바라는 신랑과 신부의 마음을 자신의 것처럼 여기는 이의 인정 많고 선한 뜻을 나타내 주고 있습니다.

예수께서 "나의 때가 아직 이르지 않았는데"(요한복음 2:4)라면서 자신 나름대로의 계획과 구상이 있음을 밝혔음에도 이마저 허물어 버릴 정도로 어머니의 간절한 심사는 사태의 흐름을 바꾸어 버립니다. 누군가 애타는 현실을 어떻게든 돕자는 간청의 힘은 생각보다 큽니다. 포기하지 않는 마음의 위력이지요. 인간의 현실에 대하여 아파하는 심정을 갖는 일은 하나님의 마음과 통하는 첩경입니다. 그것이 사랑입니다. 아들 예수의 동의를 끌어낸 어머니 마리아는 이렇게 말합니다.

무엇이든지 그가 시키는 대로 하여라.(요한복음 2:5)

───── 이 사건의 계기는 혼인잔치에서 포도주가 떨어진 현실이었다고 한다면, 그것을 새로운 차원으로 밀고 나가는 동력은 그런 현실에 대한

나사렛 예수의 개입이다. 그 개입의 단서는 혼인잔치가 제대로 잘 끝나기를 바라는 그의 어머니로부터 비롯된 것이었지만, 아들의 개입을 이렇게 강력히 요청할 수 있었던 까닭은 무엇이었는가? 혼인잔치의 난감한 상황에 대한 마음과 함께, 어머니 마리아 말고는 남들이 잘 알지 못하는 나사렛 예수의 진면목에 대한 인식이 있었기 때문이다. 난처한 지경에 빠진 이들의 삶에 다가가서 그 직면한 도전을 기존의 방식과는 전혀 다른 차원으로 풀어나가는 나사렛 예수의 능력에 대한 경험과 이에 대한 확고한 믿음이 없었다면 이 사건의 전개는 애초부터 불가능한 것이었다. 상황은 그래서 자연히 예수의 문제 해결 방식으로 그 초점이 모아지게 된다.

마리아의 명령과 같은 말은 사태의 해결을 위해서 예수의 주도권을 그대로 받아들이라는 이야기입니다. 이 '무엇이든'이라는 말에서 우리가 감지하게 되는 바는 첫째, 이제 예수께서 시키려는 바가 아마도 상식적으로는 납득이 가지 않을 지도 모른다는 것입니다. 둘째, 그러나 이에 대하여 '시키는 대로 하여라'에서 드러나듯 '전적인 믿음'이 요구됩니다. 셋째, 그 전적인 신뢰는 다름 아닌 예수의 방식에 대하여 의문을 제기하지 않는 것이라는 의미를 지니고 있습니다.

일단 예수님의 방식에 모든 것을 맡겼으면 자기 생각으로는 납득이 가지 않는다고 해서 그 흐름을 중간에서 끊으려 들거나 교란하는 일체의 행위는 하지 말라는 것입니다. 지금까지 겪어온 경험의 원칙에 따라 판단하지 말라는 의미입니다. 그에 더하여 결국 그 결과는 마땅히 좋을 것이라는 확신을 가지고 임하라는 것입니다. 예수님의 능력에 대한 소문이 돌았거나 경험이 있었다면 모르겠거니와 이런 주문은 받아들이기 쉽지 않았을 것이라고 여겨집니다.

───── 이제 그렇다면 예수님의 문제 접근의 특성을 구체적으로 주목해야 할 시점이다. 누구도 이 사태를 어떻게 해결할 것인가에 대한 명확한 방침이 서 있지 않았다. 비상사태를 위한 준비가 마련되어 있었던 것도 아니었다. 포도주와 관련되어 있는 일체의 조건이 존재하지 않았다는 것을 전제로 할 때, 문제의 돌파구는 현재의 조건에서는 전혀 없어 보인다.

그런데 예수님은 포도주와는 일체 상관이 없는 것으로 여겨지고 있는 것과 이들이 겪고 있는 상황을 연결시킨다. 여기서 우리는 상황을 따져 그로부터 현실적 가능성을 논의하는 방식과, 그 상황 자체를 새로운 현실로 만들어 버리는 하나님의 방식 사이에 놓여 있는 결정적인 차이를 보게 된다. 주어진 현실이 제약이 되는 것이 아니라 그걸 돌파할 조건으로 변모하는 것이다.

길이 없으면 길을 만들면 되는 것이고, 막혀 있으면 뚫고 나가면 되는 것이다. 문제는 현재의 조건에서 방법이 있는가 없는가를 따지는 것에 있지 않고, 그 현실적 조건을 초월해서 그 현실을 뒤바꾸어 버리는 새로운 돌파구를 여는 방법을 선택할 수 있는 태도이다. 그건 하나님 나라의 능력에 대한 절대적 믿음이다. 그 믿음이 있으면 비로소 우리는 하나님 나라의 문제 해결 방식에 눈을 뜨게 되는 것이다. 성서는 그 전체를 통해서, 일관하여 바로 이 하나님 나라의 문제 해결 방식이 갖고 있는 초월적 성격을 우리들에게 일깨우고 있다.

예수의 황당한 지침

예수께서는 일꾼들의 시선을 그곳에 놓여 있던 여섯 개의 물항아리에게 집중시켰습니다.

> 이 항아리에 물을 채워라.(요한복음 2:7)

문제해결의 중심에 바로 육박해 들어가도록 하신 겁니다. 그 항아리들은 유대 정결 예법에 따라 손과 발을 씻는 물을 담아놓기 위한 것들이었습니다. 그런데 몰려든 손님들이 손과 발을 씻느라 마침 빈 항아리가 되어 있었던 모양입니다.

마실 포도주가 필요한 상황에서 예수님의 지시는 일꾼들의 상식에서 크게 벗어나 있습니다. 포도를 어디에서 구해오라는 것도 아닙니다. 이들은 갑자기 혼란스러워했을 지도 모릅니다. 예수의 방식에 대하여 반기(反旗)를 들 수 있는 상황이기도 합니다.

하나님 나라의 방식은 이렇게 현재의 조건만을 주목할 때 납득이 가지 않고, 받아들이기가 어렵다고 생각될 수도 있습니다. 그러나, 현실적 조건에 의존하는 해결이라면 그것은 굳이 하나님 나라의 능력에 의존할 이유가 없는 것 아닙니까?

이것이 현실의 논리에서는 제대로 보이지 않는 것은 당연합니다. 그 눈이 '지금, 여기의 실정'에만 고정되어 있기 때문이지요. '지금, 여기의 실정'은 문제의 제기에 불과한 것입니다. 그 해결의 원천은 지금, 여기의 조건을 뛰어넘는 차원에 대해 눈이 열린다는 것에 있습니다.

그로써 새로운 길이 열린다는 것을 믿지 못할 때 우리는 그 힘이 우리 안에서 활약하게 할 수 없습니다. 믿는다는 것은 내 자신이 그런 힘의 통로가 되는 과정입니다. 믿음은 그 힘이 내 안에서 자유를 얻게 하는 관건입니다. 누군가를 믿지 못하면 그 사람이 나를 아무리 사랑한다고 해도 그 사랑이 내 안에 들어와 움직일 수 없는 것과 다르지 않습니다.

종교적 상징으로 볼 때 이 명령이 암시하는 바가 또 있습니다. 정결 예법을 중시했던 당시의 율법주의적인 방식으로서는 이 축제를 신나게 할 수 있는 생명력은 없다는 것을 역설적으로 반증(反證)하는 것이기도 합니다. 인간의 외면을 아무리 물로 깨끗하게 할지라도, 정작 그 내면에 진정한 생명의 힘이 솟아오르지 못하면 소용이 없게 된다는 것입니다. 겉모습의 변화에 진력하다 정작 그 내면의 고갈을 가져오는 착오를 저지르지 말라는 겁니다. 이는 종교가 제도화되어 가면 갈수록 생겨나는 문제이기도 합니다.

그런데 여기 매우 중요한 메시지가 하나 있습니다. 지금부터 이 항아리에 물을 채우는 것은 손과 발의 정결을 위한 것에 목적이 있는 것이 아니라, 그것을 마시기 위한 것에 있음을 우리는 곧 알게 됩니다. 항아리의 존재 목적 자체가 이로써 달라지는 것입니다. 아니, 물항아리 본래의 목적을 되살려 놓으신 것입니다. 그건 이제 항아리에 담길 물로 우리의 겉을 씻는 게 아니라, 우리 몸 안을 채우는 것이라 하겠습니다. 포도주가 떨어진 현실에서 그것과는 전혀 관계가 없다고 여긴 항아리에 물을 채우니 생각지도 못했던 전혀 다른 길이 열린 것입니다. 이렇게 하고 나서 예수님은 다음의 행동지침을 내립니다.

이제는 떠서, 잔치를 맡은 이에게 가져다 주어라. (요한복음 2:8)

─────── 이리하여 위기는 해결되었다. 그러나, 그것은 단지 위기를 간신히 또는 일단 넘긴 것으로 그친 일이 아니었다. 나사렛 예수의 개입은 혼인잔치의 의미를 보다 풍요하게 만든 사건이 되었다. 항아리에 담긴 물로 만든 포도주는 그 포도주의 품질로 해서 혼인잔치의 '축제성'을 보다 빛나게 해준 것이다. 이제껏 내놓은 포도주보다 더 맛이 좋은 포도주라는 손님들의 칭찬은 이 축제의 기쁨이 더욱 깊어지게 된 것을 보여준다. 이 위기의 시간에 간절히 필요했던 것은 포도주였다. 그런데 여기서 우리가 먼저 구할 것은 사실 포도주가 아니라 아니라 하나님의 방식이 우리의 삶에서 완벽한 주도권을 갖도록 믿음을 세우는 일이다. 그 열매가 포도주이기 때문이다.

또 하나 주목할 바는, 이 사건의 과정은 "포도주가 된 물을 맛보고 그것이 어디에서 났는지 알지 못하였으나, 물 떠온 일꾼들은 알았다" 라는 본문이 일깨우는 대목이다. 하나님 나라의 일꾼이 된 이들은 기적의 비밀을 직접 체험하는 기쁨을 누리게 된다는 것이다. 얼마나 경이로운가.

축제의 본질은 포도주가 아닌 '기쁨'

그렇게 포도주가 된 항아리의 물을 일꾼들은 예수의 명령대로 잔치를 잘 마무리하도록 책임진 사람에게로 가져갑니다. 그 포도주의 맛을 본 잔치의 책임자는 놀라워합니다. 그리고는 신랑을 불러 잔뜩 칭찬을 합니다.

> 누구든지 먼저 좋은 포도주를 내놓고, 손님들이 취한 뒤에 덜 좋은
> 것을 내놓는데, 그대는 이렇게 좋은 포도주를 지금까지 남겨 두었구
> 려!(요한복음 2:10)

당사자도 몰랐던 상황이지만 그런 찬사를 받은 이로서는 참 좋은
이야기입니다. 손님들이 취한 다음에는 슬며시 덜 좋은 걸 내놓는 게
아니라 여전히 좋은 포도주를 마련해 놓았다는 건 마치 사귈수록 바닥
이 보이는 사람이 있는가 하면 그와는 달리, 더욱 그 깊이와 그윽함을
느끼게 하는 사람이라고 칭찬하는 것이나 다를 바가 없으니 말입니다.

이로써 모두가 기뻐하게 되었습니다. 잔치의 흥이 깨져 자칫 궁지에
처할 뻔했던 신랑은 손님들을 위해 훌륭한 준비를 해놓았다는 이유로
해서 더욱 확실하게 잔치의 진정한 주인공이 되었습니다. 이 대목이
이 사건의 절정입니다. 결혼 축하만 받는 게 아니라 잔치의 기쁨을 더
욱 크게 했다는 기억까지 나누는 이가 되었습니다. 참석한 이들은 이
제까지 경험해보았던 잔치와는 차원이 다른 이 혼인잔치를 결코 잊을
수 없게 되었을 것입니다.

예수 단 한 분의 움직임이 이렇게 축제의 흐름에 결정적인 변화를
가져왔습니다. 우리 한 사람의 움직임이 갖는 의미 또한 마찬가지로
하나님의 섭리 속에서 만만치 않을 겁니다.

포도가 있어야만 포도주가 되는 것이 아닙니다. 먼저 구해야 할 것
은 그래서 포도주가 아니라, 무엇보다도 하나님의 축복입니다.

───── 포도주 기적 사건이 벌어진 혼인잔치의 현장에서 최고의 갈채를 받은 이는 다름 아닌 신랑이었다. 신부 또한 그 신랑이 자랑스럽고 든든하게 여겨졌을 것은 분명하다. 나사렛 예수의 납득이 가지 않던 지시가 과연 누구를 위해 이루어진 것인지가 명백하게 증언되는 대목이다. 이 포도주 사건의 기쁨이 총체적으로 집약되어 있는 대목은 모두의 찬사가 주인공에게 집중되는 순간임을 기억해야 할 것이다. 축제의 본질은 사실 포도주 그 자체에 있는 것이 아니라, 기쁨에 있기 때문이다.

이 혼인잔치의 주인공은 결코 나사렛 예수가 아닙니다. 위기 해결의 주도권은 예수께서 감당해주셨지만, 그것은 어디까지나 혼인잔치의 주인공을 빛나게 해주기 위함이었지, 나사렛 예수의 능력을 전면에 내세워 과시하려는 목적이 아니었습니다. 해서 이 가나의 결혼 축제 이야기의 끝마무리는 신랑에게 초점이 집중되어 있습니다. 그가 이 축제의 주인공으로서 영예를 누리게 되었던 것입니다.

나사렛 예수께서는 이렇게 언제나 우리 자신의 삶을 주인공의 삶으로 만들어주시기 위해 행동하시는 것입니다. 조역의 역할도 소중하지만, 그렇다고 밤낮 자신의 인생에 미미한 조역이 되고 싶은 사람은 없습니다. 신앙은 우리로 하여금 자신을 자신의 인생에 진정한 주역으로 나서게 해주는 능력입니다.

당연히 조역이 가치없다던가, 조역에서 벗어나지 못하는 것은 불행이라는 이야기를 하려는 것은 아닙니다. 그것 자체로의 가치가 있습니다. 자신을 내세우지 않고 누군가 다른 이를 주인공으로 내세우는 선한 조역의 역할도 있습니다. 강조하고자 하는 관건은 그 삶이 가진 가치와 자존을 지켜주신다는 것입니다. 그럴 경우 조역도 주역입니다.

여기서 하나 포도주와 더불어 생각해 볼 것이 있습니다. 물과 포도주의 차이에 대한 것입니다. 우선 맛이 다릅니다. 색깔도 다릅니다. 향기가 있습니다. 쓰임이 달라졌습니다. 놓이는 자리 또한 다릅니다. 그리고 취하게 합니다. 매료되는 것입니다.

우리가 바로 이런 존재가 되는 것입니다. 잔치의 기쁨에 담긴 깊은 뜻입니다. 혼인잔치의 주인공 신랑과 신부는 바로 이런 기쁨을 나누는 주인공이 된 것입니다. 차원이 다른 삶을 살아가는 시간이 열린 것입니다.

우리 인생이 진정한 축제가 되기를 원한다면 나사렛 예수를 우리 인생에 초대해야 합니다. 그분은 그저 손님으로 오셨다가 시간이 되면 자신의 집으로 돌아가시는 분이 아닙니다. 축제의 흐름에 가장 결정적인 존재이십니다. 그분이 빠진 축제는 때로 닥치는 예기치 않았던 위기를 감당할 수 없으며, 우리의 내면에 진정한 활력의 풍요함을 체험하는 사건을 만날 수 없고, 자기 자신이 참된 주인공이 될 수 있는 능력을 얻지 못하게 됩니다.

이 가나의 혼인잔치에서 목격하게 되는 나사렛 예수는 축제의 기쁨을 온전히 신랑에게 주고 떠납니다. 그것으로 무슨 대가를 요구하거나, 또는 사람들로부터 축제의 주인공보다 더 대단한 주목을 받기를 주장하지 않습니다. 이 일을 동네방네 떠들고 다니면서 예수 선전을 하도록 종용하시지도 않으셨습니다. 각자의 인생이라는 축제에서 누가 가장 빛나는 조명을 받아야 하는지를 분명히 해 주셨습니다.

──────   그렇다면 이렇게 자신의 인생을 축제로, 그리고 자신이 바로 그 축제의 빛나는 주인공으로 사는 비결은 어디에 있는가? 누구나 이것을 원하면서도, 그리고 그렇게 하고 있는 것 같으면서도 실패하는 까닭은 어디에 있을까? 그것은 축제의 원천적 생명과의 만남이 없기 때문이다. 축제의 외양을 단장하는 일에는 잔뜩 신경을 쓰고 살지만, 그 안에 흐르고 충만해야 할 본질적 생명력에 휩싸이는 사건에 자신의 인생을 집중하지 못하고 있기 때문이다.

그런데 우리는 자신의 인생에서 축제의 주인공으로 성공하기 위해 어떻게 해야 되는지 모르는 사람들처럼 살고 있습니다. 잔치를 하느라고 분주하긴 한데, 정작 필요한 것은 빠뜨리고 있는 것은 아닌지 그래서 힘은 힘대로 들고 손님들이 다 떠난 자리에서 잔치가 끝나면 허망하기만 한 그런 인생을 살고 있는 것은 아닌지 스스로에게 깊이 물어야 합니다. 그 질문의 중심에는 우리 인생의 참된 축제를 위해 오신 분과의 뜨거운 만남이 있는지가 결정적인 관건인 것을 깨달아야 합니다. 그 만남이 이루어질 때 우리 인생은 엄청난 변화를 체험하게 될 것입니다.

그 만남은 어떻게 이뤄질 수 있는 걸까요? 그건 생각보다 그리 어렵지 않습니다. 예수, 그 이름을 마음에 담고 그 삶과 말씀의 의미를 깊게 성찰하고 깨우쳐 나가는 시간을 갖는 것으로 시작할 수 있습니다. 예수, 그가 누군가? 무슨 삶을 살았고 무슨 말씀을 남겼으며 무슨 행동을 했는가를 깊게 배워 나가는 것입니다. 그렇게 살아가면 우리의 관점과 사유의 틀 그리고 행동의 원칙이 예수님처럼 되어가는 것입니다.

그 시선으로, 그 차원에서 자신의 삶이 겪는 어려움과 위기, 난관과 고통을 마주하면서 이겨 나가게 되는 것입니다.

우리가 살면서 누군가 존경하는 이를 모델로 삼아 그 뜻을 내 삶과 하나로 만들어 나가고 자신이 바로 그런 존재와 닮아가는 것을 떠올리면 이 말이 무슨 말인지 짐작할 수 있을 것입니다. 자신의 뇌리와 가슴을 가득차게 하는 존재가 있게 되면 그는 바로 그 존재의 내면과 자신의 내면이 일치하게 되는 변화를 경험하게 될 것입니다. 매일 대화하고 매일 마음을 나누고 매일 함께 생각하고 그 생각대로 행동하게 되는 것입니다.

―――― 이렇게 할 수 있는 길은 무엇보다도 성서를 통해 자신을 깨우쳐 나가는 것이 최선의 방식이다. 논어의 첫 문장 "학이시습지 불역열호(學而時習之 不亦說乎)"와 다를 바 없다. 배우고(學) 그 즉시 또는 때에 적절하게(時) 실천해 나갈 수 있다면(習), 그야말로 기쁘지 않겠는가.

축제를 위한 존재들

그렇게 살아가는 삶은 궁극적으로는 우리 자신이 바로 그분과 다를 바 없이 '축제를 위해 존재하는 사람'들로 길러지고 자라나는 과정이 될 것입니다. 그런 우리가 있는 자리는 감사가 넘치고, 은혜의 풍족함이 있으며 부족한 바가 채워지는 기적이 일어나게 되지 않을까요? 우리는 누구든 언제나 즐거이 초대를 하고 싶은 사람들이 되며, 우리는 위기의 순간에 언제나 믿음직한 해결사가 되고, 우리는 사람들의 영혼에 활력을 공급하는 하나님의 사람으로 세상에 존재하게 될 것입니다.

──── 진정한 축제의 결말은 바로 나의 존재 자체가 잔치의 기쁨을 의미하는 것으로 변화하는 것이라고 할 수 있다. 그리하여 내가 등장하는 곳이면 그곳이 바로 축제의 현장이 되는 감격이 이루어지는 영력이 충만한 사람이 되는 것, 하여 이 시대가 목마르게 갈구하는 기쁨을 나누어 줄 수 있는 하나님의 사람이 되는 것, 그것이 바로 가장 큰 축복이 아니겠는가?

이로써 우리의 말은 한마디를 하여도 그것이 생명력을 지닌 것이되며, 하나의 미미한 발걸음과 작은 손짓일지라도 손 씻을 물을 마실 포도주로 바꾸는 능력을 지닌 것으로 되어갈 것입니다. 이 능력이 우리의 삶을 주도할 때 우리와 이웃의 삶이 진정한 축제로 변모해 갈 것입니다.

하나님의 영은 '축제의 영'입니다. 신은 죽었다고 선포한 니체는 제도종교의 몰락을 선포한 것이지 신 자체의 죽음을 말한 것은 아닙니다. 그는 '춤추는 신'만을 믿겠다고 말했는데, 그 말이 옳습니다. 무겁고 숨 막히는 권위로 무장한 신이 아니라, 인간과 함께 어울려 축제의 기쁨을 만끽하면서 춤추는 신이 진정 사랑에 넘치는 하나님의 모습입니다. 인간의 역사에 자신 전체를 걸고 들어오신 예수님의 삶이 바로 그것입니다.

때론 고난과 낙담으로 삶이 힘겨운 때가 있을 수 있습니다. 마음이

닫히고 영혼이 유폐되는 듯한 시간도 생기고 고통의 시간이 생각보다 길다고 여겨질 때도 있을 지 모르겠습니다. 어찌 하는 수가 없구나 하고 포기하는 마음이 생을 우울하게 만들기도 합니다.

이럴 때, 그토록 절실한 포도주가 내 잔을 채우는 가나의 잔치를 떠올려 보시기를 바랍니다. 더군다나 더 놀라게 되는 것은 이 가나의 결혼식 신랑은 포도주가 다 떨어진다는 것도 알지 못하는 가운데 축복을 누렸다는 점입니다. 위기가 닥쳐도 그런 일이 일어나고 있는지도 모르게 다 막아질 수 있다면, 그리고 더욱 좋은 일들이 생겨난다면 그야말로 감격입니다. 그런 은혜를 기원 드립니다.

상처받은 영혼을 향해

베드로는 "닭이 울기 전에, 네가 나를 세 번 모른다고 할 것이다" 하신 예수의 말씀이 생각나서, 바깥으로 나가서 몹시 울었다.(마태복음 26:75)/예수께서 세 번째로 물으셨다. "요한의 아들 시몬아, 네가 나를 사랑하느냐?" 그때에 베드로는 예수께서 "네가 나를 사랑하느냐?" 하고 세 번이나 물으시므로, 불안해서 "주님, 주께서는 모든 것을 아십니다. 그러므로 내가 주님을 사랑하는 줄을 주께서 아십니다" 하고 대답하였다. 예수께서 그에게 말씀하셨다. "내 양을 먹여라."(요한복음 21:17)

――― 세상이 두 쪽이 나도 배신하지 않으리라 장담했던 베드로의 황망한 도주 이후, 부활한 스승 예수와의 예기치 않은 만남에서 그가 듣게 된 말씀의 요체는 상처받은 영혼을 껴안고 가라는 것이었다. 그렇다면 우리는, 교회는 과연 그 고통을 품어 안는 힘을 얼마나 길러 왔을까? 이

**제는 고인이 되신 류춘도 선생의 시와 그 삶의 사연은 우리 시대의 고난
과 아픔에 대한 질문을 피할 수 없게 하였다.**

이제는 돌아가셨지만, 산부인과 의사 출신의 류춘도라는 분이 1999
년 《잊히지 않는 사람들》이라는 제목의 시집을 냈습니다. 당시 이분의
나이가 70이었습니다. 지금은 이 연령이 젊은 노인이지만 그때로서는
누가 봐도 노년의 연세였습니다. 이분에 관한 기사를 읽으면서 젊은
시절 시단(詩壇)에 등단했던 것도 아닌데 그 연세에 새삼 시집을 발간
했다는 것이 우선 주목을 끌었고, 그 시집을 소개하면서 실린 시 한 편
이 또한 눈길을 강하게 끌었습니다.
「도라지꽃」이라는 제목의 시는 이런 내용으로 되어 있었습니다.

도라지꽃

흰색 보라색 도라지꽃은 생전에 당신이 즐기시던 꽃
오늘도 식탁 위에 꽂힌 흰색 보라색 도라지꽃을
멍하게 바라보고 있노라면
당신의 얼굴이 떠오릅니다.
그것이 긴긴 이별인 줄 알았더라면
흰색 보라색 도라지꽃을 넓은 마당 가득히 담았을 것을
그것이 긴긴 이별인 줄 알았더라면, 알았더라면.

화려한 시어를 구사한 것도 아니고, 평범한 말로 이어진 글인데도

이 한 편의 시를 읽으면 이내 가슴에 눈물이 고입니다. 그것이 결국 긴 긴 이별의 순간인 줄 모르고 떠나보낸 님의 돌아올 수 없었던 길을 도라지꽃으로 한마당 그득 담아내고 싶었던 애절한 안타까움이 진하게 전해져 오는 까닭이겠지요. 얼핏 "나 보기가 역겨워 가실 때에는"이라는 소월의 시 「진달래꽃」도 생각이 납니다. 떠나보낼 수 없는 님에 대한 애틋한 사랑을 노래했던 소월의 시와도 그 정서가 이어져 있는 듯한데, 그와는 달리 류춘도 선생의 '도라지꽃'은 전쟁이라는 역사의 격동 속에서 감내해야 했던 인간의 고통과 회한이 녹아들어 있다는 것을 알게 되면 이 시는 그렇게 간단하게만 읽히지는 않습니다.

─────── 남쪽에 삶의 기반을 둔 우리에게 '인민군'이라는 존재가 차지하고 있는 정치 사회적 의미는 다른 해석의 여지를 주지 않는다. 그런데 류춘도 선생은 바로 그 인민군 출신의 군의관이었다. 그런 이유로 이후 그에게 씌워진 사회적 멍에의 무거움을 헤아리게 되면 그의 시적(詩的) 발언이 담고 있는 고통과 상처가 결코 간단한 것이 아니라는 것을 절감하게 된다. 그의 삶이 '운 좋게'라고 말 할 수 있을 정도로 성공한 산부인과 의사로의 변신이 허락된 것이었지만, 자신의 삶에 대한 긍정적인 공개 발언이 금지된 존재의 육성이 이 시(詩) 안에 담겨 있는 것이다. 그리고 그 육성은 남쪽 사회가 가지고 있는 '인민군에 대한 집단적 적대감'과 맞서야 하는 개인사적 통증을 지니고 있다. 그 존재 자체가 용납될 수 없는 이들의 실존에 대한 고뇌가 그 아픔의 뿌리가 되고 있는 것이다.

상처가 상처로 남지 않는 길

류춘도 선생은 사진으로만 보아도 곱게 나이 드신 분이라는 인상을 받게 됩니다. 그러나 그의 인생 역정은 그렇게 곱기만 했던 것은 아니었습니다. 50년 가까운 세월 동안 외면적으로는 성공한 산부인과 의사의 삶이었지만, 인민군 군의관이라는 젊은 시절의 흔적, 그리고 그로 인해 짊어져야 했던 무거운 질고와 깊은 상처가 그의 내면을 어둡게 해왔습니다. 책을 내기 전까지는 자식들에게조차 감추어 왔다고 합니다.

류춘도 선생은 대구에서 태어나 어린 시절 일본에서 살다가 고등학교를 졸업할 즈음에 해방 조국으로 돌아오게 됩니다. 우리말이 익숙하지 않았던 상황에서 그는 귀국 후 의대를 선택했는데, 그러던 중 전쟁이 일어나 인민군 군의관으로 종군하게 되는 세월을 겪게 됩니다. 그러다 포로로 붙들려 청주 수용소에 갇혀 있다가 풀려난 이후, 누군가의 밀고로 인민군 부역 사실이 문제가 되어 모진 고초를 치뤄 한쪽 고막을 상하기도 했습니다. 체포되었던 당시 조작된 여간첩단 사건에 연루되었던 사람들의 처절한 고문 현장을 목격하는 등 민족 분단이 가한 아픔을 몸속에 남몰래 간직한 과거를 가지고 있습니다.

주변의 필사적인 구명 노력으로 풀려난 그는 이후 결국 의대를 졸업하고, 자신의 젊은 시절을 땅에 묻고 살지 않으면 안되었습니다. 그 반세기에 이르는 세월 동안 그는 자신이 겪었던 인민군 내의 인간관계에 대한 애틋한 그리움과 슬픔, 그리고 그 전쟁이 민족 모두의 가슴에 가한 깊은 상처를 숨기면서 살아야 했습니다.

그러다가 1998년 11월, 장기수 돕기 행사에 참여하면서 50년 전 자신이 보았던 인민군 '소년병'들의 백발(白髮) 세월과 만나게 됩니다. 남쪽에서는 그 존재 자체가 용납되거나 전혀 인정될 수 없었던 인생, 그래서 반세기 이상의 세월을 옥에 갇혀 살아야 했던 이들과의 만남은 류춘도의 마음에 새겨졌던 멍에를 푸는 계기가 되었다고 합니다. 그 자신의 표현을 빌면, "시 하나 쓰고 눈물 한 바가지 쏟기"를 계속하면서 51편의 시를 쉬임없이 쏟아냈다는 것입니다.

야전병원(野戰病院) 달빛 아래에서 "나는 동무를 사랑하오" 하며 쪽지를 건네주던 인민군 장교, 그 사랑의 고백을 떨림으로 받아들이는 처녀 군의관 류춘도, 그러나 그 인민군 장교는 '사랑한다'는 말 하나 남기고 포연(砲煙) 속으로 떠납니다. 그런 첫사랑의 연인을 류춘도 선생은 시 「도라지꽃」 속에서 새롭게 살려낸 것입니다. 인민군의 반대편에 있는 사람들에게는 받아들여질 수 없는 이들의 삶 속에도 존재하고 있는 여느 평범한 인간의 모습을 그녀는 50년의 침묵의 세월이 지난 후에 비로소 사람들에게 증언하기 시작했던 것입니다.

한국문학의 기념비적 작품인 《토지》를 쓴 작가 박경리가 젊은 시절 발표한 작품인 《시장(市場)과 전장(戰場)》은 우리의 해방과 분단 그리고 전쟁의 역사에서 겪은 비극과 사랑을 그려냅니다. 지금은 역사를 보는 관점이 많이 달라졌지만, 아직 우리사회가 지닌 전쟁의 기억이 여전히 선명했던 60년대에 이 작품을 십대 소년으로 읽으면서 받았던 놀라움 가운데 하나는 그 작품 속에 나오는 한 공산주의자가 인민군 정치장교가 되어 전쟁통에 남하했다가 후퇴하면서 입산하고 그를 사랑하는 한 여인이 그를 찾겠다고 따라 입산해서 결국 그를 만나게 되는 '사랑 이야기'였습니다. 작품 속에 등장하는 인민군, 공산주의자들을 인간적으로 그렸다는 비난을 이겨내면서 박경리는 모두가 '적'이라고 여기는 사람들의 내면에 흐르고 있는 인간의 고뇌와 사랑, 슬픔과 통한의 개인사를 있는 그대로 보아 달라고 우리들에게 호소했던 것입니다. 박경리와 류춘도가 이어졌었나 싶기도 합니다.

류춘도의 용기는 소중합니다. "잊혀지지 않는 사람들의 존재"를 잊혀져가는 세월 속에서 되살려 놓고 있습니다. 피할 수 없었던 역사의 광풍 속에서 어쩔 수 없이 서로 적(敵)이 되어야 했던 사람들, 그리고 그 안에서 이루어졌던 비극, 다른 한편으로는 무심히 흐르는 역사의 강에 그대로 떠내려 보낼 수밖에 없었던 기억들을 그는 자신의 생이 다하기 전에 '진혼곡(鎭魂曲)'처럼 부른 것입니다. 자신의 삶이 존중되는 세상을 꿈꾼 것이며, 잊혀져 버린 이들의 삶 또한 그리 되기를 소망했던 겁니다. 그는 자신의 임무를 깨달아 알고 있던 것입니다.

──── 한번이라도 감당할 길 없는 충격과 상처를 입게 되면, 또다시 상처를 입게 될 것을 두려워하게 되고 스스로에 대한 자신감을 상실하기 쉽다. 어둠의 시작이다. 본문의 현장에 등장하는 베드로의 상황은 그러한 위기에 처해 있음을 보여주고 있다.

영원히 땅에 묻고 싶은 '비밀스런 상처'

이제 성서 본문으로 들어가 봅시다. 베드로는 스승 나사렛 예수와 함께 최후의 일각까지 자신이 함께 할 것을 맹세했었습니다. 그러나 그

맹세는 예수님을 끌고 간 현장을 뒤쫓아 갔다가 세 번의 기습적인 질문과 증언 앞에 무력하게 허물어지고 맙니다.

첫 번째 질문은 예수와 한패가 아니냐는 것이었습니다. 두 번째는 예수와 함께 다니는 것을 보았다는 제3자의 증언이었습니다. 그리고 마지막은 객관적인 상황에 대한 증언을 넘어, 누구에게도 확연한 베드로의 갈릴리 말투로 예수운동에 가담한 전력이 있음이 추궁되는 대목입니다.

이 세 번의 과정에서 베드로의 부인(否認)은 강도가 점점 깊어져 갑니다. 마지막으로 그는 저주까지 하면서 맹세하기를 "나는 그 사람을 알지 못하오"(마태복음 26:72)라고 강변합니다. 그때 닭이 울고 새벽 동녘이 밝아옵니다. 남들에게는 새로운 하루가 시작되었으나 베드로 그에게는 끝 모를 어둠이 시작된 것입니다.

로마 총독부 당국과 예루살렘의 대제사장 등이 추적하고 있는 예수 일당이라는 혐의에서 벗어나야만 목숨을 보존할 수 있다는 생각에 사로잡혀 그는 애초에 예수님에게 했던 자신의 맹세를 뒤집고 말지만, 새로운 아침이 밝자 도리어 그의 앞이 캄캄해진 것을 알게 된 것입니다. 자신의 평생을 걸고 나사렛 예수와 함께 세상을 새롭게 만들겠다고 했던 그 모든 의지와 각오가 물거품이 되었고, 그 세 번의 부인을 통해 지금까지 예수 제자 공동체의 우두머리 행세를 하던 것이 무의미해지고 만 것입니다.

지금까지 추구해왔던 인생의 가치는 허무해지게 된 것이며, 그 영혼은 헤맬 수밖에 없게 된 것입니다. 베드로는 예수께서 하신 말씀 즉, "닭이 울기 전 네가 나를 세 번이나 모른다고 할 것"(마태복음 26:75)이라고 하신 말씀이 기억나면서 혼자 "몹시 울었다"(마태복음 26:75)고 성서는 기록하고 있습니다.

──── 예수의 일당이라는 것 때문에 받게 된 추적과 검거의 위기를 벗어난 베드로는 살아났다고 안도한 순간, 예상치 않게 새로운 위기에 빠졌다. 자신의 존재가치가 무너지는 일이었다. 살아났다고 여긴 것이 사실은 그 자신의 미래가 죽는 길이었으니 말이다. 이 깨달음은 그에게 거두기 어려운 상처로 남게 된다. 그의 통곡은 이제는 후회해도 소용 없음에 대한 절망적 현실을 드러내고 있다. 이 상처는 누구에게도 밝힐 수 없이, 그가 홀로 평생을 지고 가야 하는 질고가 되었다.

그가 몹시 운 진정한 까닭이 무엇이었는지 우리는 분명하게 알지 못합니다. 그러나 한 가지 분명한 것은 그가 결코 웃을 수 없었다는 사실입니다. 세 번의 기습적인 질문을 피해 목숨을 보존했으면 가슴을 쓸어내리면서 이제 살아났다는 생각에, 남들이 알아차리지 못한 미소를 지을 법도 하건만 그는 결코 그럴 수가 없었던 것입니다.

닭이 울기 전 그는 자신이 살아나는 것이 최고의 관심이었습니다. 그러나 닭이 울고 나서 그는 자신이 사실은 제대로 살아난 것이 아님을 깨달았던 것입니다. 그것은 단지 잠깐 위기의 순간을 넘겼다는 것이지, 그의 삶의 진로가 그로써 보다 강력한 생명력을 가지게 되었음을 뜻하는 것은 아니기 때문입니다. 도리어 그것은 그 짧은 순간보다 더 긴 고통의 시간이 시작되는 것을 의미하게 되는 것이었습니다.

다른 제자들이 자신을 어떻게 볼 것인가의 문제를 넘어서서 베드로

스스로 자신을 용납하기가 어려웠을 것이며, 그로써 그는 자신의 존재 가치에 대한 깊은 한계의 경험으로 인해 그 영혼은 이제 기력을 차릴 수 없게 되어가고 말 것이 분명합니다. 그런 고비도 넘기지 못한 자가 도대체 어떻게 예수운동의 막중한 사명을 감당할 수 있겠는가 하는 자괴감과 좌절을 그는 이겨내기 어렵게 되어버린 것입니다.

지금 통렬하게 쏟는 눈물은 그가 스승 예수와는 다른 길을 걷게 될 수밖에 없다는 깊은 슬픔을 포함하고 있었을 것입니다. 그토록 사랑했던 스승 예수와 영원한 이별을 고하는 자리에 서 있는 것과 같은 충격 속에 비틀거리는 베드로의 모습이 떠오르는 듯 합니다. 그에게는 이로써 누구에게도 드러내고 싶지 않은, 영원히 땅에 묻고 싶은 비밀스러운 상처가 생겨났습니다. 그리고 그것은 그에게 평생의 내밀한 명에와 족쇄가 될지도 모를 무게를 지니고 있는 것입니다.

이제 그는 스승 예수의 최후가 거론될 때마다 거짓말을 해야 할지도 모를 형국에 놓이게 되었습니다. 자신은 끝까지 뒤를 쫓아갔지만, 그래서 어떻게든 스승을 구하려 했지만 힘이 달려 결국 쫓겨났다고, 다른 제자들이 도망가지 않고 자신과 함께 행동통일만 해주었어도 사정은 혹시 달랐을지 모를 텐데 하고 은근히 책임을 다른 제자들에게 전가하려 했을지도 모를 일입니다. 그러나 그런 식으로 해본들 끝까지 남는 그의 마음속 상처가 사라지지 않을 것을 스스로는 너무도 잘 알고 있을 것입니다. 이제 베드로에게 있어서 문제는 상처받은 영혼을 위해 헌신해야 할 그 자신이 다름 아닌 상처받은 영혼이라는 점에 있습니다.

스스로를 구원하려면 타인의 상처를 보듬어야

──── 이 베드로에게 그렇다면, 돌파구는 없단 말인가? 그는 이제 평생을 자책하면서, 그때를 회상하기만 하면 스스로에게 너무도 참담해지는 비극적 사태를 반복할 수밖에 없는 것인가? 누구에게도 드러내고 싶지 않은 이 상처가 그의 영혼을 병들게 하고, 기력을 앗아가는 걸 속수무책으로 감수해야 하는 것일까? 병을 치유할 사명을 받은 자가 도리어 병에 걸려 흔들리고 만다면 어찌해야 하나? 그런 베드로의 고뇌, 그 한가운데로 부활의 예수께서 성큼 들어서신다.

예수께서는 과거의 상처를 전혀 건드리지 않으셨다. 그때 그 일을 단한 마디도 언급하지 않으신다. 그러고는 베드로의 시선이 그의 과거가 아니라 새로운 미래를 향해 가도록 일깨우셨다. 그것은 과거의 빚을 갚는 방식으로 내놓은 제안이 아니었다. 다른 생각 말고 타자의 고통과 상처에 다가가라는 것이다. 이건 과거의 빚을 갚는 것이 아니라 과거의 굴레에서 벗어나는 길이자 미래로 들어가는 문을 여는 일이다. 그러면 하나님의 축복과 은총이 역사하실 것이라는 약속이다.

이웃에 대한 사랑이란 놀랍게도 그 사랑을 하는 자신을 먼저 구하는 사건이 되는 것이다. 이걸 알지 못하면, 우리는 자신의 상처에 지나치게 집착하고 있다가 그 괴로움으로 황폐해지는 비극에 직면하고 말 것이다.

예수님은 베드로의 그 돌이켜 생각하고 싶지도 않은 과거의 순간을 일체 추궁하지 않습니다. 그가 영원히 땅에 묻어 두고 싶을 기억들을 모두에게 공개하지 않습니다. 중요한 것은 베드로가 여전히 예수를 사랑하는가의 문제였습니다. 사랑의 능력에 한계가 왔다고 해서 사랑이 없다고 말할 수는 없는 것입니다.

사랑하지만, 그 사랑을 지켜낼 수 없었던 회한의 순간이 있을 수도 있는 것입니다. 그러기에 예수님은 그걸 '배신'으로 규정하지 않습니다. 그것을 다시 일어설 수 있는 넘어진 자리로 받아들일 수 있게 하십니다.

하나님은 인간의 존재가 직면하는 한계에서 오는 잘못을 심판의 대상으로 삼으려는 분이 아니십니다. 그런 때에 그럴 수밖에 없었던 인간의 현실을 그대로 포용하심으로써 그 지우기 힘든 상처가 그를 무너뜨리지 않게 하시려는 것이 하나님의 본성입니다. 그 상처에 대한 보상으로 새로운 과제를 감당할 것을 요구하시는 것도 하나님의 계획이 아닙니다. 그것은 빚쟁이가 하는 일입니다.

이 마음을 품은 예수님은 베드로를 향해 이렇게 말씀하십니다.

내 양을 먹이라. (요한복음 21:17)

자신의 과거에 더 이상 묶여 있지 말고 상처받은 영혼을 향해 가라는 것입니다. 더 이상 자기 상처만을 끌어안고서 비틀거리지 말고, 더 이상 자기 영혼의 능력에 자신감을 잃어 헤매지 말고, 아파하는 양들의 삶 속에 자신을 던지라는 것입니다.

예수님은 베드로에게 주신 사랑을 베드로가 끝까지 지켜내지 못한 것을 힐난하는 것이 아닙니다. 우리 인간에게 바라시는 것은 그 사랑을 배신하지 않을 자신감과 능력이 아니라, 사랑하는 심정 하나입니다. 그 마음만 있으면 되었다는 것입니다. 그 마음이 어떤 한계를 가지고 있는가가 판단의 대상이 아니라, 그 마음이 어떤 일을 하려는가가 관건입니다. 그런 까닭에 우리는 우리 마음의 능력이 어느 정도인가를 고민할 것이 아니라 그 마음이 가야할 곳이 어디인가를 아는 일에 믿음의 지혜를 얻어야 할 것입니다. 여기서 우리가 깨닫게 되는 바는 예수님을 사랑하는 건 그의 눈길이 가는 존재에게 우리의 눈길도 가야한다는 겁니다. 하여 우리는 "너희가 여기 있는 내 형제자매 가운데, 지극히 보잘 것 없는 사람에게 한 것이 곧 내게 한 것이다"(마태복음 25:40)라는 말씀이 무슨 뜻인지 깊이 알게 됩니다. "나더러 주님, 주님하는 사람이라고 해서 다 하늘 나라에 들어가는 것이 아니다."(마태복음 7:21)라는 말씀 또한 명확하게 깨우치게 됩니다.

세상이 작다고, 미미하다고, 보잘 것 없다고 여기는 가운데 상처받고 허덕이는 영혼을 향해 가는 이들에게 하나님은 그 자신의 상처도 치유하며 새로운 생명의 능력을 얻는 기쁨을 허락하실 것입니다. 그것이 우리 자신의 아픔을 진실로 해결하는 출발점입니다. 그것이 쇠잔한 기력으로 지쳐가는 이 세상에 새로운 희망과 감사를 충만하게 하는 일의 시작입니다. 우리의 마음이 그곳으로 가고자 하면 하나님은 언제나 우리와 함께 하실 것입니다. 거기에서 우리는 참으로 기쁘게 웃을 수 있게 될 것입니다. 하나님의 은혜가 운명을 이기는 능력을 체험하게 해주실 것이기 때문입니다.

───── 하나님의 마음에 격려 받아, 이런 길을 가는 이들의 삶은 그저 빈손으로 가는 것이 아니다. 하나님의 마음이 주시는 능력을 받아가게

된다. 마음의 깊이, 영혼의 강인함, 지혜의 성장과 성숙, 동지들의 발견으로 힘을 날로 키워갈 것이다. 이걸 믿으면, 우리는 이 시대가 무수한 사람들에게 여러 가지 모양으로 가해한 고통을 자신의 아픔처럼 껴안고 그 자리에 새 살을 돋게 하는 힘을 가질 수 있게 되리라. 신앙인이, 교회가 바로 이 힘을 간절히 원할 때에 오늘날 절망한 이들에게 희망을 일으켜 세울 수 있는 존재가 되어갈 것이다. 우리처럼 힘겨운 역사를 지내온 다른 약소민족들의 현실 또한 멸시하지 않고, 함께 손잡고 나갈 수 있게 될 것이다. 이것이 바로 마음이 온유한 이들이 갖는 힘이다.

마라에서 엘림으로 가는 길

모세는 이스라엘을 홍해에서 인도하여 내어, 수르 광야로 들어갔다. 그들은 사흘동안 걸어서 광야로 들어갔으나, 물을 찾지 못하였다. 마침내 그들이 마라에 이르렀는데, 그곳의 물이 써서 마실 수 없었으므로 그곳의 이름을 마라라고 하였다. 이스라엘 백성은 모세에게 "우리가 무엇을 마신단 말입니까?" 하고 불평하였다. 모세가 주님께 부르짖으니, 주님께서 그에게 나무 한 그루를 보여 주셨다. 그가 그 나뭇가지를 꺾어서 물에 던지니, 그 물이 단물로 변하였다. 주님께서 그들에게 법도와 율례를 정하여 주시고 그들을 시험하신 곳이 바로 이곳이다. 주님께서 말씀하셨다. "너희가, 주 너희 하나님인 나의 말을 잘 듣고, 내가 보기에 옳은 일을 하며, 나의 명령에 순종하고, 나의 규례를 모두 지키면, 내가 이집트 사람에게 내린 어떤 질병도, 너희에게는 내리지 않을 것이다. 나는 주, 곧 너희를 치료하는 하나님이다." 그들이 엘림에 이르렀다. 거기에는 샘이 열두 곳이나 있고, 종

려나무가 일흔 그루나 있었다 그들은 그곳 물가에 진을 쳤다.(출애굽기 15:22-27)

───── 진정한 발전이란 인간의 심성이 얼마나 아름다워져 가고 있는 가, 그 사회의 생명력이 얼마나 건강한 활기에 차 있는가, 이기적인 개 인주의에 대한 대안으로서의 정의롭고 평등하며 자애로운 공동체적 삶 에 대한 관심이 얼마나 깊은가 등에 있다.

지난 수십 년의 세월 동안 우리의 변화는 놀라울 정도지만, 그 변화의 속도와 크기에 비해 우리의 정신은 도리어 남루해져 가고 있다. 정신적 황폐함은 더욱 심해지고 있는 상황이다. 아름다움을 잃어버린 사회, 미 래에 대한 열정이 식은 국가, 의로움에 대한 집단적 의지가 부족한 사회 는 매우 풍요한 듯 하지만 실제로는 '목마른 곳'이다.

우리 사회는 언제부터인가 집단적인 정죄주의가 발동하는 사회가 되어버리고 말았습니다. 아주 쉽게 희생양을 택해 난도질을 하고 사 회적으로 죽여 버립니다. 진짜로 죽여 버리기도 합니다. 그러고는 다 시 새로운 먹잇감을 쫓아 헤매고 다닙니다. 좀비가 된 영혼들이 적지 않습니다. 정치는 이걸 이용해서 정적을 제거하고 죄수로 만들어 버 리기 일쑤입니다. 지식은 넘쳐나지만 그 지식은 사랑과 인연이 없습 니다.

인간에 대한 사랑이 없는 지식과 주장은 언제나 공격적이고 자기위 주이며 매정합니다. 그걸 권력의 도구로 삼는 자들은 누군가를 지목해 모두의 사냥감이 되게 합니다. 고대 로마가 원형 경기장에 사자를 풀어놓고 노예를 공격하도록 만들고 검투사들을 대결시켜 서로 죽고 죽이게 하는 것과 그 본질에서 다르지 않습니다. 그러면 어떻게 해야 할까요?

──── 성서에서 애굽이라고 부르는 고대 이집트, 당대의 거대한 제국에서 노예로 살아왔던 히브리인들은 이 체제의 근본을 뒤흔들고 마침내 탈출에 성공한다. '출(出)애굽기(記)'의 주제다. 그 출애굽기가 기록한 이른바 '열 가지 재앙'은 애굽의 군주 바로(파라호)를 중심으로 하는 피라미드 체제가 안에서부터 붕괴하면서 히브리 민중들의 해방이 실현되어 가는 과정을 보여준다. 개구리, 이, 파리, 메뚜기 등 미물(微物)의 집단적 반격과 생태계의 혼란, 그리고 마침내 애굽체제의 계승권을 가진 바로의 장자(長子)가 죽게 되면서 제국은 노예체제의 강압적 유지가 더 이상 불가능해진 사태에 이르렀다. 미미한 존재들이 이뤄내는 반란과 저항의 혁명이다. 모세는 이 해방의 사건을 현장에서 지휘하는 인물이다.

열 가지 재앙을 거치면서 바로 체제의 내부기반은 무너져 갔고, 히브리 민중들을 비롯한 다른 사회적 약자로서의 유랑자 집단들은 영원히 강성할 줄 알았던 제국의 권세가 생각지도 않게 동요하는 것을 목격하고 체험하게 되었다. 노예 히브리인들이 주체적 자아를 획득하고 그걸 자신들의 존엄의 기반으로 삼는 존재로 형성되어 가는 과정의 사건이었다.

이 일련의 사건들은 제국의 폭력과 악에 대해 하나님이 취한 응징의 이적이었다. 그러기에 한 걸음 더 나아가서, 이 재앙들이 뜻하는 바가 무엇인가를 깨우쳐야 비로소 하나님의 의중을 알 수 있다. 하찮기 짝이 없는 미물로만 여겼던 약자들의 저항이 얼마나 커다란 위력을 발휘하는가, 고도로 발달한 제국의 문명적 통제 아래에 언제까지라도 놓여 있을 줄 알았던 자연이 반란을 일으키면 얼마나 충격적인 상황이 전개되는가, 안정적으로 확보되어 있다고 생각했던 제국의 계승권이 일대 혼란에 빠지면 제국의 유지가 얼마나 위기에 서게 되는가 등을 일깨우는 의미를 지니고 있는 것이기도 하다.

한마디로 강성하고 높은 자들의 오만에 대한 하나님 나라의 전격적인 심판이었다. 그리고 이러한 과정을 통해서, 제국의 압박 아래 패배감과 무력감에 사로잡혀 있던 히브리 노예들에게 세상의 권세란 하나님 나라의 의로운 힘을 이길 수 없다는 것을 확신시키는 절차이기도 했다. 그런데 히브리 노예들의 탈출을 불가피한 것으로 받아들였던 제국은 이내 전열을 재정비하고 탈출집단의 뒤를 추격한다. 해방의 과정이 그렇게 손쉬운 것이 아니었다. 앞에는 홍해가 가로놓여 있었고, 뒤에는 제국의 대병력이 쫓고 있었다. 진퇴양난의 위기에서, 건널 길을 틔운 홍해의 기적으로 이들 히브리 민족은 광야의 안전 지대로 들어서게 되었다. 이로서 위기는 일단락되었던 것일까?

본문의 첫 줄, "모세는 이스라엘을 홍해에서 인도하여 내어, 수르 광야로 들어갔다"라는 이 장면을 읽으면 늘 깨우치게 되는 바가 있다. 그것은 건너기 전 앞에 가로놓인 홍해는 이들 탈출자들에게 죽음의 바다였으나 일단 건너면 그것은 누구도 쉽게 뒤쫓아와 범할 수 없는 천연의 요새가 된다는 점이다. 궁지와 위기를 어떻게 돌파하는가에 따라, 그 곤경의 현장은 우리 인생사에서 사지(死地)가 되기도 하고, 그와는 반대로 견고한 방어벽이 되기도 하는 법이다. 그런데 이제는 안전지대라고 안

심했던 광야에서의 현실은 새로운 도전이 기다리고 있었다. 제국의 압박만 극복하면 다 될 줄로 알았던 이들은 이제 "자신들의 내면에 무엇이 존재해야 진정한 자유인이 되는가?"라는 질문에 봉착하게 되었던 것이다. 노예의 삶이 자유인의 삶으로 전환하는 과정에서 필연적으로 요구되는 훈련이었다.

하나님 나라의 의로운 힘을 이길 수 없는 세상의 권세

본문의 세계로 들어가 보지요. 뒤에서는 바로의 군사가 쫓고 있었습니다. 그러자 도망칠 수밖에 없었는데, 그 앞에 나온 홍해가 갈라집니다.

————— 여기서 하나 주의해 볼 대목이 있다.

> 모세가 바다 위로 팔을 내밀었다. 주님께서 밤새도록 강한 동풍으로 바닷물을 뒤로 밀어 내시니, 바다가 말라서 바닥이 드러났다. 바닷물이 갈라지고, 이스라엘 자손은 바다 한가운데로 마른 땅을 밟으며 지나갔다. 물이 좌우에서 그들을 가리는 벽이 되었다. (출애굽기 14:21-22)

홍해가 순식간에 갈라진 것이 아니라 모세가 밭 위로 팔을 내밀자 하나님께서 밤새도록 강한 동풍이 불어 바닷물을 뒤로 밀어 붙이셨다는 것이다. 뒤 쫓아오는 이집트 제국의 군대를 생각하면 한 시라도 초조한 상황이면서도 그 자체로 장엄하기 짝이 없는 장면이다. "밤새도록" 이들 히브리 민족들은 모세가 어떻게든 팔을 계속 내밀어 버텨주기를 바랐을 것이며 하나님의 역사도 시간을 요구하고 있다는 걸 깨우쳤을 것이다. 그건 우리 자신의 믿음이 깊어져가는 시간이다. 그로서 우리 내면의 홍해가 갈라져 길을 내는 순간이 온 것이다.

이제 살 길이 열렸던 것입니다. 그것도 마른 땅을 밟으면서 건넌 히브리 백성들은 어느덧 수르 광야로 들어서게 되었습니다. 거대한 도전을 이겨낸 이후 이들의 행군은 그 감격과 은혜로 자신감에 넘쳐나 있었을 것입니다. 그런 엄청난 고비도 넘은 자신들이 이제 무엇을 더 두려워하겠는가 하고 생각했을지도 모릅니다.

그러나 이들은 홍해를 건너 안전지대로 피신해 온 자신들에게 예기치 않았던 새로운 도전이 기다리고 있음을 곧 깨닫게 됩니다. 사흘 동안을 걸어 광야를 지났지만 마실 물이 없었던 것입니다. 홍해를 건너기 전에는 물이 넘쳐서 문제였고, 이제는 물이 없어서 곤란한 지경에 빠졌습니다. 참으로 인생사 알 수 없는 노릇입니다. 한두 명도 아니고 히브리 민족 전체가 기갈에 시달려 어찌 할 바를 알지 못하는 집단적인 위기에 직면하게 되었습니다.

그러던 중 어느 한 곳에 이르게 되었는데 거기에는 다행히도 물이 있었습니다. 모두 환호했습니다. 그러나 그 기쁨의 순간도 잠깐, 그 물은 써서 마실 수가 없다는 것을 곧 알게 되었습니다.

────── 해결책인 줄로 알았던 것이 더더욱 고역을 치르게 하는 경우가 있다. 아, 이것이로구나 하고 잡았지만 알고 보니 도리어 진로를 가로막

는 장애라는 것이 드러나는 격이다. 출구가 없는 벽에 부딪히는 것이다. 그러면 여기서 주저앉아야 하는가? '마라'의 쓴 물은 이제 문제가 풀렸나 했다가 어디를 둘러보아도 해결책이 부재한 현실을 보여준다. 자칫 그 물을 마셨다가는 목마름이 더욱 심해져 행군대열은 무너지고 만다. 그러면 급한 김에 이 쓴 물이라도 마실 것인가? 그럴 정도로 쓴 것을 넘었던 모양이다. 마시지 못했으니 말이다.

이에 이들 히브리 백성들은 모세에게 아우성을 쳤습니다. "우리가 무엇을 마신단 말입니까?"(출애굽기 15:24) 후에 '쓴 물'이라는 뜻을 가진 '마라'라고 명명된 이곳에 당도한 이들 히브리 백성들은 다른 방도는 없다고 단정하였습니다. 물이 쓰다는 것 하나로 자기들의 현실을 부정적으로 판단해버리고 말았습니다. 그리고는 불평하는 일에 몰두합니다. 이런 상황을 가져온 책임을 물어 누군가를 비난하는 일에 열심을 내었던 것입니다. 홍해를 건넌 감사는 어느새 말끔히 사라지고, 거칠고 험한 말이 오가게 되었습니다. 이런 때에 누군가 잘못 걸리면 희생을 당하게 되는 것입니다.

───── 물이 쓰면 그 물을 달게 해서 마실 방법은 없을까 하고 하나님께 지혜와 능력을 구하려는 간절한 마음이 없는 것이다. 이들의 사정이 그리도 다급했기 때문이기도 했지만 문제는 홍해를 건넌 감격이 지금 당면한 이 상황을 해결하는 능력으로 발동되지 못하고 있는 것이다. 비통해 하기만 하고, 자기들이 겪는 쓰디쓴 현실 외에는 다른 출구가 없다고 결론 내리고 만다. 큰 고비를 넘기긴 했지만 그래 봐야 기껏 '마라'가

자신들이 도달할 수 있는 현실의 한계라고 여기는 것이다. 이럴려고 그 생고생을 마다하지 않고 왔단 말인가? 하는 식이 된다. 그렇다면 여기서 돌파구는 어디에 있는가?

인생사와 민족사에서 만나는 '마라'

문제는 이들에게 물이 없거나 물이 써서 마시지 못하는 것이 아닙니다. 그런 현실을 어떻게 감당할 것인가를 결정하는 영혼이 메마르고 비틀려 있는 것이 더욱 큰 문제입니다. 그런 영혼은 마라의 물속에 숨겨진 비밀을 알아보지 못하게 됩니다.

개인의 인생사와 민족의 역사에 때로 '마라'를 만납니다. 이만큼 고생했으면 이제 새로운 현실이 열려야 하지 않겠나 했다가 예기치 못한 난관에 직면하는 것입니다. 마라는 그걸 상징합니다. 우울해하며 자신의 삶을, 자신의 역사를 비관합니다.

그러나 하나님께서는 그 어느 인생사의 고난과 아픔도 그저 마실 수 없는 쓴물로 버리게 하지 않으십니다. 세상이 어지러운 것은 어지러움 자체에 있는 것이 아니라 그 어지러움을 바로 잡을 힘이 없기 때문입니다.

물이 쓴 것이 이들 히브리 백성들을 좌절시켰지만, 정작 이유는 이를 달게 할 도리를 알지 못했기 때문입니다. 마찬가지로 한 개인과 사회의 영혼이 황폐한 것은 그 황폐함을 새로운 풍요로 바꿀 능력을 힘써 구하지 않기 때문입니다. 쓴 것 자체만을 나무라지 말며, 또한 그것이 더 이상은 어떻게도 움직일 수 없는 현실이라 여겨 절망하지 말아야 합니다. 하나님의 뜻과 능력이 임하면, 그 어느 것에서도 답은 나오기 마련입니다. 언제 이뤄질 것인지 미리 알 도리가 없다 해도 그 과정을 잘 통과하면 보이지 않던 것도 보이게 될 것입니다.

이것이 우리를 희망차게 하고, 이것이 우리의 행군을 중단하지 않게 하는 저력이며 이것이 하나님 나라에 대한 꿈을 그 어떤 난관 앞에서도 포기하지 않게 하는 힘입니다.

마라의 현실에서 그 답은 의외로 간단했습니다. 나뭇가지 하나가 물에 던져지니 그 물이 달게 변하였다고 성서는 전해 주고 있습니다. 그 나뭇가지 하나가 의미하는 것은 직면한 현실에 따라 참으로 다양할 것입니다. 어려운 인생사를 푸는데 있어서 정작 필요한 것은 예상과는 달리 단 하나의 마음일 경우가 허다합니다. 아무리 많은 생각을 해도 실제로 내릴 수 있는 결정은 하나밖에 없기 때문입니다.

그때 조금만 인내했더라면, 그때 어떻게든 용서하는 마음을 품기만 했더라면, 그때 약간이라도 용기를 내기만 했더라면, 그때 더 이상 추궁하지 않고 믿어 주기만 했다면, 그때 입을 벌리지 않고 침묵했더라면, 그때 도리어 감사하는 마음으로 현실을 잘 성찰했더라면, 모든 일이 선한 열매를 내었을 텐데 하는 경우가 얼마나 많이 있습니까?

그때 불필요하게 핏대를 세우지 않고 참고 침묵하는 가운데 기도하기만 했어도, 그때 낮은 마음을 품고 겸손하게 다가갔더라면, 그때 온유한 말 한마디만 했었어도 사태는 상당히 달라질 수 있었는데, 라는 후회를 우리는 합니다. 쓰디쓴 고역이라고만 여기고 불평하는 일에 빠질 것이 아니라 이걸 도리어 소중한 체험의 문을 여는 일이라고 여겼다면, 비관에 빠지지 않았을 텐데 하는 겁니다. 그렇게 하지 못하면 모두 다른 사람들 탓이나 하면서 누구도 그 문제의 해결을 위해 나서는 이가 없게 되는 비극적인 사회를 만들어 버리는 것입니다. 마음 하나 잘 돌이키면 충분히 은혜의 돌파구가 열릴 수 있는 현실을 저주의 자리로 삼는 어리석음을 저지르는 것입니다.

—— 그런데 마라에서의 위기는 단지 목이 말라 마실 물이 없다는 것으로 끝나는 것이 아니다. 이들에게 아직도 남은 여정(旅程)이 만만치 않다는 것을 주목하면, 마라의 좌절은 이후의 행로까지 포함한 좌절로 연결된다. 따라서 높은 이상과 꿈을 가진 이들은 중도의 위기로 흔들리면 그것은 그 시점과 그 현장의 위기로만 한정되지 않고 인생과 역사의 여정 전체의 위기로 파급되는 일임을 깨달아야 할 것이다.

마라의 쓴 물에 던지는 '나뭇가지 믿음'

우리가 물이 쓰다고 마라에서 주저앉으면 그것은 그저 마라에서 주저앉는 일로 그치지 않습니다. 이는 엘림, 곧 '엘로힘'으로 표현되는 하나님의 은총이 있는 자리를 바로 앞에 두고 가지 못하는 뼈아픈 실패의 시작을 의미하는 것입니다. 마라의 물이 단물이 되어 우리의 목을 축여야 하는 보다 중요한 이유는 엘림으로 가는 길에 우리의 기운이 쇠하지 않도록 하기 위함입니다. 이것이 결정적 중요성입니다.

마라는 엘림으로 가는 길목입니다. 아직 그걸 미처 모를지라도 이게 그 길목이 아닐까 하는 생각을 이제는 할 수 있어야 할 것입니다. 그 길목에서의 실패는 엘림으로 이어지는 길, 그리고 거기에서 또다시 연결되는 행로 전체를 위기에 빠뜨리는 것입니다. 출애굽기는 엘림을 이렇게 묘사하고 있습니다.

> 그들이 엘림에 이르렀을 때에, 거기에는 샘이 열두 곳이나 있고 종려 나무가 일흔 그루나 있었다. 그들은 그곳 물가에 진을 쳤다.(출애굽기 15:27)

얼마나 기막힌 축복이 기다리고 있었던 것입니까? 엘림은 그야말로 풍요한 오아시스입니다. 실로 더 큰 은혜가 준비되어 있는 자리를 가는 여정에 잠시의 고난과 어려움이 있다 하여 그로 말미암아 영혼이 각박해지고 거칠어지는 것은 엘림으로 가는 길을 스스로 가로막는 일과 다름이 없습니다. 인생과 역사에서 어려운 고비를 만났을 때에, "이거 봐라, 물이 쓰지 않느냐" 하고 분노해서 불평하며 저주하는 일에만 몰두하면 그는 엘림으로 가는 길에 필요한 힘을 얻지 못하는 불행한 인간이 될 수 있습니다.

인생사, 쓴맛도 보고 단맛도 보면서 가는 겁니다. 쓴맛을 알아야 단맛을 더욱 분명히 알게 됩니다. 엘림으로 가는 길에 혹여 마라를 만나거든, 결코 주저앉거나 좌절하든지 아니면 분노하거나 저주하지 마시기 바랍니다. 도리어, "엘림이 가까웠구나" 하고 기뻐할 일입니다. 그에 필요한 영혼의 능력을 하나님에게 구하는 믿음의 지혜가 이로써 충만해지기를 축원합니다.

───── 마라에서는 아직 엘림이 보이지 않으니 지레 좌절하기가 쉽다. 그러나 마라에서 쓰러지지 않으면 엘림이 보이고 마침내 그에 당도한다는 것을 깨우쳐야 할 것이다. 고지를 바로 앞두고 쓰러지는 건 어리석다. 그래서 문제는 마라의 쓰디쓴 현실에 압도당하지 않는 일이다. 우리의 종착지가 물론 엘림은 아니다. 가나안이 아직 우리를 기다리고 있다. 그러니, 엘림을 넘어서는 여정 전체의 축복을 마라에서부터 좌절해 버린다면 억울하지 않은가?

하나님의 헤아릴 수 없이 크신 계획에 참여하는 모든 이들이 나뭇가지 하나를 마라의 쓴 물에 던지는 믿음과 지혜로 굳건히 일어나서 단물로 목을 축이고 영혼의 치유를 받아, 곧 새 길을 떠나는 기쁨을 누리시기를 비는 마음이다.

편안한 어깨, 포근한 품

찾으면 기뻐하면서 자기 어깨에 메고 (누가복음 15:5) / 그는 일어나서 아버지에게로 갔다. 그가 아직도 먼 거리에 있는데, 그의 아버지가 그를 보고 측은히 여겨서, 달려가 그의 목을 껴안고, 입을 맞추었다. (누가복음 15:20)

—— 험곡에서 헤매다 지쳐 쓰러져 있을 양을 천신만고 끝에 찾아 그 양을 어깨에 메고 돌아오는 목자, 쓰레기 같은 인생을 살다가 거지꼴을 하고 돌아온 아들을 맞이하는 아버지의 뜨거운 포옹, 여기서 우리는 하나님의 품성을 발견한다. 이것이 우리의 것이 되기 위해서는 이 품성이 가득한 마음을 잃어버리고 사는 우리들의 현실에 대한 각성이 먼저 요청될 것이다.

엘레너 루즈벨트의 글은 그런 점에서 우리를 새롭게 일깨우고 있다. 그가 처해 있던 시대적 상황이 '대공황'이라는, 각박하기 이를데 없는 위기의 때라는 점에서도 그의 글은 어려운 현실 앞에서 황폐해지는 인간에 대한 절박한 호소를 담고 있다.

엘레너 루즈벨트는 뉴딜 정책을 통해서 1930년대 대공황의 시기를 극복하려 했던 루즈벨트 대통령의 부인입니다. 그녀는 소외된 이들에 대한 극진한 사랑을 보여 미국인들의 존경을 받았으며, 대통령의 아내로서 어떤 사회적인 역할을 해야 하는가에 대하여 모범이 된 여인이었습니다.

'전국 우정의 주간'(National Friendship Week)이라는 때를 맞이하여 그녀가 쓴 잠언과도 같은 글 한 편을 소개해 드리겠습니다.

스스로의 문제에는 머리를 써도 되지만 다른 사람의 문제에서는 마음을 써야 한다. 돈을 잃은 사람은 잃은 것이 적지 않겠지만, 친구를 잃은 사람은 그보다 더 많은 것을 잃는 것이다. 그러나 믿음을 잃으면 모든 것을 잃는 것과 다를 바 없다. 아름다운 젊은이들은 자연의 우연적 소산일 수 있지만, 아름다운 노년은 인생에 대한 예술적 노력의 결과이다. 어제는 이미 지난 과거의 역사이고, 내일은 여전히 알 수 없는 신비로움이지만, 오늘이란 은총으로 주어진 선물이다.

이 글을 읽으면서 유독 생각의 깊이를 더하게 해주는 대목은, 타자와의 문제가 생겨났을 때 머리보다는 마음을 쓰는 일이 중요하다고 충고하고 있는 점입니다. 실로 문제가 일어났다 하면, 머리부터 굴리려고 들기 십상인데, 그럴 경우 아마도 상대를 속이거나 엉뚱한 오해를 하든지 아니면 어떻게든 이기려 들기만 하는 쪽으로 사태가 전개되어 가고 말 것입니다. 이러한 일들은 결국 인간의 문제를 근본에서 풀기보다는 서로 간에 건너기 어려운 골짜기를 만들고 말 것입니다.

───── 대공황에 따른 고통에 휘청거리고 있는 미국의 서민들에게 그녀는 아무리 모든 것을 잃어도 마음, 믿음 이런 무형의 정신적 자산을 상실하지 말라고 충고하고 있다. 생존의 위기 앞에 서 있는 이들에게 이 말은 한가한 소리가 될 지도 모른다. 그래도 이런 마음을 붙잡고 있으면 살아갈 수 있다.

그런데 이러한 그의 글에도 여전히 한계가 엿보인다. 마음과 머리의 관계에서 그는 머리가 바로 마음의 도구라는 점을 인식하지 못하고 있지 않나 싶기 때문이다.

그렇다고 해도 그의 말의 뜻을 새겨 생각해보면, 머리가 앞서는 일은 인간사의 매듭을 풀어 나가는 데에 거의 언제나 더 큰 문제를 낳을 수밖에 없는 경우가 적지 않다. 머리란 실로 마음이 안고 있는 문제를 해결하는 데에 소용이 되는 한, 진정한 가치를 발하는 것이다. 예수께서 그의 첫 설교인 산상수훈을 '마음이'라고 시작한 것은 그래서 실로 의미심장하다. 마음에 무엇이 담겨 있는가, 이것이 인생살이에 관건인 것이다.

마음에 무엇을 담아야 하는가

그런데 이 엘레너 루즈벨트의 말이 참 좋으면서도 꼭 그대로 동의하기는 어려운 점이 있습니다. 그것은, 자신의 문제를 다루는 경우에는 머리를 쓰라고 한 점입니다. 사실 타자의 문제만이 아니라, 자신의 문제도 역시 마음을 쓰는 일이 머리를 쓰는 일보다 앞서야 할 것입니다. 마음을 잘못 쓰는 데서, 머리도 잘못 사용되고 온갖 인간사의 갈등과 대립, 그리고 싸움이 일어나게 마련이니까요.

인간의 마음이란 그 모든 것을 앞에서 이끌어 가는 선도자입니다. 마음이 교활해지면 머리 쓰는 것도 교활해지고, 마음이 너그러우면 머리 쓰는 것도 타자를 세세히 배려하는 힘이 있게 됩니다. 마음이 비열하면 머리 쓰는 방식도 비열해지고, 마음이 활달하면 머리 쓰는 방식도 밝고 창조적이 됩니다. 남들이 미처 생각하지 못한 방식으로 교활하고 비열하게 머리가 돌아가는 이들을 사람들은 "아, 그래도 머리 하나는 좋다" 하고 착각하기도 합니다만, 그것은 머리가 좋은 것이 아니라 매우 나쁜 것입니다. 그건 부패해가는 머리입니다.

그렇게 하는 사람은 그러다가 자신의 악하고 거친 성품과 정체가 드러나 다른 사람들로부터 외면당하고 버림받게 될 겁니다. 남들의 생각을 뛰어넘어 자기에게 이로운 길을 발견한 것 같지만, 정작은 자신을 스스로 망칠 길로 들어서는 일에 재빨랐던 것이기 때문입니다.

이렇게 자신에게 주어진 생명의 은총을 선하게 쓰지 못하는 것은 모두 그 마음이 바로 서 있지 못하고 비틀어져 있거나, 병에 걸려 있는 탓입니다. 그 사람의 인간적 가치를 높이고 그 사람의 생명에 아름다운 지혜를 더하며, 그로써 다른 이들의 행복에 보탬이 되는 결과를 가져오는 것이 진정 머리가 좋은 것입니다.

그러자면 먼저 마음에 그런 뜻이 길러져야 하고 그런 의지가 열심히 자라나 주어야 합니다. 마음이란, 생각의 들판에서 길을 만드는 근본이 되는 힘입니다. 그래서 마음이 깊으면 생각하는 바가 깊고, 마음이 넓으면 생각하는 바 또한 넓으며, 마음이 따뜻하면 생각 역시 따뜻한 능력을 갖게 되는 법입니다.

하나님이 이 세상을 창조하시고 인간을 그 안에 두신 그 근본적인 힘도 인간을 사랑하는 '마음'에서 출발하였습니다. 나머지는 모두 이 사랑의 마음을 구체적으로 만들어 가는 과정입니다. 그러니, 하나님께서 창조하시고 섭리하시는 바에는 하나 같이 이 사랑의 마음이 어떤 방식으로든 담겨 있습니다. 이것을 밝히 알아보고 여기에 적극적으로 반응하는 것이 우리의 믿음이 성숙해지는 여정입니다. 우리를 이토록 사랑하시는 하나님의 마음을 깊이 헤아려 알게 되고, 그것이 체험되는 감사와 감격이 있게 되면 우리는 그 하나님의 마음처럼 살게 됩니다.

여기서 가장 중요한 마음은 감사의 마음입니다. 사람과 사람의 관계에서도 이 마음이 옅으면, 서로에 대한 마음의 깊이나 애정 또는 우정이 자라나지 못하지요. 오히려 사소한 일에도 서운해지고 멀어지는 원인이 됩니다.

그 마음에 하나님의 뜻이 담기면, 우리의 머리뿐이겠습니까? 우리의 손길, 우리의 발걸음, 우리의 눈빛, 우리의 표정, 우리의 가슴, 우리의 어깨, 그 모두가 다 하나님의 마음이 능력을 발휘하는 사랑과 이 사랑의 힘이 발휘되는 기관이 되는 것입니다. 하나님의 마음이 지니고 있는 온도가 그 몸에 드러나기 마련입니다.

──── **결국 마음에 담겨 있는 것이 인생사의 핵심을 주관한다. 마음이**

란 실로 오묘해서 열 길 물속이 되기도 하고 접시 물의 깊이조차 되지 못하기도 한다. 하늘과 땅, 바다를 다 담고도 남는 자리가 있을 때도 있지만, 사람 하나를 담아내지 못하는 좁디좁은 협곡이 되기도 한다. 그런데 예수께서는 이 마음에 '하나님 나라'가 들어차게 될 것이라는 놀라운 선언을 하셨다. 우리의 마음에 우리의 헤아림을 이미 넘는 우주 정도가 담기는 것이 아니라, 그 깊이와 넓이, 높이를 도저히 가늠할 수 없는 하나님 나라가 세워지는 것이다. 그러니 하나님의 마음을 자신의 삶에 담아내는 이들은 얼마나 거대한 존재인가?

비루함과 적의가 들어차 있으면, 그 삶은 병들고 비꼬이며 별것도 아닌 것을 가지고 늘 날카롭게 곤두서서 스스로를 피로하게 할 것입니다. 욕심과 헛된 망상이 들어차 있으면, 그 삶은 욕심을 채우지 못해서 방황할 것이며 망상으로 허무해져 갈 것입니다. 반면에, 하나님 나라가 그득 채워져 있으면, 그 인생은 편협하지 않고 무한한 넓이로 열려 있게 됩니다. 그래서 하나님 나라의 열매를 하나씩 하나씩 맺어 나갈 것입니다. 사도 바울이 성령의 열매로, 사랑과 기쁨과 평화와 인내와 친절과 선함과 신실과 온유와 절제를 꼽은 까닭이 달리 있지 않을 것입니다.

우리가 미소 지으면 평화가 임하고, 우리가 손을 내밀면 사랑이 충만해지며 우리가 발걸음을 옮기는 곳에는 기쁨이 넘치는 그런 감사한 사건이 있게 되는 것입니다. 결국 신앙이란 이렇게 우리의 마음과 몸에 하나님 나라의 선한 힘이 주도권을 갖게 하는 일입니다. 그 힘이 우리 안에서 강력하게 모든 것을 이끌어 나가도록 하는 것이 바로 예수께서 가르치신 대로, "하늘의 뜻이 이 땅에 이루어 지이다"라는 기도가 완성되는 출발점입니다.

누가복음 15장에 담긴 하나님 나라의 실체

——— 이러한 하나님 나라의 실체는 어디에서 구체적으로 발견될 수 있을까? 그 하나님 나라의 품성은 어떤 모습으로 이 땅에서 자신을 드러내는 것일까? 이 하나님 나라를 품은 마음은 이 세상에서 어떤 삶을 살고자 하는 것일까? 누가복음 15장의 본문으로 선택한 두 가지 이야기, 즉 '잃어버린 양 한 마리를 찾아나선 목자의 기쁨'과 '돌아온 아들을 맞이하는 아버지의 감격'은 바로 이 하나님 나라의 본질을 보여주고 있다.

우선, 누가복음 15장의 '잃어버린 양'의 이야기는 무리에서 이탈해 버린 한 마리와 나머지 안전지대에 있는 아흔아홉 마리라는 그 양적 대조로 우리들에게 다가온다. 혹자는 그러다가 나머지 아흔아홉 마리의 처지가 위태해지지 않을까 걱정한다. 자신이 그 한 마리가 될 가능성에 대해서는 생각이 미치지 못하는 것이다. 뿐만 아니다. 바로 이 한 마리 잃어버린 양을 찾아 나서서 돌아온 목자를 바라보는 나머지 양들의 더욱 깊어지는 목자에 대한 신뢰와 안정감을 고려하지 못하고 만다. 양을 찾아 돌아온 목자의 모습, 그리고 그가 취하는 행동은 하나님 나라의 관심이 어디에 있는지를 그대로 보여주고 있다.

누가복음 15장에 나오는 이 본문의 대목은 잃어버린 양 한 마리를 찾아 나선 목자의 이야기에 등장하는 장면입니다. 이 목자를 예수님이라고 바로 단정해 버리기도 하지만 이 이야기의 현장과 맥락을 보면 그렇게만 접근하는 것은 이 이야기의 핵심을 벗어납니다. 이 이야기는 이렇게 시작됩니다.

> 너희 가운데서 어떤 사람이 양 백 마리를 가지고 있는데, 그 가운데서 한 마리를 잃으면, 아흔아홉 마리를 들에 두고, 그 잃은 양을 찾을 때까지 찾아다니지 않겠느냐?(누가복음 15:4)

이런 상황에 처하면 너희들(바리새인들, 율법학자들)은 어떻게 대처하겠는가, 라는 질문이 있습니다. 이 이야기의 현실로 이들을 끌어들이고 그 입장에서 이 문제를 바라보기를 요청한 것입니다. 가만히 있겠느냐는 겁니다. 이 이야기가 나온 배경에는 예수님이 이들 바리새인들과 율법학자들이 죄인시하는 이들과 함께 어울리고 먹고 마시며 지낸다고 이를 비난하는 상황이 있습니다. 예수님은 이런 식으로 힐난하고 모욕하고 음해하지 말라는 것입니다. 이들이 죄인들이라고 여기는 사람들을 강력히 엄호하는 이야기였던 겁니다. 이 목자가 바로 나야, 하는 식의 자기과시에 목적이 있지 않습니다.

이 이야기를 읽게 되는 사람들은 아흔아홉 마리와 한 마리라는 수의 대조를 통해서 길 잃은 한 마리의 가치를 평가하고 계산할 수 있습니다. "여기에 이렇게 아흔아홉이 있는데 그 한 마리를 위해서 굳이"라는 생각을 하게 되는 것이지요. 그러나 이 이야기를 하신 예수님의 마음과 생각은 그렇지 않았습니다. 그 한 마리가 겪고 있는 생명의 위기와 그래서 누구인가 자신을 구해 주기를 바라는 그 애타는 현실을 주목하신 것입니다. 남들이 볼 때에는 미미하고 사소한 존재의 현실에 먼저 다가가시는 것입니다.

이야기는 양을 찾은 것에서 그치지 않습니다. 잃어버린 양을 마침내 찾은 목자는 어떻게 하고 돌아옵니까? 본문은 "찾으면 기뻐하면서 어깨에 메고"(누가복음 15:5)라고 되어 있습니다. 여기까지 오느라고 죽을 고생을 하였는데, 이제 또 이놈을 어깨에 메고 돌아갈 생각을 하니 기가 막히는구나 하지 않았습니다. 길을 잃고 헤매며 두려워 떠는 가운데 기진맥진했을 양을 발길질하면서 자기가 고생한 것에 대해 분풀이하지도 않습니다. 채찍을 휘두르고 성을 내면서 돌아갈 길로 마구 몰아세운 것도 아닙니다.

목자 자신이 양을 찾느라 겪는 일이 관심이 아닙니다. 그런 마음을 갖는 순간부터 이 잃어버린 양을 찾아다닌 사건은 양 한 마리라도 손해를 보지 않기 위해서 바득바득 기를 쓴 과정이 되어 버립니다. 그 한 마리의 양을 생명으로 보는 것이 아니라, 돈으로 계산하는, 말하자면 기껏해야 더하기 빼기의 대상쯤으로 여기는 것이 되고 맙니다.

그러나 이 이야기에 등장하는 목자는 이 양의 생명이 돌아가는 길에 힘겨워지지 않도록 자신의 어깨에 들쳐 맵니다. 이 양의 기력이 더 이상 쇠하지 않도록, 그래서 평안한 가운데 소생하도록 자기의 몸을 버팀대로 내어 주는 것입니다. 이 모든 행위의 근본에는 기쁨이 있습니다. 그는 기뻐하면서 그 양을 어깨에 메고 왔다고 되어 있지 않습니까? 할 수 없어도 아니요, 불가피해서도 아니며, 지겨워하면서도 아니고, 툴툴거리면서도 아닙니다.

만일 그렇게 하면서 양을 어깨에 메고 온다면, 그 양은 이리저리 눈치를 봐야 할 것이며 돌아오는 길 내내 언제 목자가 자신을 길에 내동댕이칠지 몰라 불안할 것이며 본래 있던 울타리로 돌아가고 난 후에 잔뜩 화가 난 목자에게 무슨 일을 겪을지 알 수 없어 공포로 지레 질려 있게 될지도 모를 일입니다.

이 본문에 묘사된 목자의 어깨는 생명이 고비에 처한 이를 평안하게 받쳐주는 어깨이며, 그로써 고단한 인생들이 그에 기대어 새 힘을 얻어 소생하는 자리입니다. 폭력을 휘두르는 '어깨'가 아니라, 믿음직하고 든든하며 평안한 버팀목입니다. 하나님의 마음은 우리에게 바로 이 어깨이며, 우리가 돌아가는 길에 또다시 기진맥진하면서 지쳐 쓰러질지도 모른다는 걱정을 사라지게 하는 놀라운 위로와 힘입니다.

———— 이 잃어버린 양의 비유는 단지 한 마리만 구한 사건이 아니다. 만일 이 양 한 마리를 그대로 버려두고 돌아갔다면, 다른 양들은 잠시는 "아, 이제 집으로 가는구나 했을지 모르나 이후 내가 저런 운명이 되겠구나" 하고 저마다 각자도생의 길을 찾게 되었을 것이다. 그러면 이들의 공동체는 안에서부터 무너지는 것이다. 그러나 끝끝내 양을 찾아 돌아온 목자를 보면서 나머지 다른 양들은 자신이 어떤 위기에 처해도 저런 구원과 기쁨의 대상이 되겠구나 라고 안심하게 되었을 것이다. 어디 그뿐인가, 돌아와 이 목자는 잔치까지 차린다. 그 존재의 격이 이토록 존중받는 이야기가 이어지는 것이다.

'탕자의 비유'라고 대체로 알려지고 있는 두 번째 이야기는 아버지의 집에 돌아온 아들의 회개에 초점을 맞추어 해설되는 경우가 많다. 그러나 정작 이 비유는 그 아들을 맞이하는 아버지의 환희를 부각시키고 있다. 따라서 이 비유는 예수님과 함께 어울리는 '죄인들(이들이 말하는)'을 '탕자'라고 비난하고 있는 이들에게 하나님 나라의 환희를 시비하지 말라는 것이다.

하나님 나라는 바로 이렇게 오도 가도 못하고 비틀거리며 자신의 인생을 자책하는 존재들의 아픔을 품고 그들을 누구도 멸시하지 못할 존엄한 존재로 받아들이는 곳이라는 것이다.

20절의 본문도 우리가 잘 알고 있는 두 아들의 비유, 흔히들 '탕자의 비유'라고 하는 이야기에서 등장하는 대목입니다. 아버지의 가산을 미리 물려 달라고 요구한 작은 아들은 '옳다구나' 하고 아버지와 형의 간섭이 없을 만한 먼 곳으로 재산을 다 챙겨서 떠났습니다. 그렇지만, 그의 계산대로 세상이 돌아가는 것은 아니어서 그는 천신만고의 고생을 겪게 됩니다. 그가 아무런 먹을 것도 없는 피폐해진 인생의 막바지에 처하게 되었을 때 다시는 볼일이 없을 것 같던 아버지의 집이 떠오릅니다. 아버지의 집 하인들보다 못하게 되어버린 자신의 처지가 비교된 것입니다. 그리고는 자존심을 모두 꺾고 하인 정도라도 삼아주신다면 어떻게 목구멍에 풀칠이라도 할터인데 하고 있는 힘을 다하여, 떠나왔던 길을 돌아가게 되었습니다. 그는 귀향이 아니라 직장을 얻기 위해 돌아온 것입니다.

고향에 도달하여 집에서 아직은 멀리 떨어진 거리였음에도 불구하고 그의 아버지는 당장에 그를 한눈에 알아보고 측은한 마음을 품고 그를 향해 달려옵니다. 달려가서 "기세 좋게 집 떠나더니 꼴좋구나"

하고 힐난하고 빈정대지 않았습니다. "어디 그게 거지꼴이지 사람꼴이냐. 동네 창피해서 못살겠구나 누가 알아볼까 겁난다. 썩 물러가라"고 성을 벌컥 내지도 않았습니다. 철썩하고 뺨을 때리고는 아무 말 없이 썩 돌아서서 마치 부자의 연을 끊은 자인 양 집으로 휙 돌아서 들어가 버리지도 않았습니다.

그 아버지는 거지꼴을 하고 굶어서 야윌대로 야윈 아들을 덥석 끌어안고 목에 팔을 두르며 입맞춤을 하였습니다. 어떤 추궁이나 질문이나 확인이나 또는 다짐을 받은 연후에야 비로소 맞아들인 것이 아니었습니다. 있는 그대로의 모습을 아버지의 따스한 품에 안고, 지금까지 통과해 온 인생의 힘겨움을 풀어주었던 것입니다. 아버지의 반응에 대하여 온갖 상상을 하면서, 어떻게든 양식을 구할 양으로 비굴하게라도 매달려 볼 생각을 하고 있던 아들의 마음에 가득차 있었을 염려와 긴장을 아버지는 그 품으로 포근하게 감싸주시면서 사라지게 했던 것입니다.

생명은 바로 이러한 품에서 안도하고 그 생명의 기력을 회복하는 법입니다. 그 품에서 말로는 이룰 수 없는 사랑의 역사가 일어나는 것입니다. 아가서에는, "사랑하는 이에게 몸을 기대고 벌판에서 오는 저 여인은 누구인가"(아가 8:5)라는 대목이 있습니다. 백 마디 천 마디의 말보다, 도리어 말없이 자신의 품을 포근한 안식처로 내어 주는 존재에게 생명은 감격해 하며 새로운 삶의 의지를 다질 수 있게 되는 것입니다.

기력을 소생하게 하는 생명의 어깨

하나님은 바로 이러한 분이십니다. 우리는 그분이 우리의 기력을 소생하게 하는 생명의 어깨이며, 모든 염려가 봄볕에 눈 녹듯 녹아 사라지는 사랑의 품인 것을 깨우쳐야 할 것입니다. 뿐만 아니라, 이 모든 것은 바로 그 하나님의 마음을 품은 육신이 또한 할 수 있는 일입니다. 하나님 나라의 크기와 높이와 깊이와 넓이를 그 마음속에 담으려 애쓰며 선한 마음을 기르려는 이에게 주어지는 아름다운 능력입니다.

사랑이란 무엇입니까? 다름 아닌 이 마음으로 사는 일입니다. 사랑이란 무엇입니까? 이 마음이 우리의 뜨거운 육신이 되는 일입니다. 사랑이란 무엇입니까? 고생하며 지치고 허기진 심령에게 우리의 어깨와, 우리의 품을 내어 주는 일입니다. 그래서 병들고 죽어가던 영혼이 평안함과 포근함을 체험하고 소생하도록 하는 일이며, 이를 그 무엇보다도 기뻐하는 일입니다.

믿음으로 완성되는 우리는 바로 이 어깨와 이 품을 가진 자로 자라나는 것과 같습니다. 그런 우리가 있기에 이 세상이 위로를 얻고, 그런 우리가 있기에 이 세상이 선한 마음을 품는 일이 쉬워지며 그런 우리가 있기에 사랑이 가진 힘이 믿어지는 그런 축복이 있게 되기를 기원합니다.

엘레너 루즈벨트의 글 가운데 일부를 이렇게 고쳐 읽어보고 싶습니다.

스스로에게나 다른 사람에게나 우리의 마음이 가장 중요한 근본입니다. 그 마음에 하나님의 마음을 담는 사람이 자신과 이 세상에 축복을 나눌 수 있는 존재입니다. 이 마음의 힘을 믿는 사람은 비록 가난하게 살아도 풍요롭습니다. 언제나 새롭게 시작할 수 있는 사람입니다. 아름다운 젊은이들은 하나님의 선물입니다. 아름다운 노년은 이 선물을 잘 가꾼 자의 축복입니다. 어제는 오늘의 지혜의 양식이며, 내일은 희망의 원천이고 오늘 지금 이 순간은 그 축복의 가장 적당한 때입니다. 그러니 사실 하나님의 사랑 안에서는 어제이든, 오늘이든 내일이든 언제나 가장 적당한 축복의 때가 됩니다.

우리의 인생에 하나님의 마음이 그득하여 우리의 육신이 사랑의 지체가 되는 기쁨이 있게 되기를 빕니다. 그 몸이 큰가 작은가, 힘이 센가 약한가가 편안함과 포근함을 결정하지 않습니다. 그 마음에 들어찬 하나님의 생명의 힘이 결정합니다. 든든하고 편안한 어깨와, 따뜻하고 포근한 품을 가지신 근원적 존재에 대한 믿음이 기쁨이 되시고, 또 그런 모습을 닮아가 우리의 이웃에게 큰 힘이 되는 그런 축복, 누리기를 빌겠습니다.

────── 자신을 과시하는 어깨와 흉계만 꾸미는 가슴으로 사는 것이 아니라 진실로 인간의 아픔을 끌어안고 이 시대의 고비를 넘고자 하는 존재들이 하나둘씩 늘어날 때에 하나님 나라는 이 땅에서 융성한 기운으로 자신을 드러낼 것이다. 아무리 시대가 곤고할지라도 관건은 언제나 우리의 마음에 이 하나님 나라의 기운이 충만한가 아닌가에 달려 있다. '생명의 영'이야말로 이 시대 우리들이 그토록 갈구해야 할 바이며, 그로

써 우리의 존재는 이 시대가 그 고단한 몸을 기댈 수 있는 편안한 어깨가 될 것이며 이 사회가 기력을 회복할 포근한 품이 될 수 있을 것이다. 그런 우리로 세상을 살아가길 기도드린다.

얍복 나루 이쪽과 저쪽

그 밤에 야곱은 일어나서, 두 아내와 두 여종과 열한 아들을 데리고, 얍복 나루를 건넜다. 야곱은 이렇게 식구들을 인도하여 개울을 건너 보내고, 자기에게 딸린 모든 소유도 건너 보내고 난 다음에, 뒤에 홀로 남았는데, 어떤 이가 나타나 야곱을 붙잡고 동이 틀 때까지 씨름을 하였다. 그는 도저히 야곱을 이길 수 없다는 것을 알고서, 야곱의 엉덩이뼈를 쳤다. 야곱은 그와 씨름을 하다가 엉덩이뼈를 다쳤다. 그가, 날이 새려고 하니 놓아 달라고 하였지만, 야곱은 자기에게 축복해주지 않으면 보내지 않겠다고 떼를 썼다 그가 야곱에게 물었다. "너의 이름이 무엇이냐?" 야곱이 대답하였다. "야곱입니다." 그 사람이 말하였다 "네가 하나님과도 겨루어 이겼고, 사람과도 겨루어 이겼으니 이제 너의 이름은 야곱이 아니라 이스라엘이다."(창세기 32:22-28)

──── 우리는 인생을 살면서 참으로 많은 결정을 내리고 산다. 그리고

그 결정들이 때로는 인생을 전격적으로 바꾸어 버리는 경우가 있다. '전격적인 결정'이란 익숙한 것에서부터 전혀 낯선 현실로 이동하는 사건이다. 이제껏 잘 알고 있던 자리를 털고, 알 수 없는 새로운 땅을 향해 가는 일은 우리 자신을 긴장하게 한다. 무엇이 우리를 기다리고 있을런지 알 수 없기 때문이다.

그러나 그런 '이방인(異邦人) 되기'는 우리들을 성숙하게 한다. 지금껏 당연히 안다고 여겨 온 자신과의 만남이 새롭게 이루어지기 때문이다. 타자(他者)와의 만남은 자아(自我)에 대한 인식의 깊이를 이루게 하는 과정이다. 그리고 그것이 결정적 전환이 된다면, 인생의 강을 하나 건너는 일과 같다.

이는 '강 저편에 두고 온 나'와 '이제 살아가게 될 나'가 서로 결별한 후 '나'라는 존재가 무엇에 의존해서 살아가는 자인가를 묻는 일이다. 거기에서 우리는 자신의 면모를 보다 구체적으로 파악하게 된다. 그런데 우리는 그 강을 그저 건너면 되는 것일까? 강 저편에 나의 인생을 행복하게 해 줄 것이 기다리고 있다고 믿고 그냥 눈 딱 감고 강을 건너면 만사는 다 풀리는 것일까? 그 강을 건너는 '나'라는 존재는 강 저편에 가면 자동적으로 '강 이편의 나'와는 달라지는가?

이방인으로 살아간다는 것은

자신이 살고 있던 땅에서 떨어져 나와 이국땅 또는 타향에서 오래 살게 되는 것은 본질적으로 고독한 일입니다. 그러나 그렇게 외롭고 고단하게 지냈던 세월을 잘 헤아려 보면 도리어 정신적 풍요를 가져다 주기도 합니다. 이방인이 되어 산다는 경험은 당사자에게 자신과 세계를 보다 다양한 시각을 통해 볼 수 있도록 만드는 귀중한 힘이 되는 것입니다.

인생을 살아보면 가지고 있던 것을 다 잃은 것 같지만, 사실은 이전에는 생각할 수도 없는 새것을 얻기 시작한 때인 경우도 있으며 모든 것을 움켜쥐었다고 여기는 경우 실상은 가장 소중한 것을 상실해 가고 있는 경우도 있기 마련입니다. 타향의 세월은 고향을 잃어 가는 과정이기도 하지만, 뒤집어 보면 새로운 삶의 현장을 얻어 가는 시간이기도 합니다.

이방인이 되는 경험은 거의 언제나 자신을 향한 질문과 통하게 되는 법입니다. '나'라는 존재가 지금까지는 아무런 이질감이 없다가 갑자기 주변의 타인들에게 낯선 존재로 받아들여지기 시작하면서 자기 자신에 대한 새로운 의문이 떠오르지 않을 수 없기 때문입니다. 그것은 얼핏 자신을 이방인으로 취급하는 사람들로부터 마치 '왕따'를 당할 듯한 상황 속으로 들어가는 것 같지만, 사실은 자신을 보다 명확하고 풍요하게 정립하는 중요한 기회를 주는 것입니다.

익숙한 자리에서 일어나 낯선 곳으로 향해 가는 삶이란 인생에서 강(江)을 하나 건너는 일입니다. 강 이편은 너무도 잘 알고 있고 모든 것이 확실하게 보이는가 하면, 강 저편은 아직 불확실한 미지(未知)의 땅입니다. 자신의 인생이 이방인의 운명이 되는 것을 감수해야 하는 것입니다. 우리는 인생사에서 끊임없이 미지의 땅을 가기 위해 강을 건너야 하는 나그네일런지도 모릅니다. 인생사의 거의 모든 과정에서 우리는 강을 건너야 하는가 마는가 하는 결정으로 망설이고, 낯선 땅에 들어서야 하는 곤혹스러움을 겪으며 그래서 어떤 인생이 이제 펼쳐지려는가 하는 기대 반 두려움 반의 심사를 갖게 되는 것입니다.

한 인간의 생과 한 민족의 역사를 가로지르는 강의 이편과 저편은 실로 다른 모습과 내용을 갖게 됩니다. '고난의 강'을 건너온 인생은 그 강을 건너기 전과, 건넌 이후의 현실이 사뭇 다를 수밖에 없습니다. 성서의 히브리 민족이 광야에서 온갖 풍상(風霜)을 다 치른 후 요단 강을 건너 새 땅에 이르렀을 때, 그들은 이전의 막막했던 유랑(流浪)을 끝내고 정착의 세월을 시작하게 되었습니다.

세례 요한이 바로 이 요단 강을 중심으로 히브리인들에게 세례를 베풀었던 것은 그 강에 몸을 담그기 전과 이후의 삶이 명확하게 갈라지는 체험을 위해서였습니다. 그러나 인생사가 그렇게 단순 명쾌하게 하나의 경계선을 기점으로 나누어질 수 있기만 한 것은 아닙니다. 이쪽과 저쪽의 구별이란 대체로 우리의 인위적인 나눔에 불과할 뿐, 사실 보다 중요한 것은 자기 자신입니다.

강 이편에 있다고 해서 그 사람이 이전 그대로이거나 강 저편에 갔다고 해서 이쪽에서 가지고 있던 것을 모조리 상실하는 것 또한 아니기 때문입니다. 수백 번을 오고가도 여전히 남는 문제는 '자신의 정체'입니다. 그것이 어떤 모습인가, 어떤 내용으로 채워져 있는가에 대한 대답이 확실하게 되어 있지 못할 때 우리는 이편으로 가건 저편으로 가건 그 삶을 진정 새롭게 할 수 있는 존재가 되지 못할 것입니다.

모든 것을 상실하고서야

——— 그렇다. 중요한 것은 역시 나의 진정한 실체이다. 도강(渡江) 행위 그 자체가 나를 변화하게 하는 것이 아니라, 나의 변화가 도강의 의미를 다르게 만드는 것이다. 본문의 야곱은 자신의 운명을 재물의 획득을 통해 이루고자 했다가 실패한다. 이도 저도 안 된 것이었다. 인생사에서 행복의 추구를 위해 먼저 요구되는 것은 언제나 그 자신의 존재적 본질이 변화하는 것이다. 야곱은 상실의 과정에서 도리어 하나님과의 만남을 통한 새로운 자아의 형성을 이루어 간다. 모든 인생의 기초는 여기에서 비롯된다.

성서는 잃어버림의 비극을 겪는 인간이 하나님과 만나면 그 비극이 오히려 은혜의 통로로 전환되는 것을 일깨운다. 고난의 과정이 그 고난을 감당하는 존재에게 하늘의 축복을 갈망하게 하는 기회를 의미하기 때문이며, 그로써 그는 정작 얻어야 할 바가 하나님의 영으로 충만한 새로운 자아임을 알게 되기 때문이다.

미지의 땅을 향해 간 야곱은 이전의 야곱이 아니었다. 그랬기에 그의 인생은 달라질 수 있었던 것이지, 그의 거처(居處)가 달라진 것이 그를 다르게 만든 근본적인 요인이 아니었다. 오랜 세월을 이방인의 모습으로 살아왔던 야곱의 귀향은 바로 이 깨달음을 안고 돌아온 길이었다.

야곱은 아버지 이삭의 유산을 온통 자신의 손에 거머쥐게 될 것으로 알고 수를 쓰다가 형 에서에게 들통이 나는 바람에 집을 나와 길고 긴 도피행각을 하지 않으면 안 되는 신세가 되고 말았습니다. 모든 것을 얻을 것 같았다가 모든 것을 잃어버리고 만 자가 된 것입니다. 지금 껏 자신이 살고 있던 땅은 돌아갈 수 없는 곳이 되었고, 에서에게 발견 되면 죽을 수도 있는 두려움이 기다리는 현장이 되었습니다.

자신의 계획이 성공만 했으면 그 모든 것이 자신에게 복을 가져다 줄 것이라고 믿었던 땅이 이제는 그를 냉혹하게 추방하는 표정을 짓고 있는 것이었습니다. 그 땅이 변한 것은 아무 것도 없건만 그의 삶은 그 땅에 뿌리박을 수 없게 되어 버렸습니다. 모두에게 풍요의 원천이, 오 직 그에게만은 내어 쫓김과 허무의 자리로 변모했습니다. 그런데 그가 추방되어 타향을 떠돌다가 다시 자신의 고향으로 돌아오는 길에 요단 강을 건너기 전 하나님에게 감격적인 소회(所懷)를 고백합니다.

> 제가 이 요단 강을 건널 때에, 가진 것이라고는 지팡이 하나뿐이었습 니다. 그러나 이제 저는 이처럼 두 무리나 이루었습니다. (창세기 32:10)

떠날 때에는 빈털터리에 유랑자 신세였던 그가 이제 일가를 이루고 족장 수준의 부유한 자로 변하여 자신의 고향으로 귀환하는 기쁨을 여 기서 우리는 읽게 됩니다.

하지만 이걸 그저 한 인간의 성공귀환담으로 읽으면 곤란합니다. 땅 자체가 그를 부유하거나 빈곤하게 만든 것이 아니라, 그와 하나님의 관계가 어떠한가에 모든 것이 달려 있음을 야곱은 새삼 고백합니다. 그는 이렇게 말하였습니다.

> 주께서 주의 종에게 베푸신 이 모든 은총과 온갖 진실을, 이 종은 감

히 받을 자격이 없습니다.(창세기 32:10)

그만큼 그는 하나님의 은혜를 절감했던 것입니다.

또한 그것은 그가 젊은 시절, 아버지와 형을 속여 재산을 움켜쥐면 자기 인생의 앞날은 만사형통으로 깨끗이 해결된다고 믿었던 것이 얼마나 어리석었는가를 절감하는 일이기도 합니다. 그와 아버지, 그와 형 사이에 있어야 할 가장 소중한 사랑과 신뢰를 잃는 것에 대해서는 미처 생각하지 못했던 자신의 비극에 대한 깨달음입니다.

오늘 본문의 야곱은 그런 귀환의 길에서 형과의 화해를 그토록 하나님께 빌고 있습니다. 그가 가볍게 여겼던 바에 대한 회개와, 하나님의 은총이 이를 극복할 수 있도록 기원하고 있는 것입니다.

십수년 전 그가 집을 떠나 외삼촌 라반이 있는 곳을 향해 갈 때에 그에게 요단 강 저편은 비록 외가일지라도 무엇이 기다리고 있는지 알 수 없는 미지(未知)의 땅이었습니다. 그러나 그곳으로만 가면 어떻게든 일단 목숨은 건질 수 있을 것으로 믿었습니다. 그런 그가 지니고 있던 것은 보잘 것 없는 지팡이 하나에 불과했습니다. 낯선 타인들에게 둘러싸인 채 이방인이 되어야 하는 땅으로 들어간 야곱의 삶은 고난의 연속이었습니다.

그곳에서 그는 사랑하는 아내를 얻기 위해 무려 14년의 고된 계약 노동에 시달립니다. 노역과 기만을 참아내야 하는 세월이었습니다. 그러나 그가 머물러 있던 하란 땅은 야곱에게 새로운 기회가 되었습니다. 야곱은 아무것도 가진 것 없이 다 잃어버리고 만 듯한 현실에서 오히려 매우 새로운 것을 얻게 됩니다. 사랑하는 라헬을 아내로 맞아들이게 된 것만이 아니라, 하나님의 은혜를 믿고 담대한 지혜로 사는 능력을 기르게 되었던 것입니다.

모든 것을 상실하고서야, 그리고 타인들에게 둘러싸여 살아야 하는 이방인이 되는 경험을 뼈저리게 하고 나서야 비로소 야곱은 진정한 자기 자신이 되는 길을 발견하게 됩니다. 자신에게 필요한 것을 공급해주시는 분이 누구인지, 자신을 언제나 낯설지 않게 대해주시는 분이 누구인지를 깨우치게 된 것입니다. 그리고 그것이 그에게 새 힘이 되어서 그의 젊음과 그의 인생을 마치 한 입에 집어삼킬 듯했던 하란 땅의 고역을 도리어 풍요의 원천으로 변화시켰습니다. 낯설고 힘겹던 고독의 땅이 그에게 전혀 다른 차원으로 다가오게 된 것입니다.

인간에게 불행과 행복에 대한 판단은 그 겉모양과 처해 있는 처지만을 보고 함부로 단정할 수는 없습니다. 중요한 것은 그 자신의 내면에 무엇이 충만해 있는가의 문제입니다. 하나님의 마음과 영이 그를 사로잡고 있는가 아닌가입니다. 이것이 불명확할 때에는 아무리 강 저편에 아름다움과 축복이 기다리고 있다 해도 무의미하며, 잘 알고 있다고 여기는 강 이편에 도리어 고난과 두려움이 기다리고 있다고 여기면 그는 그대로 무너지고 맙니다.

───── 강을 건너는 일은 그저 강을 건너는 일이 아니다. 그것은 인생사를 바꾸어 나가는 일이자, 자신의 운명을 다르게 만드는 일이다. 귀로(歸路)의 야곱은 자신이 떠나온 강 저편이 이제는 거꾸로 미지의 땅이 된 것을 퍼뜩 깨닫는다. 그곳은 그가 형 에서와 악연을 맺고 떠나온 자리였기에, 그 오랜 세월 속에서 그 악연이 어떤 모습으로 자신을 기다리고

있는지 알 수 없기 때문이었다. 모든 미지의 땅을 향해 강을 건너는 일은 그 어느 것도 보장되는 것이 없는 '불확실성의 영토'로 들어서는 일이다.

여기에 필요한 것은 그 땅에 대한 정보와 지식, 강의 물살에 대한 사전 탐지, 정세의 변화에 대한 준비와 대응 등이라고 우리는 여길 것이다. 물론 이러한 것들을 제대로 잘 아는 일은 우리에게 도움이 될 것이다. 그러나 그 아는 일이 도리어 진전을 가로막기도 한다. 히브리 백성들이 가나안을 탐지한 후, 자세한 정보를 취득하고 돌아왔지만 그들은 이로 인해 가나안을 향한 행진을 포기해 버리고 만 것도 그런 경우다. 민수기 13장에는 다음과 같은 하나님의 명령과 이들이 현장에 대한 보고가 기록되어 있다.

주님께서 모세에게 말씀하셨다. "너는 사람들을 보내어, 내가 이스라엘 자손에게 준 가나안 땅을 탐지하게 하여라. 각 조상의 지파 가운데서 지도자를 한 사람씩 보내어라." 모세는 주님의 분부대로 바란 광야에서 그들을 보냈다. 그 사람들은 모두 이스라엘 자손의 우두머리들이었다. (민수기 13: 1-3)

그들은 곧바로 바란 광야 가데스에 있는 모세와 아론과 이스라엘 자손의 온 회중에게로 갔다. 그들은 모세와 아론과 온 회중에게 보고하면서, 그 땅에서 가져 온 과일을 보여 주었다. 그들은 모세에게 다음과 같이 설명하였다. "우리에게 가라고 하신 그 땅에, 우리가 갔었습니다. 그 곳은 정말 젖과 꿀이 흐르는 곳입니다. 이것이 바로 그 땅에서 난 과일입니다. 그렇지만 그 땅에 살고 있는 백성은 강하고, 성읍들은 견고한 요새처럼 되어 있고, 매우 큽니다. 또한 거기에서 우리는 아낙 자손도 보았습니다. 아말렉 사람은 네겝 지방에 살고 있고, 헷 사람과 여부스 사람과 아모리 사람은 산악지대에 살고 있습니다. 가나안 사람은 바닷가와 요단 강 가에 살고 있습니다." 갈렙이 모세 앞에서 백성을 진정시키면서 격려하였다. "올라갑시다. 올라가서 그 땅을 점령합시다. 우리는 반드시 그 땅을 점령할 수 있습니다." 그러나 그와 함께 올라갔다 온 사람들은 말하였다. "우리는 도저히 그 백성에게로 쳐올라가지 못합니다. 그 백성은 우리보다 더 강합니다." 그러면서 그 탐지한 땅에 대하여 나쁜 소문을 퍼뜨렸다. 그들은 이스라엘 자손에게 그 땅에 대해 이렇게 말하였다. "우리가 탐지하려고 두루 다녀 본 그 땅은, 그 곳에 사는 사람들을 삼키는 땅이다. 또한 우리가 그 땅에서 본 백성은, 키가 장대 같은 사람들이다. 거기에서 우리는 또 네피림 자손을 보았다. 아낙 자손은 네피림의 한 분파다. 우리는 스스로가 보기에도 메뚜기 같았지만, 그들의 눈에도 그렇게 보였을 것이다."(민수기 13: 26-33)

이렇게 이들은 현장에 대한 구체적인 정보를 가지고 진격의 작전을 짜기보다는 겁에 질려버린다. 땅은 풍요하나 그리로 가는 길에 놓인 현실의 조건에 압도되었다. 그러다 보니 "우리는 스스로가 보기에도 메뚜기 같았지만, 그들의 눈에도 그렇게 보였을 것이다"라고 말 할 수밖에 없게 된 것이다. 자기 자신의 자존을 스스로 무너뜨렸다.

결국 우리에게 가장 절실한 것은 다름 아닌 하나님의 축복이다. 그래서 우리에게 상대를 위한 최고의 인사는 축복을 기원하는 것이 아니겠는가. 아무리 많은 정보와 지식을 축적하고 치밀한 준비를 한다 해도 현실이 어떻게 풀릴 것인가는 누구도 알지 못한다. 강 저편으로 건너는 과정에서의 관건은 저편에 대한 지식도, 물살이 센 강을 건너는 인간적 용기도 아니다. 고난 중에 있는 존재를 사랑으로 붙들어 주시는 하나님의 사랑에 대한 확신이다. 이것이 분명하게 그 마음에 서 있지 않으면, 우리의 삶은 그 어느 고비에서도 뒤뚱거리고 불안에 쌓이게 될 것이다. 야곱은, 이제 바로 그 '축복의 확신을 얻는 투쟁'을 거치는 지점에 서 있는 것이다.

축복의 확신을 얻는 투쟁에 서 있는 야곱

야곱은 지금 얍복 나루터 이편과 저편의 경계선에서 자신의 인생을 정리하고 있습니다. 인생사에서 역전의 역전을 거듭 경험하고 난 뒤였습니다. 자신의 고향은 자신에게 모든 것을 줄 수 있다고 여겨졌지만, 그에게는 그가 과거에 저지른 일들 때문에 오랫동안 접근이 금지된 땅이 되었습니다. 반면에 도망치고 있던 그를 받아들여 준 하란은 그에게 새로운 기회와 부를 주었지만, 그 과정에서 사촌들의 질시로 인해 목숨을 위협 받게 된 야곱은 그곳을 떠나지 않을 수 없게 된 겁니다. 화가 복이 되고 복이 화가 되는 인생유전(人生流轉)은 그리 드물지 않습니다. 이제 야곱은 자신에게 닫혀 있던 고향으로 돌아가 안전을 구하는 상황이 된 것입니다. 그런데 그 안전이 과연 확실할까요?

사실 그 안전이라고 하는게 아직은 믿을 것이 못됩니다. 형 에서가 어떤 반응을 보일 지 알 수 없었기 때문입니다. 어떻게 보자면 그로서는 자칫 오도 가도 못하는 입장이 된 것입니다. 얍복 나루 이편이나 저편 모두가 그에게는 고난과 축복이 엉켜 있는 자리인 것입니다. 그렇다고 얍복 나루터에서 살 수도 없는 노릇이었습니다.

이제 어디로 갈 것인가를 더 이상 미룰 수 없이 정해야 하는 시점이 왔습니다. 가족들과 형에게 바칠 온갖 선물들을 모두 강 건너 옛 고향 땅 쪽으로 보낸 후 그는 홀로 얍복 나루에서 밤을 지샙니다. 십수년 타향살이의 결말을 보는 일에 있어서 가장 중요한 과제를 해결하지 못했기 때문이었습니다. 그것은 이제 자신과 가족들에게 봉착해 올 불확실한 미래에 하나님께서 자신을 위해 개입해 주시겠는가에 대한 보장문제였습니다. 그리하여 그곳에서 그는 고독하면서도 치열한 싸움을 벌이게 됩니다. 아무도 보호해 주지 않는 유랑자, 이제는 고향에서조차 이방인이 되어버린 존재에게 남겨진 마지막, 또는 유일한 돌파구를 뚫어 내기 위해서입니다.

그 싸움의 상대가 누구인지 우리는 성서의 증언을 통해서 이렇게 듣게 됩니다.

네가 하나님과도 겨루어 이겼고, 사람과도 겨루어 이겼다. (창세기 32:28)

그 치열한 쟁투의 과정을 통해 야곱은 하나님과 인간의 문제를 놓고 자신의 모든 것을 걸었다는 이야기입니다. 우리는 이런 경우를 만날 때 자신의 인생사를 어떻게 풀어나가게 하실 지 모를 하나님과 이렇게 온 삶을 걸고 싸우기까지 하겠다는 투지를 갖고 있긴 한가요?

야곱은 이 투지를 얍복 나루에서 모두 쏟아 놓습니다. 대차게 한판 건 것입니다. 이 싸움에서 포기하지 않은 야곱은 날이 새는 시각, 하나님과 인간 사이에 있어야 할 바를 매우 분명하게 확인하고 요구합니다.

성서는 이렇게 적고 있습니다.

> 그분이 날이 새려고 하니 놓아 달라고 했지만, 야곱은 자기에게 축복해 주지 않으면 보내지 않겠다고 떼를 썼다. (창세기 32:26)

꼭 이렇게까지 해야 하는가 싶기도 합니다. 그렇게 하지 않으면 우리의 간구를 들어주시지 않는 매정한 존재가 하나님이신가 하는 생각도 듭니다. 그러나 달리 생각해 보자면, 이 절박한 삶의 순간에 자신의 절대적 믿음이 어디에 있는지를 치열하게 입증하는 과정이기도 합니다. 그건 '장엄한 투쟁'입니다.

그가 이제 얍복 나루터 이쪽으로 돌아갈 것인가, 건너서 저쪽으로 갈 것인가 아니면 그대로 있을 것인가를 결정하는 궁극적인 힘은 하나님 당신에게 있다는 것을 야곱은 아무런 혼란 없이 고백하고 있습니다. 하나님의 축복 없이는, 단 한 발자국도 옮길 수 없다는 것입니다. 하나님에 대한 '아리랑의 호소'입니다. 인생과 역사의 아리랑 고개를 넘는 우리를 지켜주시라는 간구입니다.

하나님의 굴복을 상상할 수 있는가

"하나님과 겨루어 이겼다" 함은 "당신이 아니면 결코 안 됩니다"라고 딱 버티고 있는 존재의 투지를 보여줍니다. 인간 사이에도 이런 강렬한 갈망과는 맞서기 쉽지 않습니다. "나는 당신이 필요합니다. 나의 전부가 달려 있습니다"라는 고백이 투철한 존재에게 하나님도 두손 두발 다 드신다는 셈입니다. 그 기세가 맹렬합니다.

하나님의 굴복을 상상할 수 있습니까? 야곱은 이걸 이끌어 낸 사람입니다. 하나님의 굴복이란 하나님의 패배를 뜻하는 것이 아니라, 절박한 처지에 놓인 인간의 맹렬한 갈망과 그 투지를 결국 인정하게 되셨다는 의미입니다. "그래, 알겠다, 너와 함께 하겠다"는 뜻입니다. 야곱이 자신의 능력과 재주를 앞세워 하나님 앞에서 이겨먹겠다고 한 것이 아닙니다. 이토록 뜨거운 마음으로 믿고 있는데 하나님, 가기는 어딜 어디 가신다는 겁니까? 하는 항변, 호소, 간구, 그 모든 것입니다. 이런 마음이 불길처럼 이는 이들은 어떤 세속의 강력한 권력과 권위도 압도하지 못합니다.

얍복 나루터의 경계선에서 우리가 목격하는 장면은 하나님의 축복으로 자신을 채우지 않으면 얍복 나루 이편이나 저편이 모두 다를 것이 없는 실존입니다. 야곱의 쟁투는 그걸 명확히 보여줍니다. 이편과 저편을 가르고 있는 것은 강도 아니요, 지난 과거도 아니며 운세도 아니고 풍토와 지리적 환경도 아닙니다. 그것은 오로지 '하나님의 축복'입니다. 그걸 약속 받지 않으면 한 치도 꼼짝하지 않고 농성하겠다는 것입니다.

우리의 믿음을 일깨워 보시려고 싸움을 거시는 하나님과 겨루어 이기는 자란, 무릇 다른 힘이 있어서가 아니라 하나님의 은총과 그 능력이 아니고서는 아무것도 복되게 열매를 맺을 수 없음을 알고 믿는 존재입니다. 이 치열한 싸움을 통과한 이는 자신을 과시하지 않습니다. 겸손하고 온유합니다. 자신이 궁극적으로 승복할 권위가 어디에 있는지 압니다. 겉으로는 유약해 보일 수 있지만 그 내면은 강철같이 강합니다. 형 에서에게 죽임을 당할까 두려워 떨며 강을 건너지 못하고 있었던 야곱은 하나님과 정면으로 한판 승부를 건 것입니다. 길은 바로 여기에 있다는 믿음이 있었기 때문입니다.

이 맹렬하고도 흔들리지 않는 믿음이 어떤 역경 앞에서도, 어떤 고난 앞에서도, 어떤 두려움 앞에서도 우리를 이 세상에 새로운 희망과 용기를 불어넣는 이들로 만들어 나가는 힘이 됩니다. 모두가 상실을 탄식할 때에 하나님께서 준비하신 새로운 축복을 직시하며, 모두가 기력을 잃고 주저 앉으려 할 때에도 밤을 새고 얍복 나루터에서 씨름하는 자는 마침내 하나님의 축복이 그에게서 결코 사라지지 않는 것을 체험하게 될 것입니다.

이 시대는 이 야곱의 맹렬함이 많이 쇠잔해진 시대입니다. 이곳 저곳에서 유랑하며 지내는 우리 자신과 우리 이웃을 위해 필요한 축복을 간구합시다. 이제는 더 이상 뒤로 물러설 자리가 없는 자처럼 절박하고도 치열하게 간구해야 합니다. 그런 축복을 기원드립니다.

───── 하나님을 향한 이 맹렬한 자세. 그것이 우리 인생사에 힘을 불어넣는 기도의 근원이다. 역사를 뒤바꾸는 강렬한 의지의 뿌리이다. 당

당한 투지이다. 이것을 잃지 않으면 우리는 반드시 힘차게 일어선다. 강 이편인가 저편인가가 우리 인생을 가르는 것이 아니라 이 하나님의 축복을 붙잡고 사는 자가 되는가 아닌가가 우리 인생에 강 이편과 저편을 만든다.

부디, 이 하나님의 축복을 가볍게 여기지 말고 이를 만사의 근본으로 삼아 자신과 세상을 바꾸는 열정을 들불처럼 일으켜 나갈 일이다. 그리하면 그 어디도 미지의 땅이 아니라 그곳이 곧 나의 땅이 될 것이다.

참 주인을 기다린 보물

> 하늘나라는 마치 밭에 숨겨 놓은 보물과 같다. 사람이 그것을 발견하
> 면, 제자리에 숨겨 두고, 기뻐하면서 집에 돌아가서는 가진 것을 다
> 팔아 그 밭을 산다.(마태복음 13:44)

───── 세파를 무수히 겪어도 여전히 순결한 열정을 지니고 살 수 있을
까? 질고를 겪으면 마음이 굳어지고, 고통이 깊으면 세상에 대한 의욕을
잃게 된다. 힘이 없어 당하면 그악해지고 운이 좋아 승승장구한다고 여
기면 헛된 사치와 교만이 쉽사리 스며든다. 자칫하면 그 영혼이 찌든 자
로 늙어가고 그 마음이 부패한 자로 죽음을 맞이하게 된다. 그 늙음이 추
해지는 것이다.

　우리의 존재가 언제까지나 아름다움으로 빛날 수는 없는 것일까? 사
는 일의 힘겨움을 알면 알수록 우리는 영혼의 순결을 스스로 포기해 버
리고 만다. 그렇지 않으면 생존의 현실에서 이겨낼 수 없다고 믿기 때문

이다. 여기에 우리 생의 본질적 비극이 도사리고 있다. 이것을 건너뛰어 우리가 이 세상에 태어난 본래의 아름다움을 드러내면서 살아가는 길은 없는가? 그것을 위해서 우리에게는 도대체 무엇이 필요한 것일까?

나이가 들어갈수록 우리는 자신이 살아온 세월의 흔적을 되돌아 보게 마련이고, 다가올 시간에 대한 나름의 기대를 품지 않을 수가 없습니다. 그 기대가 설령 우리를 또다시 낙담하게 한다 해도 우리는 시간의 새로움이 우리 인생도 어쩌면 새롭게 만들어 줄 지 모른다는 희망을 품게 됩니다.

그런데 늙음이 익숙해져 가면 인생에 자신이 생기기보다는 어쩔 수 없이 마음 약해지는 것이 우리들 대부분의 현실입니다. 아는 것이 힘이라고 하지만, 알면 알수록 인생 사는 것이 간단치 않다는 것을 절감하게 되기 때문입니다. 원숙함과 여유가 길러지기도 하지만, 어느 정도의 체념과 어느 정도의 타협, 그리고 어느 정도의 타락이 서로 어우러져 있는 것을 발견하게 됩니다. 물론 꼭 이렇게만 볼 수 없는 것인데도 이런 식으로 이야기하면 늙어가는 것이 비극적인 느낌이 들지도 모르겠습니다.

사실 그 인생에 연륜이 쌓이면 어느 면에서는 한때 젊은 나이를 믿고 천방지축으로 나대던 것과는 달리, 보는 눈이 넓어지고 깊어지면서 이전과는 다른 차원의 지혜가 생기기도 합니다. 그러나 무엇보다도 '순수한 마음에서 자라나는 자신감'은 아무래도 줄어들기가 쉽습니다. 맑았던 마음이 세파에 시달리면서 흐려지고, 열정에 찼던 영혼도 지쳐 갑니다. 타인의 아픔에 둔감해지고 자신의 진상에 부끄러움을 느끼지 못하게 되어가는 겁니다. '존재 자체의 타락', 그러니까 자기도 모르게 익숙해지는 부패입니다.

나의 타락은 우울한 시대의 탓?

———— 시인 윤동주는 그 영혼의 순결로 우리의 마음을 사로잡는다. 그가 살아야 했던 시대의 폭력과 거칠기 짝이 없는 세월을 생각해 보면, 그가 끝까지 지켜 내려 한 마음의 아름다움은 놀랍기만 하다. 우리는 얼마나 쉽게 세월과 시대의 탓으로 자신의 타락을 정당화하는가? 그의 시는 실로 우리의 속마음을 비추는 거울처럼 존재하고 있다. 그리고 우리를 부끄럽게 하고 있다. 우리의 '부패한 현존(現存)'이 거기에서 폭로되고 있기 때문이다.

《일본 지성인들이 사랑하는 윤동주》라는 책이 있습니다. 1998년에 출간되었으니 꽤나 오래된 책입니다. 「하늘과 바람과 별과 시」를 쓴 시인 윤동주에 대한 일본 지성인들의 감탄과 사랑, 그리고 고백이 실린 책입니다. 이 책에서 한 일본인은 "죽는 날까지 한 점 부끄럼이 없기를, 잎새에 이는 바람에도 나는 괴로워했다"로 시작되는 그의 서시(序詩)가 20대의 순수함이 아니면 쓸 수 없는 시라고 했습니다. 하지만 중요한 것은 그 나이가 아니고 그 '순수함의 힘'일 것입니다. 윤동주와 같은 영혼을 지닌 사람은 20대를 넘어서도 여전히 그런 투명한 정신이 담긴 서시를 쓸 수 있는 사람일 것이라는 확신을 갖게 되기 때문입니다.

　다른 한 일본인은 이 시 속에 담긴 '부끄럼'에 대하여 깊이 주목합니다. 그는 이것이 의미하는 바가 대인관계에서의 수치(羞恥)와 같은 것이 아니라, (이것은 일본인들이 여차 하면 목숨까지 거는 일본인 특유의 체면에 관계된 개념입니다.) "절대신 앞에서의 부끄러움이라는 독자적인 개념이자, 동양의 유교적 문화가 지향한 청렴결백이라기보다는, '순절(殉節)의 격렬함' 같은 것"이 넘치고 있다고 평했습니다. 순절이란 체면 정도의 수준이 아니라 자신의 순수한 마음과 정신, 이상을 위해서라면 죽음도 불사하는 모습입니다.

　윤동주 앞에 서면 늘 역사적 죄책감을 느끼지 않을 수 없는 일본인들이 그의 시 속에서, 교묘하게 은폐되고 병든 자신들 내면의 진상을 읽어 내고 있는 것입니다. 그런데 모리다 스스무(森田進)라는 한 대학교수가 사용한 이 '순절의 격렬함'이라는 표현은 실로 죽음조차 두려워하지 않는 마음의 단호한 힘을 정확히 포착해 주고 있는 듯합니다. 하나님의 절대적 선(善)을 뚜렷이 의식하고 사는 이에게서 뿜어져 나오는 생명의 힘입니다. 이 힘이 꺾일 때 우리는 설혹 육신에 숨이 붙어 있기는 해도 그 영혼이 남루해져 가는 과정을 밟지 않을 도리가 없을 것입니다.

　　　　윤동주의 영혼이 그렇게 순결할 수 있는 까닭은 그가 언제나 자신의 존재를 절대적 선(善)과 미(美)의 원천 앞에 세워두었기 때문이 아닌가 한다. 세상의 현실과 자신을 비교하는 것이 아니라, 자신에게 숙명(宿命)을 내린 하늘을 바라보면서 무슨 마음을 먹고 살아가야 하는지 스스

로를 끊이지 않고 일깨워 나간 것이 아닌가 하는 것이다.

그래서 그의 시에는 하나님의 마음이 깊고 애잔하게 스며 있음을 느끼게 된다. 한 인간의 존재가 빛나는 까닭은 다른 것이 아니다. 세상의 갈채와 환호로 이루어지는 빛이란 세월이 흐르면 사그러들기 마련이다. 관건은 그 존재 안에 빛의 실체가 들어차 있는가 없는가의 여부이다. 그 실체란 그렇다면 무엇일까?

윤동주의 「서시(序詩)」는 마치 '이사야 42장'의 한 대목을 대하는 느낌을 주고 있습니다.

그는 상한 갈대를 꺾지 않으며, 꺼져 가는 등불을 끄지 않으며. 진리로 공의를 베풀 것이다. 그는 쇠하지 않으며 낙담하지 않으며 끝내세상에 공의를 세울 것이니. (이사야 42:3)

윤동주가 그리스도인이라는 것을 떠올려 보면 서시가 그렇게 씌어진 까닭을 짐작하게 됩니다. 이미 많이들 알고 있는 것이긴 하지만 그 서시의 전편을 소개해 본다면 이렇습니다.

죽는 날까지 하늘을 우러러 한 점 부끄럼이 없기를
잎새에 이는 바람에도 나는 괴로워했다.
별을 노래하는 마음으로 모든 죽어가는 것을 사랑해야지.
그리고 나한테 주어진 길을 걸어가야겠다.
오늘 밤에도 별이 바람에 스치운다.

윤동주는 그 생명이 다하는 시간에 이르도록 하나님 앞에 정결하게 서 있는 존재로 자신을 인식하고 있습니다. 그런데 그 정결함이란 다른 것이 아니라 상한 갈대의 아픔과 꺼져 가는 등불의 흔들림을 아파하는 마음이었습니다. 이 대목이 참 경이롭습니다. 그것은 다름 아닌 하나님의 마음이 아니고 무엇이겠습니까? 그 마음을 늘 의식하고 사는 자의 삶은 그야말로 격렬한 순절의 영혼으로 살아가지 않을까요? 윤동주의 시는 좋아하는데 그의 정신세계에 담긴 이 비밀을 궁금해하지 않는다면 그를 이해하는 길은 어느 지점에서 끊기고 말 것입니다. 윤동주의 젊음은 비록 시대의 회오리바람에 꺾이고 말았지만, 그의 영혼이 지금까지 여전히 살아 있는 생명인 것이 하등 이상하지 않습니다.

잎새에 이는 바람이 무슨 대단한 것일까 하겠지만, 바람이 불면 별수 없이 이리 저리 흔들렸다가 어느새인가 힘없이 가지로부터 툭 하고 떨어져 나가는 것처럼 가난하고 고단한 '식민지 백성, 민초(民草)들의 삶'이 그런 것이라고 한다면 그의 눈길이 어디를 향해 깊숙이 머물러 있는지를 알 수 있습니다. 그렇지 않아도 그는 모든 죽어가는 것을 사랑하겠다고 합니다. 아니 그것은 '죽어가는 것들'이라기보다는 더 정확히 말하자면 '죽임당하는 것들'이라고 해야 할 것입니다.

거기에 사랑을 부어나가는 것은 '생명의 자유'를 간구하는 아름다운 자세가 아닐 수 없습니다. 그래서 그는 그 사랑을 '별을 노래하는 마음'이라고 했습니다. 그것은 창조의 섭리에 대한 찬양과 같은 것입니다. 왜 그럴까요?

하나님께서 이 모든 우주의 존재들을 지으셨을 때 품으셨던 따뜻하고 부드러운 마음으로 상처받고 비틀거리는 가여운 생명들을 향해 다가가겠다는 것입니다. 그것을 그는 '자신에게 주어진 길'이라고 고백합니다. 그렇게 걸어가야 할 이유가 오늘 밤에도 여전히 있기 때문입니다. 잎새만이 아니라 저 멀리 손이 닿지 않는 하늘의 별조차 바람에 스치우는 아련함이 그를 아프게 하고 있습니다. 경이로운 감성입니다.

윤동주의 이런 한없이 선량한 간절함은 그의 영혼을, 세월이 아무리 지나도 결코 퇴색하지 않는 빛나는 보석처럼 만들어 주고 있습니다. 우리는 이로써 그의 삶 속에는 하나님 나라가 이미 꽉 들어차 있음을 목격하게 됩니다. 그의 생은 짧았으나 그의 순절이 비극적이지 않은 것은 그의 영혼이 우리들에게 '영원히' 아름다운 힘이 되고 있기 때문입니다.

하나님 나라의 보물은 어디에 있는가

──── 그렇다면 그 하나님 나라는 어떻게 해서 우리들의 삶 속에 존재할 수 있는가? 하나님 나라에 대한 예수의 비유는 언제나 우리의 일상 속에 담겨진 하나님 나라의 비밀을 드러내 준다. 하나님 나라가 어디 멀리 있는 것이 아니라, 바로 우리들 안에 있다고 하신 말씀의 뜻을 여기서 보게 된다. 우리가 이미 잘 알고 있다고 생각하며 무심하게 지나치고 있는 삶의 구체적인 현실에서 일깨워지는 하나님 나라는, 이 땅에 하나님 나라가 이루어질 수 있는 희망을 우리에게 불러 일으키고 있기 때문이다. 예수의 비유는 일상이 하나님 나라가 되는 걸 일깨운다.

결국 우리 인생에 결정적으로 중요해지는 것은 그 삶 가운데 하나님 나라의 존재가 있는가 없는가의 여부입니다. 그것이 우리를 끊임없이 순수하게 만드는 힘입니다. 우리에게 연이어 흘러오는 시간이 새로워지는 것은 그 시간의 흐름 자체가 새롭기 때문이 아니라, 하나님 나라와 만나기 때문에 새로워질 수 있는 것입니다. 그렇지 않으면 세파에 시달리거나 낡아지게 됩니다. 오늘 우리의 본문은 이 하나님 나라에 대한 나사렛 예수의 비유 말씀을 기록해주고 있습니다.

비유의 내용은 실로 간략합니다. "하나님 나라는 밭에 숨겨 놓은 보물과 같다"고 밝히고는 그 밭과 보물에 대한 이야기가 펼쳐집니다.

어느 날 누군가가 그 밭에서 땅 속에 숨겨진 보물을 발견하게 됩니다. 이 비유의 누군가는 밭의 주인이 아닙니다. 밭의 실질적인 소유주는 따로 있었던 것입니다. 그렇다고 해서 이 숨겨진 보물을 발견한 이는 그저 하릴없이 근처를 지나가던 나그네이거나 또는 우연히 그 밭을 구경하러 온 사람들, 아니면 비밀스러운 소문을 듣고 밤중에 몰래 그 밭에 찾아와 이리 저리 땅을 헤집고 다닌 이들이 아닙니다.

이 비유를 듣고 있던 사람들은 그가 누구인지 아무런 설명이 없음에도 금세 알아차립니다. 비유의 '그'는 자신들과 마찬가지로 자기 소유의 밭뙈기 하나 없이 땀을 흘리며 밭을 갈고 있던 자였습니다. 그렇지 않고서는 땅속의 보물을 발견할 도리가 없습니다. 땅을 갈고 엎는 고된 노동을 하지 않는 사람은 밭의 땅 밑에 무엇이 있는지 알 길이 없기 때문입니다. 이는 이른바 부재지주(不在地主)와는 다른 처지의 사람들입니다.

—— 밭에 숨겨진 보물을 발견한 것은 결코 우연이 아니었다는 점, 그것은 밭을 가는 노동을 전제로 하고 있다는 점, 해서 이 발견의 기쁨은 자신의 수고와 땀이 하늘의 축복으로 이어진 것을 보여주고 있다. 이 사건은 단지 재수가 억세게 좋은 자의 횡재(橫財)가 아니라, 당연히 주어질 자에게 주어질 것이 돌아간 것을 뜻하며 모든 것을 걸고 이를 자신의 것으로 삼은 자의 뜨거운 감격과 관련이 있다. 밭의 보물은 밭의 가치를 풍요하게 만들고자 하는 자에게 자신을 드러낸다. 하나님 나라가 그렇다는 것이다.

그 보물의 정체가 무엇인지 우리는 이 비유에서 구체적으로 알지 못한다. 그러나 그 보물의 진정한 가치를 알아보고 귀중하게 여기며, 그것을 위해 모든 것을 걸 수 있는 자는 그렇게 되기 이전에 이미 밭의 가치에 마음과 정성을 깊이 쏟은 존재이다. 그런 사람의 손에 이 보물이 들어가야 그 보물 역시 자신의 가치를 유감 없이 발휘하는 법이다.

밭에 묻혀 있을 때에는 세상이 알지 못하는 보물이었으나, 그 가치를 알아보고 그것을 위해 모든 걸 거는 이와 그 보물이 만나면 그 가치는 확고해진다.

밭을 고르는 과정은 결코 간단치 않습니다. 농부가 아니더라도 뒷마당에 씨를 뿌리기 위해 땅을 조금이라도 파 본 경험이 있는 사람은 밭을 고르는 일이 얼마나 힘겨운가를 압니다. 굵고 긴 나무뿌리가 가로막기도 하고, 옴짝달싹하지 않는 커다란 돌덩어리가 버티고 있기도 합니다. 허리를 굽히고 땅을 부드럽게 만들어 가는 일은 중노동입니다.

그저 땅 위에 씨를 뿌리고 "땅아, 소산을 내어라" 하고 있으면 만사가 다 되는 것이 아닙니다. 그 밭을 소상히 살펴 어루만지고 정성으로 일구어 나가는 과정이 없이는 밭은 밭이 되지 않습니다. 땅 파는 걸 가로막고 있는 나무뿌리를 끊어 내야 하고 바위를 뽑은 자리를 메꿔야 합니다. 그런 과정을 마다하지 않고 마음을 쏟아 그 밭의 가치를 부유하게 만드는 이에게 이 보물은 발견된 것입니다. 정작의 소유주는 그 열매를 누릴 줄만 알지, 그걸 위해 애를 쓰는 존재가 아닙니다. 그러니 밭에 보물이 있는지 알 수 없고, 그걸 보고도 그 가치를 깨닫는 것은 어렵습니다.

따라서 밭을 소유하고 있다는 것만으로 그 보물의 주인이 되지 못합니다. 그는 그 보물이 숨겨져 있던 밭의 가치를 높이는 일을 위해 한 일이 없기 때문입니다. 그는 그 땅의 주인이라는 서류를 움켜쥐고 있을 뿐입니다. 그 밭이 어떤 때에 어떤 손길이 가야 하는지, 제대로 밭을 갈려면 얼마나 많은 땀을 흘려야 하는지 전혀 알지 못하는 것입니다. 그런 밭 속에 그가 상상할 수도 없는 귀중한 보물이 숨겨져 있다는 것은 그에게 도리어 드러나서는 아니 되는 비밀입니다. 본다 한들 알아볼 까닭이 없습니다. 애물단지로 여겨 치워 버릴 수도 있습니다. 그는 주인의 껍데기만 쓰고 있는 가짜 주인입니다.

그런데 밭을 갈다가 보물을 발견한 이는 그걸 누구에게도 발견되지 않도록 도로 제자리에 숨겨 놓습니다. 그것은 그 보물을 그가 귀중하게 여김을 뜻합니다. 진정한 주인도 아니면서 주인 행세를 하고 있는 이의 눈에 발견되어 그 진정한 가치가 발휘되지도 못한 채 짓밟히거나 유린당하는 일이 없도록 하기 위함입니다. 밭을 힘겹게 갈아 온 이에게만이 이 보물의 진정한 가치는 드러납니다. 이건 달리 말해서 이 보물이 누구의 눈에나 다 보물로 여겨지는 것은 아니라는 뜻이기도 합니다. 그러니 이 사람이 자신이 가진 재산을 모두 팔아 그 보석이 묻혀 있는 밭을 살 때, 사람들은 이 사람이 제정신인가 할 수도 있습니다. 그만한 가치를 가졌다고 보기 어려운 상황으로 판단하고 있기 때문입니다. 우리가 읽은 본문 다음에는 어느 장사하는 이가 좋은 진주를 발견하고 자신의 재산을 다 팔아 그 진주를 사는 이야기가 나옵니다. 이역시도 다르지 않습니다. 그 진주의 가치를 알아보는 이는 따로 있습니다.

바로 여기서 우리는 또 하나의 진실에 눈을 뜨게 됩니다. 그것은 단지 숨겨진 보물일 뿐만이 아니라, 자신의 가치를 누군가 알아봐 주기를 기다렸던 존재라는 사실입니다. 그 보물은 진정한 주인을 만난 것이고, 밭을 산 이는 그걸 제대로 알아본 축복을 누리게 되는 것입니다. 그는 머뭇거림 없이, 모든 것 위에 이 보물의 가치를 최상의 것으로 둡니다. 그건 대체 어떤 것이기에 그럴까요?

하나님 나라의 보물과 밭의 진정한 주인

우리 인생 또한 이렇게 시대와 현실의 밭에 묻혀 사장(死藏)될 뻔한 것들이 가진 가치에 눈을 뜰 때, 그리고 그걸 자신의 모든 걸 걸고 귀하게 여기며 자신의 것으로 삼을 때 전격적인 변화를 경험하게 됩니다. 지금까지 밭을 차지하고 있던 이는 그 주인의 자리에서 떨어져나가고 지금까지 밭을 갈던 이가 진짜 주인이 되는 것이니 그는 밭도 보물도 모두 자신의 것으로 삼게 되었습니다.

세상이 버린 돌이 도리어 모퉁이 돌이 된다는 예수님의 말씀이 그러하며, 이 세상에 가장 작은 이에게 한 것이 자신에게 한 것이라는 말씀 역시 그렇습니다. 아무 이해타산 없이 뜻과 가치에 헌신하며 살아가는 인생이 밭에 묻힌 보물을 알아보고 자신의 재산 모두를 팔아 그 밭을 산 사람의 삶입니다. 세상은 쓸모없다고 여기고 이익이 되지 않는다고 생각하는 가치를 소중히 여기는 이들이 밭을 갈다가 보물을 발견하는 사람들입니다. 가난하고 힘없는 이들을 위해 함께 싸우는 사람들, 노예의 처지에 빠진 민족을 위해 모든 걸 내버리고 해방과 투쟁에 나선 이들이 또한 이런 사람들입니다. 모세가 그랬고 바로 예수님이 그런 생애를 사셨던 것입니다. 하나님 나라는 그렇게 밭에 묻혀 사람들이 미처 알아차리지 못하나 그야말로 보물의 가치를 지닌 꿈, 이상, 희망입니다. 자신의 재산을 다 팔아 그걸 사는 이들은 그 삶 자체가 바로 이 세상의 밭 곳곳에 자리잡고 있는 보물입니다.

이 말씀은 "하나님 나라와 그 의를 구하라, 그리하면 이 모든 것을 너희에게 더하여 주실 것이다"(마태복음 6:33)라는 말씀과 결국 통합니다. 하나님 나라와 그 의를 구하는 이들은 다름아닌 이 세상이라는 밭에서 노동하는 자와 같습니다. 사람들은 그 의가 무슨 대단한 것이냐라고 여길지라도 땀흘려 밭을 가는 겁니다. 그러다가 묻혀있던 보물을 발견하는 것입니다. 뿐만 아니라 우리 자신이 바로 그 밭의 보물이 되는 것입니다. 하나님이 사신 그 밭에서 우리는 세상을 빛나게 할 존재로 살아가게 될 것입니다.

세상은 그것이 무슨 보물이냐 하겠으나, 흙을 털고 광택을 내며 어울리는 곳에 놓여지면 그제야 비로소 경탄을 할 것입니다. 고단한 시간을 지나 인내하며 헌신한 이들의 삶이 바로 그렇게 빛나는 것입니다.

세상이라는 밭에서 지금도 노동하시는 하나님은 곳곳에 흔적도 없이 묻혀 있는 우리를 발견하셔서 우리를 닦아 주시고 빛나게 해주십니다. 우리 또한 그 본을 따라 살아가면 어느새 우리 자신이 곧 "참 주인을 기다린 보물"로 세상에 드러나게 될 것입니다. 세상은 그런 우리로 하여 날로 감사한 곳이 되어가지 않을까요?

어린 나귀의 힘

그들이 예루살렘 가까이에, 곧 올리브 산 근처인 벳바게와 베다니 가까이에 이르렀을 때에, 예수께서 제자 둘을 보내시며, 그들에게 말씀하셨다. "너희는 맞은편 마을로 가거라. 거기에 들어가서 보면, 아직 아무도 탄 적이 없는 새끼 나귀 한 마리가 매여 있을 것이다. 그것을 풀어서 끌고 오너라. 어느 누가 '왜 이러는 거요?' 하고 물으면, '주께서 쓰시려고 합니다. 쓰시고 나면, 지체없이 이리로 돌려보내실 것입니다', 하고 말하여라."(마가복음 11:1-3)

—— 강자들의 논리가 일방적으로 지배하는 사회는 부정의와 부패, 그리고 절망을 확대 재생산하고 만다. 이러한 현실에서 어떻게 해야 하는가? 어떤 힘으로, 어떤 자세로 이러한 현실을 돌파하려는 마음을 먹을 수 있는가? 강자들의 논리가 군림하고 있는 세상에서 우리는 이에 대해 치열하게 자문해야 할 것이다. 교회마저 기득권과 연대하여 자신의 힘

을 강하게 키우려는 유혹에 빠지고 있는 시대다. 강자를 중심으로 이루어지는 사회는 생명의 힘과는 대적한다.

어느 나라라고 특정하면 그 나라에 대한 모욕이 될 수 있어 밝히지는 않겠으나 그 나라 황실의 결혼식이 치러지는 장면을 중계로 본 적이 있습니다. 그 나라 사람들에게는 어떨지 몰라도 그 동작과 절차가 숨이 막힌다 싶을 정도로 과도하게 장중하고 무겁다고 느껴졌습니다. 너무 빈틈이 없어서 활달한 생명력은 증발해버린 듯했습니다.

인간이 만든 권위를 의전(儀典)이라는 이름 아래 지고(至高)한 것으로 만들어버린 결과가 아닌가 싶었습니다. 아무래도 자연스러운 생기가 없고, 절차가 불편하게 여겨졌습니다. 이런 것은 모두 강자의 영광을 위주로 하는 질서의 특징이 아닌가 합니다.

꺼져 가는 등불과 상한 갈대는 강자의 힘 앞에서 그대로 꺼져버리거나 짓밟힐 수 있습니다. 생명의 가치보다 우선시하는 것이 강자의 위신과 힘이기 때문입니다. 그래서 사회적으로 미천한 자들로 취급되었던 이들이 강자의 격식을 어기면 곧 죽음을 의미했던 시절이 있었습니다. 그 방식은 변화했지만, 강자들이 그어 놓은 경계선 안으로 약자들이 발을 들여 놓으면 지금도 정죄의 대상이 되거나 추방당합니다. 어딜 감히, 라고 제지 받고 난타 당하는 것입니다. 특권을 누리는 자들의 횡포입니다.

강자의 논리가 지배하는 현실

──── 상하의 위계질서를 만들어 놓고, 이를 지키고 유지하는 것을 권력과 문화의 이름으로 정당화하는 일은 인간 사회의 불평등을 당연한 것으로 인식하게 만드는 기초이다. 조직을 운영하는 과정에서 이것이 불가피할 수 있지만 그게 아예 인간관계의 원칙처럼 되는 것은 부당하다.

이 불평등한 관습과 권력구조를 유지하는 일은 기본적으로 '강자의 논리'를 받아들이는 일에서 출발한다. 그것은 그로 인해 고통과 멸시를 받고 있는 이들에 대한 관심을 차단해 버리는 것으로 이어진다. 강자의 논리가 지배하는 사회에서는 이웃을 우리 자신과 마찬가지로 평등하게 인식할 수 없게 한다. 이렇게 되면, 서로의 사회적 차이를 점점 절대화하는 위계질서만 남는다. 그것은 우리 이웃을 내 몸처럼 사랑하는 일을 가로막는 최대의 인위적 장애가 되고 만다.

반면에 이러한 위계질서에 저항하는 고대 동양의 움직임도 만만치 않았습니다. 옛 동양의 노자와 장자가 상하의 차이와 높은 자리에 있는 자들의 권위를 앞세우는 유가(儒家)의 정치관을 비판하면서, 겉을 꾸며대지 않은 자연스러운 삶을 존중하려 한 까닭도 그런 불평등과 차별의 타파이기도 했습니다.

물론 그렇다고 유가의 철학과 사상이 시대적 진전의 장애이거나 애물단지라는 이야기는 아닙니다. 민(民), 그러니까 백성을 위해 전심전력을 다해야 한다는 일깨움은 매우 소중합니다. 그러나 유가사상에 기초한 현실정치가 군주를 중심으로 하는 권력의 질서를 절대화하면서 생겨난 문제는 받아들일 수 없습니다. 노장(老莊) 사상에 이런 유가적 위계 질서를 격파하는 자유함이 있다 해도, 이 역시도 한계는 있는 것 같습니다. 정작 그 사회에서 차별로 인한 고통을 받고 있는 민중들의 문제에 대해 그리 깊은 생각을 다져놓지 못한 점은 약점이라고 보여집니다. 불평등하고 차별적이며 권위적 위계질서가 버티고 있는 현실을 타파하는 기세는 사실 느껴지지 않기 때문입니다. 이에 반해, 묵자(墨子)의 사상은 매우 주목됩니다.

나라와 나라 사이에 무수한 전쟁이 일어났던 중국의 기원전 5세기, 전국시대(戰國時代)에 태어난 묵자라는 사람은 세상의 고난에 대하여 특별히 주목한 인물입니다. 그는 서민들의 가장 고통스러운 것 세 가지를 첫째, 굶주린 사람이 먹지 못하는 것 둘째, 헐벗은 사람이 입지 못하는 것 그리고 셋째, 노동한 사람이 쉬지 못하는 것을 꼽았습니다. 이런 문제에 관심을 갖지 못하는 일체의 사상이나 정치, 그리고 종교에 대한 비판이었던 셈입니다.

묵자는 이같이 힘겨운 인간사를 풀어내기 위해 모두가 하나의 마음이 되는 '대동(大同)의 공동체'를 만드는 것을 그의 이상(理想)으로 삼았습니다. 묵자는 인간의 질고(疾苦)를 해결하는 것은 곧 하늘의 뜻, 또는 하나님의 뜻, 즉 천지(天志)라면서, 이를 따라 인간이 인간을 서로 사랑해야 인간사의 고뇌가 사라진다는 이야기를 했습니다. 그의 책을 읽어보면 마치 나사렛 예수께서 하신 말씀이나 삶의 모습과 매우 닮아 있다고 여겨질 정도입니다.

그는 서책(書冊)만 대하고 살았던 지식인이라기보다는 민중과 함께 살아간 노동자였습니다. 상당히 뛰어난 생산 기술자였고, 손에 못이 박혀 굳어진 땀흘리는 사람이었습니다. 그 역시도 윗사람을 따르라고 했지만 이건 상하 위계질서의 차원이 아니라 현명한 사람을 따르라는 뜻이었으며 어디까지나 차별없는 세상, '겸애(兼愛)'를 중심원칙으로 삼았습니다. 오늘날 묵자를 가리켜 '동양의 예수'라고까지 부를 정도입니다. 물론 이런 호칭은 서구신학적 관점을 기준으로 한다는 점에서 문제가 있지만, 인류사의 획을 그은 존재인 예수처럼 그를 바라보는 시선이 있다는 차원에서 받아들이면 될 것입니다.

사람을 사랑하는 방도와 관련해서 그는, "남의 나라 보기를 자기 나라 보듯 하고, 남의 집안 보기를 자기 집안 보듯 하며 남의 몸 보기를 자기 몸 보듯이 하라(視人之國若視其國 視人之家若視其家 視人之身若視其身)"고 가르칩니다. 이것은 남의 것을 자기 것처럼 여기는 도둑놈 심보를 의미하는 것이 아니라, 타자의 아픔과 기쁨을 자신의 것과 다를 바 없이 여기라는 뜻입니다. "네 이웃을 네 몸과 같이 사랑하라"(마태복음 22장 39절)고 한 예수님 이야기와 다를 바 없습니다.

────── 우리의 문제는 과연 이러한 명제를 어떻게 실제 몸으로 감당해 나갈 수 있을 건가에 있다. "이웃을 네 몸처럼 여기라"는 것은 너와 나의 차별이 하나도 없는 상태로 가라는 것인데, 대체로 우리들은 남들과 자신을 구별하려는 유혹에 빠지고, 그래야 세상에서 자신을 돋보이게 한다고 믿고 있다. 그래서 다른 사람들이 자신에게 시선을 집중하고 대접해야 하며 제대로 된 격식을 차려 줘야 만족해 한다.

조금만 위치가 높아져도, 자신과 타인의 사회적, 심리적 거리를 두려는 교만한 마음보가 발동하기 십상이다. 사랑한다고 하면서도 사실은 지배하려고 드는 일도 적지 않다. 충고를 한다고 하면서 오만한 마음으로 가르치려 드는 경우도 있고, 자기 독선에 빠져 정죄를 정의로 착각하는 일도 다반사이다. 모두가 다 자신을 남보다 높은 위치에 놓고 인간사를 보려는 마음에서 비롯되는 일들이다.

그런데 본문의 예루살렘 입성 장면 직전, 예수님과 그의 제자들 사이에서 있었던 대화를 보면 이들 제자들 역시 서로 높은 자리에 오르는 것이 최대의 관심사임을 드러내고 있습니다. 예수님의 가르침과는 근본적으로 다른 방향으로 가고 있는 제자들의 현실이 여기서 드러나고 있는 것입니다.

야고보와 요한이 예수의 때가 이르면 자기들을 서로 좌우의 최측근으로 삼아 달라고 사전 인사 청탁을 하자, 이 일을 알게 된 나머지 제자들이 한결같이 노합니다. "나는 너보다 높네" 하는 '특권의 위계질서'를 지향하는 자들임을 나타낸 셈이었습니다. 공을 세웠으니 훈신(勳臣)이 되게 해 달라는 요청입니다. 예루살렘 입성 이후의 논공행상 운동을 미리부터 하려 들었다고 다른 제자들이 분개한 것입니다.

마가복음 10장 35-45절에 기록된 내용입니다.

세베대의 아들들인 야고보와 요한이 예수께 다가와서 말하였다. "선생님, 우리가 요구하는 것은, 무엇이든지 해주시기 바랍니다." 예수께서 그들에게 말씀하셨다. "너희는 내가 너희에게 무엇을 해주기를 바라느냐?" 그들이 그에게 대답하였다. "선생님께서 영광을 받으실 때에, 하나는 선생님의 오른쪽에, 하나는 선생님의 왼쪽에 앉게 하여

주십시오." 예수께서 그들에게 말씀하셨다. "너희는, 너희가 구하는 것이 무엇인지를 모르고 있다. 내가 마시는 잔을 너희가 마실 수 있고, 내가 받는 세례를 너희가 받을 수 있느냐?" 그들이 그에게 말하였다. "할 수 있습니다." 예수께서 그들에게 말씀하셨다. "내가 마시는 잔을 너희가 마시고, 내가 받는 세례를 너희가 받을 것이다. 그러나 내 오른쪽과 내 왼쪽에 앉는 그 일은, 내가 허락할 수 있는 일이 아니다. 정해 놓으신 사람들에게 돌아갈 것이다." 그런데 열 제자가 이것을 듣고, 야고보와 요한에게 분개하였다. 그래서 예수께서는 그들을 곁에 불러 놓고, 그들에게 말씀하셨다. "너희가 아는 대로, 이방 사람들을 다스린다고 자처하는 사람들은, 백성들을 마구 내리누르고, 고관들은 백성들에게 세도를 부린다. 그러나 너희끼리는 그렇게 해서는 안 된다. 너희 가운데서 누구든지 위대하게 되고자 하는 사람은 너희를 섬기는 사람이 되어야 하고, 너희 가운데서 누구든지 으뜸이 되고자 하는 사람은 모든 사람의 종이 되어야 한다. 인자는 섬김을 받으러 온 것이 아니라 섬기러 왔으며, 많은 사람을 구원하기 위하여 치를 몸값으로 자기 목숨을 내주러 왔다."

예수님의 말씀을 다시 한 번 더 새겨보겠습니다.

너희가 아는 대로, 이방 사람들을 다스린다고 자처하는 사람들은, 백성들을 마구 내리누르고, 고관들은 백성들에게 세도를 부린다. 그러나 너희끼리는 그렇게 해서는 안 된다. (마태복음 10:42~43)

인간을 사랑하는 일을 두고 높은 자리에 처하려는 것은 최대의 걸림돌이라는 것입니다. 그리고는 결론을 내립니다.

누구든지 으뜸이 되고자 하는 사람은 모든 사람의 종이 되어야 한다.
인자는 섬김을 받으러 온 것이 아니라, 섬기러 왔다.(마가복음 10:44~45)

이 말씀 하나로 상황은 종료됩니다. 이 섬김의 정도가 어느 정도냐 하면, 많은 사람들을 위해 자기 목숨을 내준다는 것입니다. 이어지는 대목은 어떻게 되어 있습니다. "인자는 섬김을 받으러 온 것이 아니라 섬기러 왔으며, 많은 사람을 구하기 위하여 치를 몸값으로 자기 목숨을 내주러 왔다." 권세를 차지하려는 이들에게는 발상 자체가 안 되는 말씀입니다.

예수님이 어린 나귀를 앞세우고 입성한 까닭

────── 여기서 우리가 새삼 깨닫게 되는 것은, 예수의 섬김은 그저 남보다 낮은 자리에 처하는 것이 아니라 목숨마저도 필요하다면 기꺼이 내줄 수 있는 수준이라는 점이다. 섬기다가 자신의 생명마저 빼앗겨도 그 섬김의 길에서 결코 이탈하지 않겠다는 것이다. 죽을 각오가 되어 있다는 이야기다. 그렇게 보자면, 우리가 섬긴다는 이야기를 하는 것이 얼마나 가볍게 발설하고 있는 셈인지 절감하게 된다.

이러한 상황에서 예수 일행이 어린 나귀를 예루살렘 입성의 행차에 앞세운다는 것은 어찌 보면 희극적이기조차 하다. 민중들의 시선이 온통 집중되는 때에, 아무래도 어울리지 않는 의전의 선택이라는 느낌 때문이다. 제자들의 기대나 민중들의 기대는 강자들이 횡포를 부리는 세상을 뒤집고, 일체의 차별을 철폐하며 짓눌려왔던 사람들의 마음을 해방시킬 만한 위력을 힘차게 보이는 일이었을 것이다.

그러한 기대에 비하자면, 예수와 어린 나귀의 조합은 예루살렘 입성을 초라하게 만들고 있다. 또한 당대의 힘없는 이들이 직면한 문제들을 이겨내기에는 역부족이라는 생각을 갖지 않을 수 없게 만드는 듯하다. 지략과 경험, 그리고 신체적으로도 강한 힘과 대중들을 집결시킬 수 있는 카리스마 등이 모이고 모여 영웅적인 등장을 하는 것과 거리가 멀다.

자칫 목숨이 어찌 될지 알 수 없는 거사를 앞두고 예수께서 선택하신 방법이라는게 이 강력하게 힘을 행사하고 있는 세상을 조금이나마 움직이게 할 수 있겠는가 싶다. 그러나, 예루살렘 입성을 위해 예수께서 타고 간 어린 나귀의 행차는 특권의 위계질서를 거부하고 세상을 온전하게 바로 세우는 '하나님 나라 운동의 전략'을 압축적으로 보여주고 있다.

제자들에게 그런 다짐을 주면서 예루살렘 가까이 들어서신 예수께서는 제자 두 사람을 맞은편 마을로 보냅니다.

아직 아무도 탄 적이 없는, 어린 나귀 한 마리가 매여 있다. 그걸 풀어서 끌고 오너라. 누가 '왜 이러는 거요' 하고 묻거든, '주께서 쓰시겠다고 합니다' 하면 될 것이다. (마가복음 11:2-3)

이 말씀대로라면 이 중차대한 순간에 예수께서 타고 가시려는 나귀는 아무런 경험도 없는 풋내기 중의 풋내기입니다. 그렇지만 어린 나귀를 타고 강자들의 소굴을 향해 나아가는 예수님의 모습은 한편 무모한 듯하면서도 사뭇 비장했고, 약한 자들과 끝까지 함께 하시겠다는 약속이라는 점에서 감동적입니다. 섬긴다는 것은 저런 것이로구나, 모두가 약하다고 여기는 이들과 함께 하시면서 한 걸음 한 걸음 하나님 나라를 향해 발걸음을 옮기는 것이로구나, 그러다가 꺾여진다 한들 그게 어디 패배인가 하는 생각이 들 수 있습니다.

그러나 현실이 어디 그러합니까. 해석이 좋아 그렇게 보자는 것이지 비현실적이고 패배를 예감해야 하는 모습일 수 있습니다. 어린 나귀에서 강하고 큰 말로 갈아타야 제대로 된 전략이 아닌가요?

과연 어떤 것이 이기는 방식일까요? 어느 것이 진정 강할까요? 제아무리 많은 경험과 제아무리 기가 막힌 지혜와 제아무리 대단한 통찰력이 있다 한들, 정작 요구되고 필요한 바는 무엇일까요?

바로 이 질문 앞에 선 우리는 진정한 힘의 원천을 생각하게 됩니다. 그건 이미 제자들의 논쟁에 대한 예수님의 답에서 드러나 있습니다. 아무런 사심 없이, 주께서 쓰시겠다고 하는 부르심에 어린 나귀처럼 나서는 마음입니다. 아직 서툴고 힘이 약하고 초라해 보인다 해도, 그리고 때로 두려워도 처음 먹었던 마음 그대로 하늘의 뜻을 지고 가려는 자세만이 답이라는 것입니다. 이걸 망각하거나 중요하다고 여기지 않으면 자신의 능력과 공을 앞세우거나 정세가 기울면 도망치는 자가 되고 말 것입니다.

어린 나귀가 등에 태우고 가는 것은 이 현장에서는 예수님이면서 그와 동시에 다름아닌 하나님 나라의 뜻입니다. 그러니 이 행차가 결코 초라하거나 힘이 없는 것이 아닙니다. 하나님 나라를 이루어 가는 과정에서 우리가 치르는 싸움의 정체에 대하여 분명히 깨달으면 알게 되는 일입니다. 우리의 승리는 우리가 하나님 나라의 방식으로 승리할 때에 비로소 완성되는 것입니다. 그렇지 않고 현실이 따르는 방식으로 승리를 구하면 그것은 이미 우리 안에서부터 하나님 나라가 패배하는 것을 의미합니다.

그렇게 하는 즉시 우리는 '세상의 졸개'가 되어 버립니다. 우리가 아무리 강한 자처럼 되어도 그것은 여전히 세상의 훈수에 따라 움직이는 졸병에 불과합니다. 하나님 나라의 의병(義兵)들이 아닙니다. 그런 식으로 승리를 구하려 든다면 우리는 어느새 강자의 논리에 기울고 그에 확신을 갖게 되며 자신이 지녀왔던 순결한 열정을 스스로조차도 비웃고 말 것입니다. 말은 하나님 나라를 앞세울지 모르나, 그는 이미 세상의 강자들의 군대에 속한 자가 되고 마는 것입니다. 존재 자체의 패배에서 시작하는 일이 되고 맙니다.

그런 존재는 강자의 논리와 권력에 은밀히 투항한 자이며, 당장의 승리에 다급해 하나님 나라의 분열을 재촉하는 자이고 하나님 나라의 전략이 미미한 것 같다고 여기고 이에 대한 확신을 약화시키는 내부의 적입니다. 선(善)의 깃발을 휘날리지만 안으로는 특권의 질서를 수호하고, 강대하고 위압적인 위세를 떨치려 들며 군림의 영광을 차지하는 것을 승리의 목적으로 삼는 자가 됩니다. 강자의 영광을 갈망하는 우리 사회의 모습이 이와 다르지 않습니다. 그것은 가짜 승리입니다. 거기에는 예수님을 등에 태우고 가는 어린 나귀는 없습니다.

믿음이란 이 어린 나귀와 함께 하시는 하나님의 힘이 승리하는 것에 대한 신뢰입니다. 세상의 방식을 추종하지 않고, 하나님 나라의 순정이 완성되는 방식에 자신의 존재를 모두 거는 것입니다. 믿음의 성장은 여기에서 시작됩니다. 강자의 논리는 하나님의 방식을 멸시하지만, 그 멸시가 하나님 나라의 위력에 결국 패배하고 말 것을 모릅니다. 이 하나님 나라의 승리를 믿는가 아닌가가 관건입니다. 정치가 망가지는 것도 정치공학으로 뭔가를 꾸려 이기려 들기 때문입니다. 가치와 철학, 정신적 품격과 태도를 쉽게 버리고 어떻게 되던 이기려고만 듭니다. 그런 타락의 과정을 지켜본 사람들은 정치를 결국 혐오하게 될 것입니다.

하나님의 뜻을 지고 가는 어린 나귀의 '순정'

──── 어린 나귀를 타고 가는 예수의 모습이 세상에서 강하다고 머리를 높이는 자들의 권세를 밑뿌리에서부터 뒤흔드는 하나님 나라의 방식이며, 고난의 역정을 통과하면서 단련되는 신앙 공동체의 힘이 된다. 어린 나귀의 겉모습은 비록 연약하고 초라하지만, 그 안에 하나님이 담으시는 은총은 누구도 이길 수 없다. 강한 자들을 따라 하려 할 때, 도리어 무너짐이 있다.

세상의 특권과 세상의 권세와 세상의 폭력을 근본적으로 이기는 길은 우리가 가장 순수한 방법으로, 가장 선한 방식으로, 그리고 진정한 생명의 충만함으로 강해지는 것입니다. 이 힘이 우리 존재의 아름다움을 끝까지 지켜낼 수 있습니다. 아니면 이겨 가는 것 같지만 자신이 반대했던 강자와 닮아 가고 부패합니다.

그러니 선으로 악을 이겨내야 합니다. 비록 겉보기에는 여리고 가냘픈 듯해도 이게 진짜 우리를 강하게 만드는 길입니다. 여기에 세상이 예상할 수 없는 '역전승(逆轉勝)의 환희'가 있습니다.

우리의 하나님 나라 운동은 이걸 세상에 증언하는 길입니다. 현실에서 사람들이 강하다고 믿는 바가 종국에는 무력하며, 자기 붕괴의 길에 불과하고 반면에 진실한 사랑과 섬김, 겸애로 가득찬 존재가 그 자신 스스로부터 구원하면서 이기는 길이 됩니다. 이런 사람들은 권세와 재물로 유혹할 수도, 굴복시킬 수도, 타락시킬 수도 없기 때문입니다. 얼마나 존귀한 삶이며 뿌듯한 승리가 되겠습니까.

────── 낮은 자의 모습으로 오신 하나님, 그래서 그분은 어린 나귀의 등에 타고 세상을 향해 걸어 들어오셨다. 특권의 권세를 바라고 인간 위에 군림하려 들고 자기 유익을 계산하는 자들의 위세가 세상을 바꾸는 것이 아니다. 자신의 약함을 부끄러워하지 않고 하나님 나라에 대한 순정 하나만을 가지고 자신과 시대적 과제에 임하는 이가 결국 하나님 나라를 이 땅에 이루는 주체이다. 거기에서 진실한 지혜가 나오고, 생명력 있는 꿈이 자라난다.

어린 나귀는 자신의 등에 태운 예수의 체온과 그 힘이 자신의 몸에 전달되어 그 발걸음이 점점 안정되고 평안하며 힘이 붙는 것을 깨닫게 될 것이다. 등에 탄 예수는 그래서 그에게 고된 짐과 힘겨운 고역이 아니라, 그를 든든하게 지켜주는 하늘의 권세이며 종국에는 그 자신의 존재를 빛나게 해줄 자랑과 영광이다.

이것을 깨우치면, 우리는 우리의 존재가 세상의 기준으로 초라한 것에 무력해지지 않을 것이다. 도리어, 우리는 그 뜻의 순수함에 함께 하실 하나님으로 인해 '하늘의 군사'답게 세상의 불의함을 혁파하는 일에 마음과 영혼이 웅장해지게 될 것이다.

절정(絕頂)의 완성

그런데 하나님께서는 지혜 있는 자들을 부끄럽게 하시려고 세상의 어리석은 것을 택하셨으며, 강한 자들을 부끄럽게 하시려고 세상의 약한 것을 택하셨습니다. 하나님께서는 세상에서 비천한 것과 멸시받는 것을 택하셨으니, 곧 잘났다고 하는 것들을 없애시려고, 아무것도 아닌 것들을 택하셨습니다. 그것은 아무도 하나님 앞에서는 자랑하지 못하게 하시려는 것입니다. 그러나 여러분은 하나님께로부터 나서 그리스도 예수 안에 있습니다. 그는 우리에게 하나님으로부터 오는 지혜가 되시고, 의롭게 하여 주심과 거룩하게 하여 주심과 구속하여 주심이 되셨습니다. 그것은, 성경에 기록한 대로, 누구든지 자랑하는 자는 주 안에서 자랑하게 하시려는 것입니다.(고린도전서 1:27~31)/우리는 세상의 영을 받은 것이 아니라, 하나님께로부터 온 영을 받았습니다. 그것은 우리로 하여금, 하나님께서 우리에게 주신 은혜의 선물들을 깨달아 알게 하시려는 것입니다. (고린도전서 2:12)

───── 늙으면 슬퍼한다. 청춘이 사라졌기 때문이다. 청춘은 어설프다. 하여, 노년의 경륜과 완숙을 부러워한다. 그러나 누구도 인생을 두 번 살 수 없다. 지나간 청춘은 다시 잡을 수 없는 아쉬운 옛사랑이요, 다가올 노년은 누구도 피할 수 없는 운명이다. 인생에 절정의 시기는 따로 있는 것인가? 아니다. 인생 그 모두의 시간이 절정이다. 갓 태어난 아기, 소년과 소녀, 청춘 그리고 중장년과 노인에게는 그 주어진 모든 시간과 삶 자체가 절정이다.

인생의 시간. 그 어느 때에도 우리는 최고의 시간을 누리는 사람이어야 할 것이다. 그 어느 시간도 다음 시간을 위해 그때의 절정을 유보당할 수 없다.

청춘에게 노인을 닮으라고 하지 말며, 노인에게 청춘의 아름다움이 사라졌다고 멸시하지 말을 일이다. 하나님은 그 어떤 이에게도 때에 맞춘 생명의 절정이 존재하도록 하셨다. 다만 우리가 그것을 알지 못하고 어리석게 탄식할 뿐이다.

가을이 오면 이 계절이 소리 없이 익어가는 것을 보게 됩니다. 짧아진 오후의 비스듬한 석양(夕陽) 빛이 노란 단풍에 투명한 커튼처럼 드리워지면, 그 나무에 달린 잎사귀들은 눈부신 황금 열매들로 변하는 듯한 환상을 주기조차 합니다. 그로써 우리는 그 어떤 미미한 존재일지라도 모든 것이 다 나름대로의 독특한 '절정기'를 가지고 있음을 깨우치게 됩니다.

나뭇잎의 생명으로 치자면 기능적으로는 할 일을 거의 다 마친 노쇠기에 접어들었다고 할 만한 계절에 도리어 그 어느 때에도 볼 수 없는 화려함을 뿜어내는 것은, 하나님의 섭리가 품고 있는 역설의 은혜를 드러내는 듯합니다. 인간의 논리로 판단할 때에는 한 여름의 푸른 색조를 잃어 이제는 회복할 수 없는 쇠락(衰落)의 시간을 보낼 운명에 처한 듯한 것이 도리어 그 이전의 시간으로서는 도저히 다다를 수 없는 최고의 성숙기를 펼쳐냅니다.

우리가 미처 알지 못하는 창조의 신비로움이라고 할 수 있습니다. 나뭇잎 하나의 생명이라도 그것이 이제 서서히 차가워져 가는 대지에 묻히는 마지막 순간까지 일체의 낭비 없이 지상을 아름답게 만드는 일에 쓰임 받도록 하시는 하나님의 섬세한 마음을 우리는 여기서 읽게 됩니다.

초봄의 연한 생명력이 일으키는 풋풋한 감동이 있다면, 늦가을의 우수(優愁)는 우리에게 명상의 깊이를 선사합니다. 인간의 일생도 그러하지 않을까 하는 생각이 듭니다. 그래서 인간에게 주어진 모든 때는 다 좋은 때이며, 소망하건데 세월이 흐를수록 이전에는 미처 상상할수 없었던 놀라운 성숙의 매력을 뿜어낼 수 있다면, 이는 정녕 축복이 아닌가 합니다. 청춘의 아름다움과 노년의 아름다움은 서로 간에 동일선상에 놓고 볼 수 있는 것이 아니라, 각기 가진 독특한 절정의 순간을 포착할 때에 파악되는 것입니다.

더 나아가서 세월의 훈련으로 깊어진 내면의 세계를 지닌 노년의 아름다움은 청춘의 때에 저지르기 쉬운 우쭐댐과 야망의 헛됨을 벗어버리고 결국 도달해야 하는 정상의 경이로운 풍경입니다. 그것은 마치 석양에 비친 황금빛 나뭇잎의, 베낄 수 없는 절경을 닮아 있으며 그로써 지상에 아름다움을 더하는 영예를 누리는 일이 될 것입니다. 어느 것 하나 허비됨이 없이 생명의 진가를 발휘하는 기회를 만끽하는 것이자, 내장된 영혼의 능력이 그 안에 있기 때문일 것입니다.

성서는 모세의 마지막을 "그 눈빛이 총총했고, 기력이 정정했다"(신명기 34:7)고 적고 있습니다. 긴 세월의 고난이 길러낸 영혼의 광채가 번뜩이는 느낌이 듭니다. 그것은 실로 기력을 다한 마지막의 불꽃이 아니라, 마침내 이루고 만 '완성의 위엄'을 보여주는 듯합니다.

────── 우리 인생의 자랑이란 무엇인가? 그것은 우리가 많은 것을 소유했거나, 많은 학식을 쌓았다거나, 또는 높은 지위에 올랐다는 것이 아니다. 우리의 자랑은, 모든 때에 그에 맞는 절정이 완성되도록 하나님께서 우리 인생을 준비해 놓으셨다는 것이다. 그래서 소년의 시절이 아름답고, 청춘의 계절이 눈부시며 중년의 때가 무르익어가고, 노년의 시기에 이르면 하늘의 덕을 몸에 지니게 될 수 있는 것이 아니겠는가?

그러나 문제는, 바로 이 하나님께서 우리에게 주신 은혜의 선물을 깨달아 자신의 것으로 삼는 이가 적다는 것이다. 세상은 인생의 절정이 따로 있는 것으로 착각하고 있다. 헨리 데이빗 소로우는 그런 세상을 향해 야생사과 하나에도 담겨져 있는 존재의 아름다움을 일깨우고 있다.

내 인생의 자랑은 무엇인가

늦가을이 되면 뉴욕 근방은 사과 따기 철이 됩니다. 그 사과와 관련된 이야기를 하나 하지요.

에머슨과 함께 미국의 자연주의 철학을 일군 헨리 데이빗 소로우는 그의 40대 초반에 '야생사과'라는 글을 강연으로 발표했습니다. 그가 이 글을 발표한 1860년의 미국은 남북내전이 시작되기 직전의 어수선한 시기였고 산업화를 지향했던 북부지역의 상황으로 해서 농경생활의 아름다움이 하나둘씩 파괴되어 가고 있던 때였습니다. 그런 때에 그가 난데없이 '야생사과'에 대한 글을 쓴 까닭에는 짐작하건데, 정치적으로든 경제적으로든 무언가 인간이 인위적인 질서를 만들어 자연스러운 삶을 그 안에 가두려는 시대적 분위기에 대한 반발과 경고, 그리고 일깨움의 뜻이 있었던 것이 아닌가 싶습니다.

그의 글은 이렇게 야생사과를 소개합니다.

> 야생사과를 맛보는데 가장 좋은 시기는 10월 말과 11월 초이다. 열매가 늦게 성숙하기 때문에 그때서야 제맛을 낸다. 그리고 이때쯤 사과의 아름다움도 그 절정을 이룬다. 농부들이 거두어들일 가치도 없다고 생각하는 이 야생사과를 나는 대단한 과일로 여긴다. 야성(野性)의 맛을 지닌 시(詩)의 여신이 만든 과일이며, 그 자신 생기가 넘치면서도 또한 사람의 생기를 북돋워 주는 과일이다.

여기서 주목되는 것은 야생사과가 농부들이 별로 가치를 두지 않는 과일이라는 점입니다. 그런데 소로우는 이 과일의 독특한 가치를 발견합니다. 농부들이야 맛이 없으면 장에 내다 팔 수 없으니 들판에서 아무렇게나 자란 사과에까지 손을 펼칠 이유가 없는 것이었으나, 소로우는 전혀 다른 각도에서 이 야생사과의 존재 이유를 봅니다. 그것은 따서 집에 가져가는 과일이 아니라, 들을 지나는 나그네를 위한 선물이라는 것입니다.

────── 이 대목에서 소로우의 생명에 대한 놀라운 통찰이 드러난다. 그것은 하나님이 창조하신 생명의 섭리에 대한 깨우침과 통하고 있다.

소로우는 자신의 경험을 다음과 같이 밝히고 있습니다.

이상하기 짝이 없는 것은, 들판이나 숲에서 따먹었을 때에는 그처럼 생기발랄하고 독특한 풍미가 있던 사과가 일단 집으로 가져오면 대체로 거칠고 껄껄한 맛이 나는 점이다. 집안에서는 야생사과를 거부하고 보다 순한 맛의 사과를 찾는다. 그것은 야생사과를 먹을 때 있어야 할 필수 양념인 11월의 공기가 집안에는 없기 때문이다.

그는 다시 이렇게 우리들에게 그 맛의 절정을 설명해주고 있습니다.

이 사과들은 바람과 서리와 비를 맞고 자라면서 기후와 계절의 온갖 속성을 모두 흡수했기 때문에 '계절의 양념'이 잔뜩 들어 있어 그러한 자신의 기운으로 먹는 사람을 찌르고 쏘고 충만케 한다. 따라서 이 사과들은 제철에 야외에서만 먹어야 하는 것이다. 이들 야생사과의 야성적이고 예리한 풍미를 제대로 맛보려면 10월이나 11월의 그 정신을 바짝 차리게 하는 들판의 공기를 들이 마셔야 하는 것이다. 어떠한 맛도 그냥 버려지는 것이 아니다. 그 맛을 음미할 수 있는 자들을 위해 존재하는 것이다.

황량한 들판에 부는 거친 바람을 견디면서 메마르고 칼칼해진 목을 축이려는 나그네에게 가장 알맞게 준비된 과일은 이미 사람의 손길을 타서 온순해진 재배사과가 아니라는 겁니다. 나그네를 위한 과일은, 바로 그 바람을 먹고 자란 시큼털털하면서도 강렬한 맛을 지닌 야생의 열매라는 깨우침은 하나님께서 세상 여기저기에 마련해 놓으신 각종의 은혜를 새삼 주목하게 합니다.

────── 생명체가 지닌 절정의 가치에 눈을 돌리면 다른 것이 보이게 된다. 옷 속으로 예절도 없이 파고 드는 차가운 공기와 오랜 여행으로 지친 나그네의 육신에 자극적으로 생기를 불어넣는 방식은 따뜻한 집안에서 편안하게 지내는 것과는 다를 수밖에 없다. 여름 한철 튀르키예를 여행했던 때에, 이국적인 풍미를 지닌 양고기 맛과 에페소라는 이름의 맥주가 기가 막히게 어울렸다.

뉴욕에서 같은 식단과 같은 맥주를 마셨지만 그 맛이 나질 않았다. 까닭이 분명한 것을 이내 깨달았다. 작열하는 태양 아래 지중해와 접한 아나톨리아 반도를 힘겹게 여행하는 시간이 준 맛이었다. 그 무더웠던 여름 한낮이 가져다 준 선물이었던 것이다.

소로우가 말했던 것처럼 나그네의 지친 육신에 필요한 과실을, 열매가 좋지 못하고 필요 없는 것으로 처리해 버리는 것은 무지다. 모든 생명이 지니고 있는 가치의 독특함에 눈뜨게 된다면, 우리는 그 어느 것도 함부로 멸시하지 못할 것이다. 현실의 눈으로 볼 때 비천한 것과 멸시 받는 것 속에 정작 다른 것으로는 대체할 수 없는 생명의 힘이 간직되어 있다는 이 지혜는 경이롭다.

우리의 존재도 바로 이렇게, 그때와 그곳에서 필요한 것을 내어놓을 수 있는 생명의 능력이 있다면 그것이 바로 절정의 완성이다. 그리스도의 십자가가 나사렛 예수의 좌절이 아니라 절정인 까닭이 다름 아닌 여기에 있다.

풍파가 거센 인생의 들판에서 농부들의 눈을 끌지는 못하였어도 이소로우의 사과처럼, 곤고해진 나그네들의 목을 축이고 그 마음을 채워줄 수 있는 존재는 그 외양이 남루하거나 초라하다 해도 아름다운 생명입니다. 겉모양이 어떠하든 그 존재에게 요구된 가치를 최선으로 실현했기 때문입니다. 아니 도리어 그랬기에 세상의 눈으로는 알아보지 못했던 존재의 힘을 하나님은 일깨우고 계신 것입니다. 십자가 위에 달린 나사렛 예수의 처형된 모습이 그런 것입니다. 세상과 그 제자들마저 단정했던 그 삶의 비극적인 추락이 아니라, 누구도 따를 수 없는 절정이 된 이유는 그것이 우리 인간에게 참 생명을 나누는 사건이 되었기 때문입니다.

이는 마치 이사야에 나온 메시아의 모습과 닮아 있습니다.

그는 주님 앞에서, 마치 연한 순과 같이, 마른 땅에서 나온 싹과 같이 자라서, 그에게는 고운 모양도 없고, 훌륭한 풍채도 없으니, 우리가 보기에 흠모할 만한 아름다운 모습이 없다. 그는 사람들에게 멸시를 받고, 버림을 받고, 고통을 많이 겪었다. 그는 언제나 병을 앓고 있었다. 사람들이 그에게서 얼굴을 돌렸고, 그가 멸시를 받으니, 우리도 덩달아 그를 귀하게 여기지 않았다. 그는 실로 우리가 받아야 할 고통을 대신 받고, 우리가 겪어야 할 슬픔을 대신 겪었다. 그러나 우리는, 그가 징벌을 받아서 하나님에게 맞으며, 고난을 받는다고 생각하였다. 그러나 그가 찔린 것은 우리의 허물 때문이고, 그가 상처를 받은 것은 우리의 악함 때문이다. 그가 징계를 받음으로써 우리가 평화를 누리고, 그가 매를 맞음으로써 우리의 병이 나았다. (이사야 53:2-5)

인간을 구하는 존재의 모습이 왜 이러합니까? 그런 지경을 겪는 이들과 하나님이 함께 하신다는 뜻입니다. 이들의 고난과 하나님은 분리되어 이런 모습이 마치 패배자인 듯 해도, 그 안에서 점차 솟아오르는 기운을 깨우치면 이 말씀은 깊은 은혜가 됩니다. 이는 달리 말하자면 하나님이 자신을 온통 걸고 고난과 죽음의 창끝을 피하지 않으신 채 바로 그때 그 자리에서 가장 필요한 모습으로 자신을 내어놓으신 것입니다. 바로 이 필요한 때에 필요한 곳에서 필요한 방식으로 필요한 것을 '내어놓음'이 하나님의 계획을 완성하는 방식입니다. 하나님의 계획이란 다른 것이 아닙니다. 세상의 모든 약한 것들이 도리어 세상의 가장 강한 존재가 되게 하시려는 겁니다. 그건 전혀 새로운 방식의 "강함"입니다. 왜 이렇게 하시는 걸까요?

그 까닭은 분명합니다. 본문 고린도전서에서 바울이 말했던 바입니다. 세상의 지혜 있다고 하는 자와 세상의 강한 자들, 그리고 세상의 잘났다고 하는 존재들은 약한 자들을 위해 자신을 내놓지 않습니다. 자신을 주지 않습니다. 오로지 거두어 가려고만 합니다. 움켜쥐려고만

하고 빼앗으려고만 합니다. 그러나 그러한 방법으로는 하나님의 생명이 우리의 삶에 부어주시는 아름다움과 만날 수 없습니다.

목마르고 허기진 누군가의 필요에 자기를 내어놓을 준비를 하는 이에게만 하나님은 당신의 영을 나누어주십니다. 그 일을 위해서는 하나님의 생명의 영이 필요하기 때문입니다. 그 생명의 영을 받은 존재만이 가장 적절한 때에 가장 적절한 모습으로 빛나는 능력을 발휘할 수 있게 됩니다. 지금 어떤 외양을 지녔는가가 관건이 아닌 것입니다.

그래서 사도 바울은 질그릇 같은 줄만 알았던 자기 안에 놀라운 보물이 있다고 스스로 감탄합니다. 야생사과와 같습니다. 이런 사람들은 어느 것도 헛되게 낭비되는 법 없이 마지막 순간까지 지상을 아름답게 만들어 갑니다. 그러한 사람이 있는 자리는 그의 외모와 학식, 그리고 출신이 어떠한가 하는 것이 문제가 되지 않습니다. 육신의 잣대로는 그보다 잘났다고 하는 이들이 도리어 부끄러움을 느끼게 되는 일이 벌어집니다. 그의 영혼에는 늦가을의 단풍이 화려하게 펼쳐져 있으며, 들판의 야생사과들이 가득하기 때문입니다.

솔로몬의 〈아가(雅歌)〉는 그런 기쁨을 우리에게 아름답게 증언해 주고 있습니다. 서로 사랑하는 남녀가 상대를 애타게 그리워하며 자신을 상대에게 한껏 내어 주는 간절한 마음에 대한 것입니다. 아가서 7장 6-13절까지입니다. 문학의 차원에서 보아도 성서는 시대를 초월한 표현과 내용을 담아내고 있습니다.

오 나의 사랑, 나를 기쁘게 하는 여인아. 그대는 어찌 그리도 아리땁고 고운가? 그대의 늘씬한 몸매는 종려나무 같고, 그대의 젖가슴은 그 열매 송이 같구나. 이 종려나무에 올라가 가지들을 휘어잡아야지. 그대의 젖가슴은 포도송이. 그대의 코에서 풍기는 향내는 능금 냄새. 그대의 입은 가장 맛 좋은 포도주.(아가 7:6-9)

이렇게 남자가 사랑의 찬사를 보내자 여인이 말합니다.

잇몸과 입술을 거쳐서 부드럽게 흘러내리는 이 포도주를 임에게 드려야지. 나는 임의 것, 임이 그리워하는 사람은 나. 임이여, 가요. 우리 함께 들로 나가요. 나무 숲 속에서 함께 밤을 보내요. 이른 아침에 포도원으로 함께 가요. 포도 움이 돋았는지 꽃이 피었는지, 석류꽃이 피었는지, 함께 보러가요. 거기에서 나의 사랑을 임에게 드리겠어요. 자귀나무가 향기를 내뿜어요. 문을 열고 들어오면 온갖 열매가 다 있어요. 햇것도 묵은 것도, 임이여, 내가 임께 드리려고 고이 아껴둔 것들이라오.(아가 7:9-13)

여기서 주목하고자 하는 바는, 두 가지입니다. 그 첫 번째는 사랑하는 상대에게 완전히 몰두하고 있습니다. 엄청난 찬사를 끝도 없이 보내고 있습니다.

두 번째는, 자신의 모든 것을 특별하게 간직하여 내어 주는 사랑의 모습입니다. 자신에게 있는 가장 아름답고 소중한 것을 사랑하는 이에게 선사하는 사람의 감격입니다. 자신의 존재 이유가 상대의 기쁨을 위한 것이 되도록 하는 것입니다. 존재의 목적이 '나를 향한 것'이 아니라 '너를 향한 것'이 되는 동시에, '나를 위한 것'이 아니라 '너를 위한 것'이 되는 겁니다.

"네가 나를 향해 움직여야 한다. 네가 먼저 나를 위하라"가 아닙니다. 그건 싸움만 일으킬 뿐이지요. 아가서는 그걸 일깨웁니다.

──── 하나님으로부터 받은 자신의 은혜가 사랑하는 이를 향해, 사랑하는 이를 위해 쓰일 때 그 존재의 본질이 빛난다. 떨어지는 낙엽이 가을의 풍치를 아름답게 만들고, 야생사과가 찬바람을 거슬러 가는 나그네의 기운을 돋우는 것이 그런 경우이다. 자신의 존재가 바로 타자에게 은혜가 되는 감사를 갈망하는 자에게 하나님은 우리 인생의 절정을 완성하는 축복을 내리실 것이다.

헛되고 헛되도다, 인간의 자랑이여

나사렛 예수는 자신을 위해 존재하시지 않았으며 또한 자신을 향해 존재하시지도 않았습니다. 자신의 모든 것이 남김없이 인간을 향해, 인간을 위해 기쁨의 원천이 되기를 바랬고, 그것에 생명을 걸었습니다. 우리가 읽은 아가서의 장면은 자신을 포도주와 꽃과 열매로 사랑하는 이에게 내어놓은 존재의 아름다움을 우리에게 보여주고 있습니다. 하나님의 지고지순한 사랑은 그런 모습으로 우리에게 다가옵니다.

인간마다 각자가 받은 고유의 아름다움이 있습니다. 그러나 그 아름다움은 자기 자신이 자기 자신만을 향해 있는 이에게는 찾아오지 않습니다. 타자를 향해 나누어 질 수 없는 아름다움은 우리를 헛된 자랑에 빠뜨리거나 자기 과시와 타락으로 이끌 욕심에 불과하기 때문입니다. 그걸 깨달아 '자기의 시간'을 누리는 이는 복이 있습니다.

이걸 알고 살아가면 우리의 인생은 계절마다 향기로워질 것이고, 늦은 오후에도 벅차도록 빛날 것이며 들판의 나그네들에게 그 영혼을 축이는 과즙(果汁)이 될 것입니다. 누구도 세월이 흘러 슬퍼하거나, 닥치는 시간이 두려워 마음 졸이지 않게 될 것입니다. 그때에 맞는 절정의 기쁨을 누리시기를 빌겠습니다.

──── 늦가을 들판의 야생사과에서도 고단한 몸을 일으켜 세우는 힘이 있는데, 우리 인간이야 더 말할 나위가 없지 않겠는가. 청춘의 때가 이미 지났다고 슬퍼하지 말 일이며, 노년의 때가 온다고 걱정할 일이 아니다. 그때 그때에 어울리는 인생사의 절정을 준비하신 하나님의 은총, 그 축복에 몸을 맡기고 스스로를 완성시켜 나갈 일이다.

사랑이여, 바람을 가르고

바람이 그치기를 기다리다가는 씨를 뿌리지 못한다. 구름이 걷히기를 기다리다가는 거두어들이지 못한다.(전도서 11:4)/예수께서 그들에게 비유로 여러 가지를 말씀하셨는데, 이렇게 이르셨다. "보아라. 씨를 뿌리는 사람이 씨를 뿌리러 나갔다. 그가 씨를 뿌리는데, 더러는 길가에 떨어지니, 새들이 와서 그것을 쪼아먹었다. 또 더러는 흙이 많지 않은 돌짝밭에 떨어지니, 흙이 깊지 않아서 싹은 곧 났지만, 해가 뜨자 다 타 버리고 뿌리가 없어서 말라 버렸다. 또 더러는 가시덤불에 떨어지니, 가시덤불이 자라서 그 기운을 막았다. 그러나 더러는 좋은 땅에 떨어져서 열매를 맺었는데, 어떤 것은 백 배가 되고, 어떤 것은 육십 배가 되고 어떤 것은 삼십 배가 되었다. 귀 있는 사람은 들어라."(마태복음 13:3-9)

—————— 예수는 누구인가? 단적으로 '사랑의 존재'라고 답할 수 있을 것

이다. 사랑을 그 가슴에 그득 품은 존재는 실로 아름답다. 인간의 실존 그 깊은 곳에 다가갈 수 있는 가장 뜨거운 영혼의 힘을 가지고 있고, 그로써 뭇 사람의 오늘과 미래를 밑바닥에서부터 진정으로 변화시켜 나갈 수 있기 때문이다. 그 사랑의 힘이 우리들에게 충만하게 있지 않기에 이 시대는 이토록 피곤하다.

사랑의 능력이 풍요한 '아름다운 사람'을 제대로 발견하지 못하는 시대는 풍요해도 헐벗었다. 궁핍한 시대다. "하나님이 세상을 이토록 사랑하사"는 구원의 뜨거운 육성이다. 이는 '사랑과 구원이 동일한 축을 가지고 있음'을 증언하고 있다. 70년대, 〈아침이슬〉의 김민기가 쓴 〈아름다운 사람〉이라는 노래는 우리에게 이 시대의 예수를 떠올리게 한다.

70년대, 〈아침이슬〉로 유명한 김민기가 작사, 작곡을 하고 "현경과 영애"라는 이름의 여성 듀엣이 부른 노래로 〈아름다운 사람〉이라는 곡이 있습니다. 후렴으로 나오는 "아름다운 그이는 사람이어라"에서 사람을 사랑으로 바꾸어 가사를 읽어 보면 다음과 같습니다.

어두운 비 내려오면, 처마 밑에 한 아이 울고 서 있네. 그 맑은 두 눈에 빗물 고이면 음~ 아름다운 그이는 사랑이어라./세찬 바람 불어오면 들판에 한 아이 달려가네. 그 더운 가슴에 바람 안으면 음~ 아름다운 그이는 사랑이어라./새하얀 눈 내려오면 산 위에 한 아이 우뚝 서 있네. 그 고운 마음에 노래 울리면 음~ 아름다운 그이는 사랑이어라.

요즘의 시절에 이 노래를 들으면 무언가 너무 좀 단조롭다는 느낌이 들지 않을까 싶습니다. 그러나 곡의 흐름이 깊고, 가사도 시적(詩的) 상징성이 뚜렷합니다.

'아름다운 사람'

이 노래의 첫 줄에는 '어두운 비'라는 구절이 나오는데, 그런 게 있나 요? 밝은 비가 또한 있기나 한 건가요? 암울한 현실을 뜻하겠지요. 그 런 현실에 마음이 힘겨워진 사람, 그는 "처마 밑에서 그 비를 보고 있 던 한 아이"가 되고 이 아이는 울고 있습니다. 이 노래의 3절 모두에 등장하는 '아이'는 거대한 세상의 힘 앞에 서 있는 작고 약한 존재의 모습이기도 합니다.

이 아이는 인간의 삶과 역사를 아프고 어둡게 하는 현실 앞에서 눈 물을 흘립니다. 그런데 그 두 눈은 맑고, 그 눈에 어느새 빗물이 고입 니다. 우는 자와 함께 우는 이의 모습입니다. 그런 존재를 가리켜 이 노래를 만든 이는 '아름다운 사람'이라고 부르고 있습니다. 사랑은 이 렇게 우리의 영혼이 이 세상에서 어두운 비를 맞고 서 있는 이들의 마 음이 되는 일로 시작합니다.

이야기는 여기서 그치지 않습니다.

세찬 바람이 들판에 불어오고 격랑과 풍파가 몰아칠 때 그와 맞서 그 아이가 달려갑니다. 거친 세파를 자신의 존재 전체를 내걸고 맞받 아내고 있는 것입니다. 바람을 피하는 것이 아니라 바람을 마주 향해 가고 있는 것입니다. 더운 가슴으로 그 바람을 받아 안습니다. 세상의 들판으로 몰아쳐 오는 바람에 휩싸여 어쩔 줄 모르는 이를 향해 달려가 온몸으로 바람을 막고, 더운 가슴으로 깊이 받아 안는 것입니다. 마음과 몸에 평화로움을, 온화한 사랑의 체온을 전해주는 겁니다. 그래서 그가 더 이상 들판의 바람에 휘둘리지 않도록 지켜주는 것입니다.

마지막 절은 어떠합니까? 하얀 눈이 세상을 뒤덮으면, 높은 산봉우리에 '우뚝' 이 아이는 홀로 서 있습니다. 온세상 천지가 겨울의 침묵 속으로 들어가고 적막함에 둘러싸여 있을 때, 이 아이는 고운 마음으로 그 산 위에서 온 세상을 향해 노래를 부릅니다. 아무런 소망의 소리가 어디에서도 들리지 않을 때, 서로 싸우며 병들게 하는 거친 소음만이 우리들을 공격하는 때에, 그래서 고달픔으로 지쳐 있고 시간이 갈수록 시들어가는 영혼에 위로와 용기를 불어넣는 노래를 부르는 것입니다.

현실에서 흔들리는 사랑

──── 사랑은 현실에서 끊임없이 도전에 처한다. 그 사랑이 완성되는 것을 질시하고, 좌절시키고 패배하게 만들려는 세력이 이 세상에는 존재하고 있기 때문이다. 그런 상황에서 우리는 정세를 살피는 자가 되고, 기회를 엿보는 자가 되며 급기야는 이른바 '작전상 후퇴'를 하는 자가 되기도 한다. 아니, 그러면서 현실의 악조건을 핑계로 사랑을 결연히 이루어 나가지 못하는 구실을 계속 찾기조차 하는 것이다. 다시 말해서, 어려운 현실을 내세워 하나님 나라의 선한 사랑의 의지를 끝까지 불태우

지 못하는 이유를 정당화하면서 살고 있기도 하다.

현실의 악조건을 뚫지 못하면 그 사랑은 사랑으로서의 진정한 생명과 위력을 갖지 못하게 되고 만다. 전도서 본문의 의미는 하나님의 뜻과 그것을 이루어 나가는데 등장하는 기회주의적 현실론과의 충돌을 보여준다. 그리고 현실의 형편을 근거로 삼지 말고, 하늘이 우리의 삶에 내린 소명 그 자체를 가지고 살아나갈 것을 촉구하고 있다.

예수님은 인간을 사랑하시는 하나님의 마음이 이 땅에서 구체적으로 드러나는 현존(現存), 그 자체라고 할 수 있습니다. 그 예수께서는 비를 피할 처마 밑조차 하나 없는 암담한 현실에서 어두운 비를 진종일 맞고 초췌해 있는 인간의 고뇌를 자신의 것으로 삼습니다. 그리고는 그런 이들을 새로운 축복의 현장으로 인도하시는 일에 자신을 온통 걸었습니다. 황량한 광야에 홀로 내버려진 채 모든 세상의 풍파를 다 받아 이겨내야 하는 인간의 실존, 그 중심을 향해 지체 없이 달려가신 것입니다. 이미 온 세상의 대세가 완연히 겨울인데도 불구하고, 곧 봄이 온다고 하나님 나라의 생명이 가진 힘을 알리고 다닌 것입니다. 무모하게 보이는 일이었습니다.

그런데 그는 상황의 유불리(有不利)를 따지고 움직이신 분이 아니었습니다. 그분은 자신을 공격하고 무너뜨리고자 하는 폭풍이 맹렬히 부는 가운데서도 오늘 설교의 제목처럼 '바람을 가르고' 하나님 나라에 대한 소망의 씨앗을 뭇 심령의 들판에다 거침없이 뿌리셨던 것입니다. 흙색의 비를 품은 먹구름이 몰려와도, 이를 개의치 않고 인간의 다치고 아파하는 마음을 향해 자신의 발걸음을 옮기셨던 겁니다. 절망으로 죽어가던 이들의 삶을 소생시키셨습니다.

비가 오나 눈이 오나, 태양이 작열하나 먹구름이 뒤덮거나 폭풍이 몰아쳐 오거나 일관해서 하나님의 마음을 자신의 마음으로 삼고 나가는 것입니다. 그 어떤 공격이나 도전에도 굴함이 없이, 그 어떤 우여곡절의 고비에도 걸려 넘어지지 않고, 그 어떤 실패의 두려움에도 사로잡힘이 없이, 하나님 나라의 꿈을 지니고 사는 이의 모습이 이러합니다.

이처럼 하나님은 작정하고 우리에게 오신 것입니다. 그 사랑의 실체, 그 행동의 실존인 예수님은 그래서 사랑을 위해서라면 자기 목숨을 위협하는 창끝에라도 자신을 내놓으셨습니다. 피하지 아니했고, 굴복하지 아니했습니다. 그 창이 그에게 피를 흘리게 하였지만, 그 피는 결코 헛되지 아니했고 도리어 생명의 능력이 되었습니다. 그 덕분에 우리에게 사랑의 능력이 은총으로 주어진 것입니다. 죽음과 생명으로 입증된 은총과 능력입니다. 그래서 이건 결코 값싼 은총이 아닙니다. 거저 얻은 것이지만 귀하기 이를 데 없기 때문입니다.

다시 강조하건데 하나님의 사랑은 비가 오면 멈칫하고, 구름이 끼면 다른 때를 골라 이루어지는 그런 것이 아닙니다. 아무리 거센 바람이 몰아쳐도, 그 광풍을 그대로 뚫고 소망과 꿈의 씨앗을 생명의 힘으로 심어 싹이 트고 자라나게 하시는 것입니다. 아니, 도리어 바로 그 비바람이 몰아쳐 오기에 더더욱 사랑의 힘이 필요한 것을 아시는 것입니다. 그 힘이 없으면, 우리들은 넘어지기 쉬운 것을 알고 계시기 때문입니다.

──── '씨뿌리는 자의 비유'에 등장하는 씨앗의 성장 과정은 하나님 나라의 사랑과 생명이 어떤 혹독한 운명에 처하게 될 것인지를 예시해 주고 있다. 그러면서도 이 시련을 이겨내는 기쁨의 결과를 약속으로 보증해 주고 있는 것으로 그 비유의 결말을 맺고 있다. 이것을 믿고 중심을 잡고 나가는 믿음의 훈련을 쌓는 이는 현실에 질질 끌려다니다가 기진맥진하여 쓰러지고 마는 일과 마주해 이길 것이다. 정신력이 강철이 되는 것이다.

하나님은 험악한 세상의 질곡을 이미 힘차게 이긴 생명을 예수의 본을 통해 우리에게 주셨다. 그러니 땅에 뿌려진 씨앗이 시련의 세월을 이겨내고 씨앗 본래의 성장을 이루는 것은 마땅하다. 이 하늘의 생명에 대한 굳건한 믿음이 바로 사랑을 완성시켜 나가는 근원적 에너지이다. 그렇지 않으면 우리는 씨앗을 둘러싼 현실의 정세에 압도되어 사랑을 포기하는 자가 되고 말지 않겠는가.

하늘의 생명에 대한 굳건한 믿음이 '사랑의 자양분'

뿌려진 씨앗의 처지에서 보자면 그것이 땅에 뿌리를 내리고 자라기까지 얼마나 많은 도전을 받게 되는지 이 비유는 보여줍니다. 사랑이 그렇다는 것입니다. 예수님이 이 땅에 널리 전하고 몸소 행하신 사랑은 그런 험난한 세월과, 온갖 장애들을 이겨내고 우리들의 마음에 자리잡은 하나님 나라의 뜨거운 축복인 것입니다.

하나님께서는 씨를 뿌리는 순간부터 그 씨알의 생명을 짓밟으려는 자들이 준비를 단단히 하고 기다리고 있음을 몰랐기에 시작하신 일이 아닙니다. 이런 저런 핑계로 씨를 뿌리지 않는다면 결국 때를 놓치는 것과 다름이 없게 됩니다.

사랑으로 행하는 선한 일들은 새들이 와서 쪼아먹으려 듭니다. 바로 그렇게 비방의 대상이 되기도 하고 조롱과 왜곡으로 지탄받기도 합니다. 예수님은 이 일을 도처에서 당하셨습니다. "어떻게 죄인들과 함께 어울리면서 밥을 먹고 술을 마시며 서로 흥겨워하는가" 하고 당대의 점잖고 학식 있으며 믿음이 깊다는 자들에게 멸시를 겪었습니다. 사랑이란, 참된 사랑의 진실에 눈뜨지 못하는 세상과 직면해야 하는 것입니다.

흙이 깊지 않은 곳에 떨어지니 해가 뜨자 뿌리가 말라버리기도 합니다. 때로 사람들이 감동 받고 그 마음이 움직이는 듯하지만 그것도 잠시, 각자의 유불리를 따지면서 계산하다가 어려운 고비가 나오니 돌아섭니다. 그 사랑이 난관을 이기고 능력의 열매를 가지게 될 기회와 시간을 포기해 버리는 것입니다. 사랑의 약속이 쉽사리 저버림 당하는 이유입니다.

더러는 가시덤불에 막혀 성장의 기운이 막히고 맙니다. 새것을 용납하지 않는 낡은 제도에 질식하기도 합니다. 진실보다 체면과 위신을 앞세우는 사회적 고질과 이기적인 사고에 가로막히기도 합니다.

세상을 이기는 사랑

──── 하지만, 하나님 나라의 사랑은 그렇게 호락호락하게 세상의 힘 앞에서 패배하지 않는다. 십자가와 부활 사건이 그 입증이다. 그건 진정한 승리다. 이 승리에 대한 굳건한 믿음을 가진 이들이 오랜 세월 동안 이를 증언해 왔다. 그들은 예수의 사랑이 그들의 영혼에 씨앗으로 떨어져 어떤 성장을 이루게 되었는지를 깊이 체험했기 때문이다.

이들은 현실의 대세나 추세로 이 사랑이 제약된다고 여기지 않는다. 도리어 그들의 사랑이 현실의 중심이 되어 간다고 믿는다. 이들은 세상에 굴복하는 자들이 아니라 결국 세상을 이기는 자가 되어 간다. 사랑은 바람을 가르며 그 생명력을 이 땅에 깊고 깊게 뿌리내리는 하나님 나라의 뜨거운 위력이다. 이걸 믿고 그 마음으로 살아가는가가 우리 인생의 가장 중요한 힘이다.

하나님이 우리의 마음과 영혼에 채워 주시는 이 사랑을 알아보고, 이 사랑의 힘을 믿으며 이 사랑의 은총에 기대어 살고자 결단한 사람들은 하나님이 주신 축복의 능력을 발휘합니다.

이런 사랑, 우리 배웁시다. 얻어봅시다. 그것이 우리의 것이 되기를 소망해봅시다. 마음을 다해 바라는 것으로 시작됩니다. 시인 김남주의 「함께 가자 우리 이 길을」이라는 시에 곡을 붙인 노래가 있습니다.

함께 가자 우리 이 길을/투쟁 속에 동지 모아/셋이라면 더욱 좋고/둘이라도 떨어져 가지 말자/함께 가자 우리 이 길을/앞에 가며 너 뒤에 오란 말일랑 하지 말자/뒤에 남아 너 먼저 가란 말일랑 하지 말자/열이면 열 사람 천이면 천 사람 어깨동무하고 가자/가로질러 들판 산이라면 어기여차 넘어주고/사나운 파도 바다라면 어기여차 건너주고/산 넘고 물 건너 언젠가는 가야 할 길/함께 가자 우리 이 길을/서산낙일 해 떨어진다 어서 가자 이 길을/해 떨어져 어두운 길/네가 넘어지면 내가 가서 일으켜주고/내가 넘어지면 네가 와서 일으켜주고/가시밭길 험한 길 누군가는 가야 할 길/에헤라 가다 못 가면 쉬었다 가자/아픈 다리 서로 기대며

사랑은 진정, 바람을 가르며 함께 가는 길을 열어갑니다. 서로 아픈 다리 기대어 가며 험한 길 가리지 않고 함께 가는 겁니다. 이것이 사랑의 위력이 가진 비밀이자 축복입니다.

────── 영혼이 궁핍한 이 시대, 사랑의 띠로 이어져 모두가 정겨운 하나가 되는 그런 기쁨을 나눌 수 있다면 이 얼마나 아름다운가. 악한 권세가 침탈하기 어렵게 될 것이다. 사랑으로 하나되는 이들의 힘은 생각 이상으로 매우 강하다.

포도원의 비밀

하늘나라는 자기 포도원에서 일할 일꾼을 고용하려고 이른 아침에 집을 나선, 어떤 포도원 주인과 같다.(마태복음 20:1)/내 것을 가지고, 내 뜻대로 할 수 없다는 말이오? 내가 후하기 때문에, 그대 눈에 거슬리오? 이와 같이 꼴찌들이 첫째가 되고, 첫째들이 꼴찌가 될 것이다.(마태복음 20:15-16)

───── 우리는 '능력'이라는 기준에 따라 보상 체계를 마련하는 것을 당연하다고 받아들인다. 그건 경쟁을 정당하다고 여기게 한다. 그로써 필사적인 경쟁이 구조가 된다. 생존이 걸린 문제이기 때문이다. 이 경쟁 체제에서 승리하는 사람은 전리품을 누리지만, 낙오하는 사람들은 패배자로 짓밟히기 일쑤이다. 물론 능력이 중요하지 않다는 말이 아니다. 하지만 그로써 생겨나는 차별을 제도로 만드는 결과가 되는 것이 과연 온당한 일인가?

이런 현실에서는 서로가 불가항력적으로 '적'이 된다. 대량 실업과 부익부 빈익빈의 빈부격차라는 사회적 양극화 그리고 자본의 위세가 강대해지는 신자유주의적 세계화가 지구촌을 지배한 끝에 어떤 사회가 만들어졌는가? 갈수록 빈곤해지고 버림받는 자들이 늘어나며, 그로 인해 더욱 부유해지는 특권적 소수가 다른 한편에서는 생겨나고 있다. 이것은 분명, 인간의 존엄성이 밀려나는 사회다. 어떤 해결의 돌파구가 있을까?

본문에 등장하는 포도원의 이야기는 자신의 능력을 기득권으로 내세우는 현실 논리와 정면으로 충돌한다. 이 비유가 등장하기 전에 있었던 사건은 포도원의 비유에 깔려 있는 근본적인 맥락을 보여준다. 그것은 자신의 능력이나 성취를 기득권으로 삼으려는 마음에 대한 하나님 나라의 거부이다. 어떤 사건이었을까?

부자 청년과 베드로의 기득권

오늘 우리가 읽은 '포도원 주인과 일꾼'의 비유는 예수님과 한 부자 청년의 대화가 있은 후, 이에 대한 제자 베드로의 반응에서 비롯된 것입니다. 그냥 시작된 이야기가 아닌 겁니다. 어떤 재산 많은 청년이 예수께로 와서, "내가 영생을 얻으려면 어떤 선한 일을 해야 합니까?" 하고 묻습니다. "영생을 얻을 자격을 갖기 위해서 이제 무엇을 더 실천해야 하는가?"라는 질문을 던진 것이었습니다. 재산 형성에 몰두할 부자청년이 존귀한 영생 문제를 묻다니, 그만해도 대단합니다. 그만큼 율법을 지켜 살아온 것에 자신이 있었다는 말입니다. 또는 돈은 다 손에 쥐었고 이제 영원한 생명만 얻으면 얻을 걸 다 얻었다고 여겨 그렇게 물었을지도 모릅니다. 아직 이 청년의 정체는 알지 못합니다.

그런데 이 청년을 향해 예수께서 말씀하신 것은, 가진 것을 다 팔아 가난한 사람에게 주고 따르라는 것이었습니다. 예수께서는 그를 하나님 나라와 현실의 세계 사이에서 선택의 기로 위에 세운 겁니다. 그로서는 전혀 예상하지 못했던 대답이자 동시에 질문이었습니다. 그는 자신이 가장 갈급해 하는 것이 영생의 문제라고 여기고 질문을 던졌지만, 정작은 그보다 재산에 더욱 집착하고 있는 것을 드러낸 셈이었습니다. 이 도전 앞에서 청년 율법학자는 고개를 숙이고 왔던 길로 돌아갑니다.

그의 관심이 사실은 어디에 있는지를 스스로 자인할 수밖에 없었던 것입니다. 그는 예수께서 하신 이 말씀을 자신의 삶으로 받아들일 수 없어서 근심하며 돌아갔습니다. 영생은 원하나 그렇다고 재물에 대한 욕심 또한 버릴 수 없었던 것입니다. 우리들 대부분의 모습이기도 합니다. 재산이 별로 없다면 그건 그것대로 재산도, 영생도 다 가지고 싶을 수 있는 게 우리입니다.

성서는 그가 재산이 많아서 그렇다고 설명을 덧붙이고 있습니다. 이 대목이 참 묘합니다. 재산이 많은 것은 현세에서 누구나 부러워하는 일인데, 그것이 오히려 영생을 얻는 길에 장애가 되는 모순을 밝히고 있는 것입니다. 영생을 얻을 선한 일이 무엇인가 라는 자신이 던진 질문 앞에서, 그는 재물의 힘에 여전히 보다 크게 의존하고 있는 모습을 보였습니다.

이에 대해 예수님은 이렇게 말합니다.

내가 진정으로 너희에게 말한다. 부자는 하늘나라에 들어가기가 어렵다. 내가 다시 너희에게 말한다. 부자가 하나님 나라에 들어가는 것보다 낙타가 바늘귀로 지나가는 것이 더 쉽다. (마태복음 19:23-24)

세상의 모든 부자들은 이 말씀 앞에서 마음이 편치 않을 것입니다. 물론 못 들어간다는 것은 아닙니다. 어렵다는 것입니다. 예수님이 이 부자청년에게 말씀하신 것처럼 재산을 다 팔고 따르면 되는 길이 있습니다. 그걸 쉽사리 못하는 것입니다. 재산을 다 판다는 것은 매매에 중점이 있지 않습니다. 그걸 하나님 나라와 의를 위해 쓰라는 것과 다를 바 없습니다. 그래야 그 다음 말씀인 "나를 따르라"의 뜻이 바로 서기 때문입니다. 재산을 파는 것은 예수의 길에 들어서는 일이 되는 것이니 알거지가 되야 예수를 따를 수 있다는 말로 이해한다면 그건 이 말씀을 잘못 읽은 것입니다.

그 부자 청년이 평생에 집착해 온 것을 버리지 않으면 그 다음의 문은 열리지 않는다는 뜻입니다. 초대 예수 공동체가 서로 가진 것을 내놓고 나누며 산 모습은 그걸 보여줍니다. 부자청년으로 남는다면 그런 공동체의 일원이 되어 살기는 어려울 것입니다.

──── 이 부자 청년의 고뇌는 예수 제자 공동체 모두에게 중대한 도전이 되었다. 갖출 만한 능력을 모두 다 갖추었다고 여기는 이가 하나님 나라에 들어가지 못한다면 그 수준에 미치지 못하는 이는 더욱 어려워질 것이 아닌가 하는 질문이 생긴 것이다. 마태복음 19장 25절은 이렇게 기록하고 있다. "제자들이 이 말씀을 듣고, 깜짝 놀라서, 말하였다. '그러

면, 누가 구원을 얻을 수 있습니까?'"

예수의 대답은 분명했다. "사람은 이 일을 할 수 없으나, 하나님은 무슨 일이나 다 하실 수 있다." 무슨 말인가? 인간의 성취로 이뤄지는 일이 아니라는 뜻이다. 그러나 그때 베드로가 참기 어려웠던지 입을 다물고 있지 못한다. 그는 이러한 상황에 파격적 전환을 만들어 낸다.

모두들 이 신앙심 깊고 학식이 높으며 부유한 청년 앞에서 제자 공동체가 그보다 더 나은 걸 내세울 바 없다고 생각했던 것과는 달리, 베드로는 "우리는 그가 하지 못한 것을 했다"는 자부심을 부각시킨 것이다. 그리고 그것이 곧 영생의 권리와 통하는 것임을 스승 예수로부터 확증받으려 했다.

베드로가 불쑥 일어나서 이렇게 말했습니다.

우리는 모든 것을 버리고 주를 따랐습니다. 그러니 우리가 무엇을 받겠습니까?(마태복음 19:27)

아까 그 청년은 가진 것을 그대로 움켜쥐는 바람에 영생을 얻는 일에 어려움이 발생했지만, 자신들은 일체의 것을 버렸으니 당연히 가장 귀한 것을 얻지 않겠는가 하는 것입니다. 예수를 따르기 위해 모든 것을 버린 것이 이들의 성취가 된 것입니다. 해서 베드로는 자신들의 헌신을 하나님 나라의 은사를 얻는 기득권으로 내세우고 있는 것입니다.

한 사람은 율법을 완벽하게 지킨 것을 내세웠고, 다른 한 사람은 모든 것을 버리고 헌신하는 것을 자기 성취로 스스로 치켜 세우고 있습니다. 자신의 자격을 은근히 내세우고 있다는 점에서는 동일했던 것입니다. 헌신을 한다는 것은 실로 귀중한 일입니다. 그러나 그것이 이렇게 자기 스스로 특권적 요구를 정당화할 수 있는 근거가 될 때 사태는 심각해집니다. 율법을 지켰으니 이만하면 자격이 있는 게 아니냐, 하는 것과 내가 이렇게 예수 당신 말대로 다 버리고 따랐으니 이 또한 자격이 있는 것 아닌가 하는 것은 본질상 동일합니다.

물론 부자들보다 자기들은 내세울 만한 것이 없는데 그러면 구원의 길이 막힌 것이 아닌가 하고 놀라고 있는 제자 공동체의 자존감을 일깨운 점에서는 베드로를 비판만 하고 있을 수는 없습니다. 문제는 이것을 하나님 나라에 들어갈 자격으로 스스로 확정하고 내세우고 있다는 점입니다. 그 순간 무슨 일이 일어날까요?

어느새 교만이 싹트고 자신보다 못하다고 여겨지는 이웃을 멸시할 뿐만 아니라, 하나님의 선하심보다는 자신의 선함을 더욱 대단한 것처럼 내세우게 될 수 있습니다. 자신의 헌신을 특권을 요구하기 위한 조건으로 삼아버리는 것입니다. 그렇다면 그 헌신은 결국 자기의 이기심을 채우기 위한 과정과 도구가 될 뿐입니다. 헌신 자체에서 얻어지는 진정한 기쁨과 순결한 감사보다는 그로 인한 대가에 보다 정신이 팔려 있는 거래 행위로 전락시키고 마는 겁니다. 한 마디로 자신이 이룬 것을 가지고 하나님과 계산을 따져 흥정을 하겠다는 것입니다.

───── 자신의 능력이나 성취, 또는 헌신을 축복과 교환하자는 것이다. 자신의 가치를 스스로 선전하는 가운데 이를 인정해 달라고 요구하고 있는 것이다. 교환과 거래가 원칙인 시장이 이들 예수 제자 공동체에

깊숙이 들어오는 셈이다. 시장은 시장 대로의 역할과 공간이 따로 있다. 그것이 다른 것을 지배하는 원칙과 원리가 될 때 시장이 되어서는 안 될 곳은 타락한다.

베드로가 말한 이 요구가 충족될 때 헌신은 교만의 길잡이가 되고, 그 요구가 충족되지 못하면 비난과 불만의 원인이 된다. 이런 마음의 본바탕은 무엇이겠는가? '나는 저들과 다르다'는 것이다. 특권 사회는 이렇게 해서 태어난다.

특권을 누리는 이에게는 이런 논리가 자신의 미래를 보장해 주는 것이겠으나 그렇지 못한 이에게는 한(恨)의 근원이 되어간다. 그러나 예수께서는 '하나님 나라'란 이러한 논법과 현실을 받아들이지 않는다고 분명하게 못 박는다. 그리고 그러한 논리의 결과는 다음과 같다고 선언한다.

예수님은 베드로의 질문에 이렇게 답하십니다.

첫째가 꼴찌되고 꼴찌가 첫째가 되는 사람이 많을 것이다.(마태복음 20:16)

기껏 힘들여 헌신을 해놓고 그것을 권리로 내세우면 그 헌신이 정작의 효력을 잃게 된다는 것입니다. 그와는 반대로, 지금은 부족해 보이지만 하나님의 마음을 자신의 능력으로 삼고 겸손하게 헌신하며 살아가는 이는 자기 자신이 아니라 하나님이 세워주시는 자리에 제대로 서게 된다는 것입니다.

'필요의 윤리'에 충실한 하나님 나라

────── 이런 상황에 이어 주어진 포도원의 비유는 따라서 자신의 성취에 대한 보상을 능력에 따라 차등적으로 요구하는 자와, 이를 거부하고 능력의 유무와 상관없이 인간의 필요 자체에 최우선적으로 주목하는 하나님 나라의 본성을 대조적으로 보여준다. 비유에 등장하는 포도원 주인의 최대 관심사는 어떻게 하면 누구도 낙오하거나 소외되지 않고 절박한 생존의 현실을 감당해 나갈 수 있도록 해줄 것인가에 있다.

그래서 그는 포도원에 일손이 더 이상 소용되는 시간이 아닌데도 불구하고 일꾼을 더 구하러 나가고 이들의 생존을 해결할 일자리를 나누어 주는 존재로 등장한다.

오늘 우리가 읽은 본문, '포도원 주인과 일꾼'의 비유는 자신의 성취를 내세워 특권으로 삼으려는 생각의 허망함을 일깨우시기 위한 동기에서 출발하고 있습니다. 하나님 나라의 법칙은 인간의 능력과 그에 따른 성취에 좌우되지 않는다는 것입니다. 그렇다면 뭘로 결판이 난다는 것일까요? 이 비유의 시작은 이렇게 되어 있습니다.

> 하나님 나라는 자기 포도원에서 일할 일꾼을 고용하려고 이른 아침
> 에 집을 나선, 어떤 포도원 주인과 같다. (마태복음 20:1)

여기서 하나님 나라의 중심에 서 있는 비유의 주인공은 포도원 주인입니다. 우리는 이 포도원 주인이 어떤 사람인가에 따라 하나님 나

라의 면모를 파악하게 되는 것입니다. 그런데, 이 포도원 주인은 세상이 마땅하다고 여기는 법칙과는 정면으로 배치되는 방식으로 자신의 포도원을 꾸려 나가는 모습을 보여줍니다. 현실에서 우리가 바람직하다고 여기는 경영원칙과 다릅니다. 하나님 나라의 비밀이 여기에 들어 있는 것입니다. 왜 그런 것인지 보기로 합시다.

이 포도원 주인은 이른 시각부터 장터에 나가 일꾼들을 구합니다. 이러기를 날이 저물어갈 때쯤인 오후 다섯 시까지 두세 시간 간격으로 다섯 차례나 합니다. 흥미로운 것은, 첫 일꾼들과는 한 데나리온(노동자의 하루 임금)이라는 품삯에 대해 서로 간의 합의가 있는데 그 다음에는 그저 적당한 품삯을 주겠다고 하며, 이후에는 그날 일당에 대한 언급이 아예 없다는 점입니다. 적당한 품삯, 일당에 대한 언급이 없는 점 등은 이것이 사전 '계약'에 의해 결정되지 않는다는 것을 암시하고 있는 겁니다. 계약의 원칙이 절대적이지 않은 것입니다.

──── 계약이 절대원칙인 곳에서는 은총이 들어설 자리가 없다. 모든 걸 법으로 해결하려는 사회가 겪는 비운이다. 계약은 대개 힘센 이들의 권력이 담겨 있다. 그런 계약을 넘는 곳에서는 그렇다면 어떤 원리가 주도하게 될까?

첫 번째로 일을 맡게 된 이들은 자신들이 얻을 것을 놓고 권리주장을 하며 합의과정에 참여했겠지만, 시간이 지날수록 아무래도 입장이 불리해지는 나중에 온 일꾼들은 먼저 온 사람들과는 다른 태도를 보일 수밖에 없었을 겁니다. 자신들의 품삯을 놓고 포도원 주인과 괜한 승

강이를 하다가는 그나마 생긴 일자리마저 놓칠까 생각했는지도 모르겠습니다. 이럴 때에는 일할 수 있다는 것 하나만으로도 충분히 감격할 처지가 됩니다. 빵 조각 하나라도 들고 집에 돌아갈 수 있겠지 했을 겁니다.

그렇다 하더라도 쉽게 이해가 가지 않는 것은 이제 일을 다 마치고 정리를 해야 할 시각인 때에 굳이 나가서 일꾼을 구해 온 주인의 모습입니다. 성서는 그 시각을 '오후 다섯 시쯤'이라고 적고 있습니다. 일이 거의 다 파할 때입니다. 그런 사람들과 일찍 온 사람들을 같은 노동의 평가로 임금을 지불하는 것은 부당하게 여겨질 수밖에 없습니다. 물론 늦게 오게 된 사람들의 입장은 전혀 다를 것입니다. 기뻐할 테니까요. 하루 일이 마무리된 저녁, 본문은 그 상황을 이렇게 전해줍니다.

> 저녁이 되니, 포도원 주인이 자기 관리인에게 말하기를 "일꾼들을 불러, 맨 나중에 온 사람들부터 시작하여, 맨 먼저 온 사람들에게까지, 품삯을 치르시오" 하였다. (마태복음 20:8)

그러자 앞서 온 일꾼들이 나중에 불만을 터뜨리며 하는 말 가운데에는, 이들 뒤늦게 온 사람들이 "겨우 한 시간밖에 일하지 않았는데"라는 대목이 있습니다. 전문을 옮기면 "마지막에 온 이 사람들은 한 시간밖에 일하지 않았는데도, 찌는 더위 속에서 온종일 수고한 우리들과 똑같이 대우하였습니다"라는 항변입니다. 타당한 문제 제기가 아닌가요? 먼저 와서 일한 만큼 그 수준의 대가를 받아야 한다는 논법입니다.

핵심은 "똑같이 대했다"는 것이 문제가 된 것입니다. 임금 차등 또는 차별은 능력과 성취에 따라 당연한 것 아니겠습니까? 그러니 그 늦은 시각에 나가 일꾼을 구하고 임금도 처음 온 이나 나중에 온 이나 차이를 두지 않고, 나중에 온 사람들에게 똑같은 임금을 그것도 먼저 지불한 것은 하루종일 수고한 이들의 입장에서는 화가 날 법한 일입니다.

이런 걸 보면, 포도원 주인이 포도원의 일을 마치기 위해서 추가로 이들 일꾼들의 손이 반드시 필요했기 때문이라고 보기는 어렵습니다. 그와는 다른 이유가 있었던 것이 아닌가 짐작하게 됩니다. 그것은 자신의 필요가 아니라, 이들 일꾼들의 필요가 우선이 된 선택과 행동이라는 점입니다. 아니면 굳이 그렇게까지 할 까닭이 없기 때문입니다.

주인이 늦게 장터에 나가 구한 일꾼들은 그때까지 아무 일도 구하지 못해 낙담하고 있는 이들일 수밖에 없습니다. 품팔이꾼은 하루 공치면 그날 먹을 양식을 구할 수 있는 길은 막막해집니다. 주인이 그들에게 "왜 당신들은 온종일 이렇게 하는 일 없이 빈둥거리고 있소?"하고 묻자 그들이 대답하기를 "아무도 우리에게 일을 시켜주지 않아서, 이러고 있습니다"라고 한 것이 적혀 있습니다. 게을러 그리 된 것이 아닙니다. 그러니 포도원 주인이 그 시각까지 일거리를 구하지 못했던 이들을 일꾼으로 부른 것은 그 이유가 명확합니다. 이들에게 일자리가 주어져야 그날의 필요가 채워질 것이라고 판단했기 때문입니다. 나중에 온 이들의 생존권 문제가 여기에 있는 것입니다. 그게 동기입니다.

그러기에 이후 품삯을 나누어 줄 때 앞서 온 자들이나 뒤늦게 온 자들이나 차별 없이 같은 임금을 준 것이라 할 수 있습니다. 능력이 있건 없건, 성취의 크기가 크건 작건 간에 그날 하루 치의 양식이 필요한 것은 누구에게나 같은 사정입니다. 게다가 지금 여기서 가장 조마조마하게 자신의 현실을 고뇌하고 있었을 이들은 나중에 온 일꾼들입니다. 그들에게 순서상 먼저 임금을 준 것도 이들에게 임금만이 아니라 마음의 평화와 자존감까지 더해 준 것입니다. 얼마나 감사했겠습니까?

하나님 나라는 이렇게 인간의 필요를 채우시는 은총과 축복이 있는 곳이지 능력과 성취에 따른 차등의 위계질서를 만들고 그에 따라 풍족한 자와 부족한 자가 생겨나는 곳이 아닙니다. 업적을 기준으로 삼고 경쟁의 방식으로 승패가 결정되는 것이 아니라, '필요의 윤리에 충실한 나라'인 것입니다. 그 필요를 채우게 되는 이들의 존엄도 존중됩니다.

────── 그렇다 하더라도 현실에서 이러한 방식이 원칙이 된다면 너무나 많은 문제가 발생하지 않을까? 능력껏 열심히 일한 자는 그렇지 못한 자에 비해 부당한 대우를 받고 있다고 여길 것이며, 능력도 없고 별로 일한 바도 없는 자는 운이 좋아 실컷 놀다가 땀 흘려 수고한 자와 다를 바 없는 처우를 받게 되었다고 생각하지 않을까?

그렇게 되면 그 사회는 혼란과 무질서, 요행을 바라는 마음이 득세하고 성실의 원칙이 붕괴되는 사회로 전락하고 말지 않을까? 이러한 상황을 막기 위해서라도, 결국에는 능력과 성취라는 기준을 지키는 것이 현명한 선택이라고 믿게 되지 않겠는가? 하지만. 포도원 주인은 이러한 우려에 아랑곳하지 않는 듯이 보인다.

포도원 주인이 품삯을 결정하고 나눈 방식은 바로 각자의 필요, 생존권의 차원에 주목한 결과입니다. 그는 순서 또한 가장 늦게 온 이들부터 받게 하지만 이 방식은 먼저 온 이들의 불평과 분노의 원인이 됩니다. 공정하지 않고 정의롭지 못하며 노력에 대한 댓가가 치러지지 않았다고 보는 겁니다. 성취에 따른 차별은 정당하다고 여기는 것입니다. 이런 상황에서 평등은 인정할 수도, 존재할 수도 없습니다. 이럴 때의 평등은 공정과 정의를 훼손하거나 파괴하는 것이 됩니다.

사실, 이런 방식이 기준이 되어버린다면 혹 게으른 자들이 부당한 이득을 취하고 부지런한 이들은 그 노고에 맞는 대접을 받지 못하는 불공평한 사태가 벌어지지 않을까 염려해야 할 지도 모릅니다. 일찍 포도원에 와서 일한 사람들은 바로 이 점을 문제삼아 주인에게 항변합니다. 자신들이 하루종일 수고한 바가 뒤늦게 온 사람들과 비교해서 보다 나은 권리가 되어야 한다는 주장입니다.

그렇다면 포도원 주인과 일찍 와서 노동한 자들 사이의 사고 차이는 어디에 있는 것일까요?

이들이 한가지 매우 중요한 점을 알지 못한 것이 있습니다. 날이 저물 때 장터에 나간 주인이 그때까지도 일거리가 없어 빈둥거리고 있는 사람들에게 "왜 그러고 있는가"라고 묻자 이들이 답하기를 "아무도 우리에게 일을 시켜주지 않아서 이러고 있습니다"라고 합니다.

앞서 온 자들도 처지가 이리 되면 마찬가지가 될 겁니다. 그들은 이 포도원 주인이 불렀기 때문에 일할 수 있었던 것이지, 그들의 능력이 제아무리 출중하다 해도 주인의 부름이 없으면 그들 역시 날이 저물도록 빈둥거리고 지낼 도리밖에 없는 겁니다. 비록 능력이 있다해도 그걸 쓸 수 있는 기회를 얻어야 실제로 발휘할 수 있는 능력이 되는 것입니다. 능력이 없어도 기회가 주어지면 그 능력이 자라날 수도 있게 됩니다.

따라서 그들이 해야 할 이야기는 "우리를 불러서 일하도록 해주신 것을 감사드립니다"는 말입니다. 이 주인은 착취를 일삼는 그런 종류가 아닙니다. 그러니 일찍 온 일꾼들은 일이 다 끝날 즈음에라도 와서 간신히 그날 양식거리를 마련하게 된 다른 일꾼들의 기쁨을 시비할 일이 아닙니다. 도리어 이러한 주인에게서 놀라운 관대함과 은혜를 발견해야 하는 것입니다. 함께 기뻐하고 축하할 일입니다. 자신들도 혹여 뒤늦게나마 불려온 일꾼들과 다를 바 없는 처지가 되더라도 그날의 양식을 마련하는 일에 깊은 시름을 안게 되지 않을 소망을 여기에서 보아야 하는 것이었습니다. "아, 참 잘 되었구나, 나 역시도 일자리를 구하지 못해 힘겨운 날이 온다 해도 절망할 일이 아니로구나!" 하는 사건이 됩니다. 이 사건의 본질적 의미를 알게 된다면 주인은 일찍 온 이나 늦게 온 이나 모두에게 기쁨이 되는 선택을 한 것임을 또한 깊이 깨우치게 될 것입니다.

그러니 이 사건은 누구의 자리에서 이 상황을 봐야 하는지를 우리에게 묻고 있습니다. 먼저 온 자들이 서봐야 할 곳은 날이 거의 저물어 그 삶에서 패자가 될 위기에 처했던 이들의 자리가 아닌가요?

주인은 자신에게 시비를 거는 이들에게 이렇게 말합니다. "내가 후하기 때문에 그대 눈에 거슬리오?" 자비롭고 선한 주인을 힐난할 까닭이 도대체 어디에 있습니까? 헌신과 업적이 기득권 또는 특권이 될 때에 인간과 그 사회는 후해지지 못합니다. 자격과 능력의 우열(優劣)을 따지는 일이 불가피한 경우가 허다해도, 그것만 가지고 사람들의 삶의 질을 결정해 버리고 마는 것은 잔혹한 사회로 가는 길입니다. 그가 지금 어떤 절박한 상황에 처해 있는가에 대해서는 관심이 없어집니다.

그런 사람에게는 결국 기회도 주어지지 않고 능력도 없어져 아무것도 할 수 없는 지경이 되는 쪽으로 몰고 가는 사회가 되는 것입니다.

이러한 공동체에서 사는 건, 그 사회가 정한 능력이 미치지 못하는 사람들에게는 지옥이 될 것입니다. 능력이 있다 해도 기회가 주어지지 않아 힘겹게 사는 사람들에게도 마찬가지입니다. 여기서 하나 간과하지 말아야 하는 것은 이런 이들이 기회를 얻는 일조차 하려 들지 않는다고 보면 안 된다는 것입니다.

하나님의 마음은 언제나 우리의 절박한 필요에 그 초점이 맞추어져 있습니다. 예수께서 말씀하시지 않으셨습니까?

> 너희 중에 자식이 떡을 달라 하는데 돌을 줄 사람이 어디에 있으며, 생선을 달라 하는데 뱀을 줄 사람이 어디에 있겠는가? 너희가 악해도 너희 자녀에게 좋은 것을 줄줄 알거든, 하물며 하늘에 계신 너희 아버지께서, 구하는 사람에게 좋은 것을 주시지 않겠느냐?(마태복음 7:9-11)

포도원 주인의 후함은 바로 하나님의 마음입니다. 애초부터 아무런 수고도 하려 들지 않는 게으른 자들을 관대하게 돌보시겠다는 것이 아닙니다. 그렇게 되면 그것은 나태와 꾀부림을 도와주는 결과가 되기 때문입니다. 나중에 포도원에 오게 된 일꾼들은 일 할 의사가 없던 것이 아니라 하려 했어도 상황이 허락되지 않았을 뿐이지 않습니까? 그러니, 만일 포도원의 주인이 일도 제대로 하지 않은 자들을 우대했다고 비판한다면, 그것은 오해입니다.

하나님은 무언가를 이루었기 때문에 그 대가로 주시는 바가 크고,

무언가를 제대로 이루지 못했기 때문에 그 생명을 위해 필요한 것이 있어도 냉담하게 돌아서는 분이 아닙니다. 땀흘려 수고하려 하나 기회를 얻지 못해 생존의 위기에 서 있는 자들에게 다가가, 그들의 필요를 충족시킬 기회와 이미 준비된 은혜를 주시려고 애쓰시는 분이 하나님입니다. 하나님은 우리들 또한 바로 이러한 마음을 가지기를 바라시는 것입니다. 그것은 다름 아닌, 포도원 주인과 같은 '후한 마음'입니다. 이것이 사회를 바꾸고 정책을 만들어 내고 미래를 위한 비전이 될 수 있습니다. 그런 곳이라야 사회가 손가락질하면서 조롱하고 멸시하는 낙인이 되는 이른바 낙오자들이 생겨나지 않게 되어 갑니다.

───── 이 비유가 게으르게 살아도 운이 좋으면 팔자가 핀다는 것을 말하려는 것이 아님은 분명하다. 경쟁주의에 빠져 후덕한 마음을 상실하고, 능력과 성취를 우선하여 인정머리 없는 사회가 되어 가고 있는 현실에 대한 질타가 이 비유의 밑바닥에 깔려 있다.

기회를 얻지 못하고, 능력이 부족해서 고달파 하는 인생에 대해 하나님 나라의 방식을 우리에게 일깨우고자 하는 비유다. 이는 높은 자리에서 아래 것들에게 베푼다, 불쌍해서 봐준다, 식의 교만한 시혜주의(施惠主義)가 아니다. 인간의 절박한 현실에 대한 깊은 사랑과, 이 사랑으로 그 삶을 지켜주려는 힘이다. 이런 힘이 새로운 세상을 제도와 구조로 만들어가는 바탕이 된다.

게으른 인생에 좋은 열매가 맺혀질 까닭이 없습니다. 그러나 열심히 노력해서 성공했다고 교만이 길러지면 그 성공의 효력은 사라지고 맙니다. 도리어 멸망이 시작될 것입니다. 노력에 값하는 성취가 이루어지지 않다고 해서 좌절할 일도 아닙니다. 아직 우리는 하나님께서 어떤 방식으로 우리 인생사에 역사하실 것인지 다 살아보지 않았기 때문에 알 수 없습니다.

무엇을 하겠다는 마음을 품고, 앞날에 대한 꿈을 가지는 일은 중요합니다. 그러나 자신의 의지와 야망만을 내세워 노력하는 것은 자칫 그에게 교만이나 그와 반대로 좌절을 심어 주는 뿌리가 되기 쉽습니다. 더군다나 능력이 많은 자는 하루에 네 끼를 먹고, 능력이 없는 자는 하루에 한 끼를 먹어도 되는 것이 아닙니다. 하나님 나라는 인간의 절박한 필요에 주목하고 이것을 먼저 해결해 주는 것에 일차적인 관심을 가지고 있습니다. 이런 사회를 만드는 것이 예수님을 따르고자 하는 이들의 시대적 임무입니다.

사람은 누구나 존엄한 삶의 권리를 가지고 있습니다. 자신의 기득권을 특권으로 내세워, 다른 이들의 생존의 요구와 필요를 멸시하는 사회는 하나님 나라의 마음에서 멀어진 사회입니다. 하나님 나라는 이런 사회가 꼴찌가 되고 말 것이라고 경고하고 있습니다. 자신이 그런 사회의 주류라고 여기면서 인간의 필요에 관심을 갖지 않는 이들 역시 하나님 나라에서는 정작 꼴찌가 되고 말 것입니다.

포도원 주인의 기획

포도원의 주인이 그토록 마음을 깊이 기울인 것이 무엇인지 우리는 깨달아야 합니다. 인간의 필요에 후한 사회, 그래서 누구도 자신이 버림을 받고 있지 않다는 것을 체험하는 사회, 그래서 인간이 인간에게 적이 아니라 구원의 빛이 되는 사회, 그것이 우리가 바라는 꿈과 이상이 아닙니까? 언제 어디에서 어떤 모습으로 시작했던 간에, 인간의 삶이 누려야 할 권리를 최대한 보장해 주려는 공동체가 되어 갈 때, 우리는 하나님 나라의 기운이 우리들 안에서도 힘 있게 충만해지고 있는 것을 체험하게 될 것입니다.

그러자면, 우리는 하나님의 사랑과 기획을 믿고 이미 때가 늦어 해가 지는 시각일지라도 장터에 나가 지금 자신의 인생이 어떻게 될지 몰라 불안해 하면서 서성거리고 있는 이들을 찾아 나서는 일부터 해야 할 것입니다. 이들 가운데는 장애인도 있을 것이며 병자들도 있을 것이며 노쇠해진 이들도 있을 것이며 고아와 소년/소녀 가장과 홀로 어렵게 버텨 내고 있는 이들 또한 있을 것입니다. 천대와 차별을 받고 있는 외국인 노동자들도 있습니다. 이들 모두에게 삶의 기회를 열어 주도록 이 사회를 일깨우고 그렇게 만들어 가는 노력을 기울인다면, 우리는 우리의 현실이 점차 포도원의 축복을 누리는 곳이 되어 가고 있음을 깨닫게 될 것입니다.

사도 바울이 데살로니가후서에서 "일하지 않는 자, 또는 일하기 싫어하는 자 먹지도 말라"(데살로니가후서 3:10)고 한 것은 사람들 위에 군림하며 남의 수고와 노동을 착취하면서 살아가는 자들에 대한 경고이지, 일할 능력조차 없는 이들에게까지 한 말이 아닙니다. 일할 수 없게 된다 해도 먹을 권리와 생존의 존엄은 누구에게나 인정되어야 할 바입니다.

부자 청년이 물었던 영생을 얻기 위한 선한 일은 다른 것이 아닙니다. 자신이 이룬 그 어떤 것도 자기의 으뜸을 보장해 주는 특권으로 앞세우지 않고 절박한 현실에 처해 있는 이들을 우선해서 보살피려는 마음과 그러한 사회를 만들어 가는 일입니다. 예수님이 그 부자 청년에게 자신의 재산을 다 팔고 나를 따르라는 뜻이 여기에 있습니다.

——— 자본이 인간을 지배하고, 자신의 수고와 보상이 서로 교환되는 시장에서 아차 하는 순간에 가혹한 퇴출(退出)이 기다리고 있는 사회. 그곳에서는 인간이 인간다운 아름다움과 품위를 유지하는 일이 날이 갈수록 불가능해지고 있다. 나는 이만큼 했는데 너는 뭐냐 하는 따짐과 비난, 그리고 서로 간의 차등적 질서를 만들려고 하는 비정함이 일상의 윤리가 되고 만다.

이것이 과연 우리가 바라는 공동체의 현실일까? 누구나 으뜸이 되려 하지만, 하나님 나라의 척도로는 결국 꼴찌가 되고 마는 쪽으로 우리는 달려가고 있는 것이 아닌가?

혹 모든 것을 다 갖추고 능력 있는 자처럼 자신을 내세운다고 해도, 영원한 생명을 얻기 위한 선한 일을 할 줄 모르는 인간과 사회가 되면 포도원의 축복은 우리의 것이 되지 못한다. 실로, 하나님의 후하심이 있으시기에 우리는 절망하지 않는 것 아닌가?

바로 그렇게, 이 사회에 후한 인정과 마음이 충만하게 흐를 때에 낙오당하고 패배한 이들도 절망하지 않게 될 것이다. 그 어떤 그럴싸한 기준을 가지고 있다 해도 그것이 다수에게 절망을 주는 사회는 이미 꼴찌이다.

지금도 어느새 해가 서산에 기울고 있는데 장터에서 마음 졸이며 서

성이고 있는 이들이 있지 않은가? 그들에게 따스한 손길을 내밀지 않는 다면. 우리 사회는 으뜸이 되고자 하나 정작은 반대로 되고 말 것이다. 부디. 포도원 주인의 마음을 닮아 이 사회의 진정하고도 절실한 필요를 채워 나가는 아름다운 하나님 나라를 일구어 나갈 일이다.

꼴찌들이 첫째가 되고, 첫째들이 꼴찌가 될 것이랍니다. 어떤 존재 와 삶이 진정한 첫째일까요? 우리의 선택에 달려 있습니다. 나머지는 하나님께서 채워 주실 것입니다.

논쟁을 그쳐라, 그 아이에게 생명을

예수께서 그 아버지에게 "아이가 이렇게 된 지 얼마나 되었느냐?" 하
고 물으셨다. 그가 대답하였다. "어릴 때부터입니다. 귀신이 그 아이
를 죽이려고 여러 번, 불 속에도 던지고, 물 속에도 던졌습니다. 하실
수 있으면, 우리를 불쌍히 여기시고 도와주십시오." 예수께서 그에게
말씀하셨다. "'할 수 있으면'이 무슨 말이냐? 믿는 사람은 모든 것을
할 수 있다." 아이 아버지는 큰 소리로 "내가 믿습니다. 믿음 없는 나
를 도와주십시오" 하고 말하였다. (마가복음 9:21-24)

──── 어느 교우가 병을 앓고 있다가 회복한 후, 그간 교우들이 보여
준 사랑과 기도에 감사하는 뜻으로 가정마다 튤립 화분 하나씩을 선물
했다. 그 튤립이 활짝 피자 하나님의 생명이 이루어 내는 예기치 않은 아
름다움을 감상할 수 있었다.

오래 아팠던 교우 한 분으로부터 회복의 감사 인사로 튤립 화분 하나를 선물로 받고는 햇볕이 비치는 창가에 놓아 두었습니다. 튤립은 늘 동그마니 오므라져 있는 모습만 보았지 활짝 피어 있는 모습을 본 적이 별로 없었습니다. 그런데 그 튤립이 며칠 사이에 손바닥을 부챗살처럼 쫘악 펼치듯 힘있게 봉우리가 젖혀지면서 튤립의 새로운 자태를 드러내는 것이었습니다. 생명의 힘이 자신을 충만하게 드러내는 순간, 모든 존재는 과거의 모습과는 결별하고 새로운 차원의 아름다움을 뿜어내게 된다는 것을 여기서도 새삼스럽게 목격하게 되는 것입니다. 병석에서 일어난 교우의 삶도 그러할 것입니다.

  신앙은 이러한 점에서 생각해 보자면, 바로 그렇게 우리 스스로를 자신도 몰라보게 변화시키는 하나님의 생명과 만나는 일이라고 할 수 있을 것입니다.

  —— 꽃 한송이에 담겨 있는 생명의 아름다움에서도 이렇게 놀라운 감격을 체험하게 되는데, 인간의 내면에 숨쉬고 있는 생명이 활짝 피어나게 된다면 얼마나 놀라운 것일까? 본문의 현장은 한 귀신 들린 아이를 예수께서 구해 내시는 장면이다. 그런데 이 사건이 있기 직전의 상황은 이른바 '변화산상(變化山上)의 신비로움'을 제자들이 체험하게 되는 내용이다.

절망의 수렁에서 빠져나오려면

오늘 우리의 본문 앞 대목에는 변화산상의 사건이 기록되어 있습니다. 예수께서는 베드로와 야고보, 요한 세 제자만을 따로 데리고 높은 산으로 올라가셨는데, 거기에서 이들은 엘리야와 모세가 나타나 스승 예수와 만나는 모습을 보게 됩니다. 이때 예수께서는 그 모습이 몰라볼 정도로 변해서 "그 옷은 세상의 어떤 빨래꾼이라도 그렇게 희게 할 수 없으리만치 새하얗게 빛났다"(마가복음 9:3)고 기록되어 있습니다. 베드로는 이 장면을 보고 얼마나 감격했던지 예수께 "이렇게 좋은 데를 놓아두고 산 아래로 내려가실 생각일랑은 아예 마시고 그냥 여기에 있으십시다"라는 뜻을 가진 제안을 했습니다.

그리고 향후 선교 전략을 위한 구체적인 구상을 내놓기를, "초막 셋을 지어 하나는 스승을, 다른 하나는 모세, 그리고 나머지 하나에는 엘리야를 모시겠습니다"(마가복음 9:5)라고 스승 예수님에게 설득하듯이 말하게 됩니다. 그는 아마도 성지(聖地) 예루살렘을 대치하는 새로운 종교적 중심을 세울 수 있는 기회라고 여겼을 지도 모릅니다. 그러나 예수께서는 아무런 대꾸도 없이 표표히 산 아래의 현실로 하산하셨습니다.

─────── 베드로가 잘못 생각했던 것은 무엇이었을까? 이 문제를 해명하는 것은 이후의 사건에서 제자들이 처한 상황을 꿰뚫어 보는데 중요한 의미를 가지게 된다.

여기서 베드로가 착각했던 것이 있었습니다. 스승 예수의 변화가 예수 자신의 존재로 인해 이루어지는 것이 아니라 그 산 자체의 특별함 때문인 것으로 이해했다는 것입니다. 아니었다면 굳이 그 산에다가 붙박이의 초막을 짓자고 나올 이유가 없습니다. 너무나 놀라운 장면을 목격한 나머지 여기가 대단한 곳이로구나 하는 생각이 앞서서 거기 아니면 이런 놀라움을 보지 못할 줄 알고 있는 것입니다. 예수님 자신이 이미 살아 움직이는 신비한 초막이며, 그 초막이 가는 곳마다 세상의 능력으로는 도저히 꿈꾸지 못할 변화가 이루어질 수 있다는 점에 대하여 아직 확실하게 눈뜨지 못하고 있습니다. 그러기에 우리는 다음의 두가지를 생각해볼 필요가 있습니다.

첫째, 믿음의 존재는 그 어떤 특별한 시간과 장소 때문이 아니라 그 존재의 내면에 활동하고 계신 하나님의 생명 때문에 새로운 사건을 만드는 것입니다. 시공(時空)에 의해 결정되는 능력이 아니라 그 존재 자체의 생명의 힘 때문에 시공의 본질이 바뀌는 것입니다. 그 힘의 주체성, 주도성이 관건입니다.

둘째, 베드로는 예수께서 산에 오르신 정작의 까닭은 산 아래의 현실을 위해서라는 점을 알지 못했습니다. 예수께서 변화산상의 신비로움을 누리기 위해 산에 머무시려는 계획으로 아끼는 제자 몇 명만을 대동하고 가셨다면 이 변화산상의 의미는 예수의 영광 그 자체에만 집중되어 버렸을 것입니다. 우리가 유의해야 할 바입니다. 예수께서 모세와 엘리야를 만나 그들과 이야기를 나누었다고 하는데, 그 내용이 무엇인지 우리가 알 길이 없으나, 한 가지 분명한 것은 이 두 선지자 모두 산 아래의 고통으로 해서 하나님께 부름받은 존재였다는 점입니다.

따라서 그들과의 깊은 교감을 나누고 난 예수께서 하실 일은 다시 산 아래의 고난을 향해 가는 것 외에는 없는 것입니다. 이 점을 주목하지 않으면 오늘날의 교회는 고난의 현실 앞에서 무능력자가 되고 맙니다.

────── 상황에 의해 지배받는 것이 아니라, 그 자신의 생명력으로 상황을 압도하고 변화시켜 나가는 예수의 모습은 바로 우리 모두가 지향해야 할 모형이다. 이와 함께, 우리의 믿음이란 산 위의 영광을 구하는 것에 있지 않고, 산 아래 고통의 현실을 위해 쓰여야 한다는 점을 일깨움 받고 있는 것이다. 산 위의 영광은 산 아래의 고난에 참여한 자에게 주어지는 것이지 그렇지 못한 이들과는 인연이 없는 것이다.

그런데 산 아래로 내려가신 예수께서는 그곳에서 무능력한 모습으로 있는 자신의 제자들을 만나게 됩니다. 예수께서 하산하신 이후 제자들이 있는 곳으로 갔더니, 큰 무리들이 제자들을 둘러싸고 있었고, 이들 제자들은 율법학자들과 무언가로 논쟁을 하고 있었습니다.

논쟁이란 진실을 가려내기 위한 것이기는 하나 자칫 잘못하면 대체로 그 결말이 이기고 지는 데에 목적이 있는 말싸움이 되기 십상이고, 또 싸움 구경은 예로부터 흥미진진한 법이라 구경꾼들이 가득 몰렸을 것입니다. 이런 상황에서 예수께서 등장하시니 사태의 대세가 급류를 타고 바뀔 만 한 상황입니다. 사실, 논쟁에서 율법학자들을 따를 만한 존재들이 있었을까요?

예수의 제자들이란 이들에 비해 교육 수준이 따르지 못하고 또 제법 쓸 만한 제자들은 쏙 빠져서 예수와 함께 산으로 올라가 버린 바람에, 과연 누가 나서서 이 논쟁의 거센 파도를 힘겹게 헤쳐 나가고 있었을지 안타까운 상황이었을 겁니다. 자칫 예수의 하나님 나라 운동의 체면과 위신이 위기에 처할 지도 모를 순간이었습니다. 바로 그때 스승 예수가 나타나셨으니 이제 중원(中原)의 패권을 결정할 진검승부(眞劍勝負)의 순간이 펼쳐지지 않겠습니까? 모두의 시선이 자연 예수께로 향하지 않을 수 없었을 것입니다.

고통스런 현실은 외면한 채 논쟁에만 몰두하는 제자들

──── 진력하여 직시해야 할 사태의 본질은 따로 있는데 예수 제자 공동체는 무의미한 논쟁에 자신을 소모하고 있었다. 이제는 제자들 모두가 예수께서 자신의 편을 들어 이 논쟁의 현실에서 승리를 확정 짓도록 바라고 있었을 것이다.

그런데 이 사태의 흐름을 누군가가 완전히 뒤바꾸어 버렸습니다. 귀신 들린 아이의 아버지가 군중들 사이에서 나와 자신의 아들이 당하는 고통을 예수에게 호소하면서, "당신의 제자들은 내 아이를 고쳐 내지 못하였습니다"라고 폭로했습니다. 지금 이 상황은 논쟁에 몰두할 때가 아니라, 귀신 들린 아이를 살려 내는가 아닌가에 그 초점이 모아져야 하는 때였습니다. 하지만 예수의 제자들이나, 이들에게 시비를 걸고 있던 율법학자들이나 어느 누구 할 것 없이 쓸모 없는 말싸움으로 사태의 본질을 철저하게 외면하고 있었던 것입니다.

이 아버지의 하소연은 본질을 벗어나 서로들 저 잘났다고 입씨름이

나 하고 있는 이들에 대한 분노와 동시에, 현실적인 고통의 절박함을 담고 있습니다. 정작 모두의 시선이 집중되어야 하고, 새로운 사건이 일어나 주어야 할 당사자는 어디론가 실종되어 있는 것입니다. 사건의 주인공은 지워져 있습니다. 그러자 예수께서는 두 가지 이야기를 하십니다.

"이 믿음 없는 세대여" 그리고 나서는 "그 아이를 내게 데려 오너라." 이것은 사태의 본질이 어디에 있는지를 짚어 내는 말씀이자, 핵심이 무엇인지도 일깨우신 것입니다. 이 사건은 논쟁으로 풀 문제가 아니라 믿음으로 해결해야 할 일이며 현실로 입증해야 하는 것입니다. 모두의 관심이 그럴싸한 논리적 설득이나 쟁론이 아니라 아이의 생명을 실제로 되살려 낼 수 있는가 아닌가에 집중되어야 한다는 우리들 모두에 대한 예수님의 날카로운 일깨움입니다.

──── 신앙 공동체가 이 세상에서 감당해야 할 바를 방기하고 있는 현실을 이 귀신 들린 아이의 아버지처럼 명확하게 짚어 내는 이가 없다. 오늘날 교회는 이런 식으로 세상으로부터 하나님께 고발당하고 있다. 사태의 본질은 실종된 채 엉뚱한 문제로 교회가 스스로의 생명력을 잃어가고 있는 것은 아닌가? 그렇다면 이 현장의 진정한 중심 인물인 그 아이는 과연 어떠한 상황에 놓여 있었는가?

아이의 아버지가 호소한 그 아들의 상태는 한마디로 어떻게도 손을 쓸 수가 없는 형편이었습니다. 귀신이 그 아이를 사로잡고, 아무런 저항도 못하며 아이가 넘어지기도 하고 입에서 거품을 흘리기도 하며,

몸이 뻣뻣해져서 반죽음을 당한다는 것입니다. 오늘날로 치면 간질 증세에 가까운 질환에 시달린 것이라고 하겠는데, 이렇게 자식이 고통 중에 있는 것을 보면서 아무런 도움도 주지 못하고 있는 부모의 심정은 천 갈래 만 갈래로 찢어졌을 것입니다.

고등학교 시절 이런 질병으로 몹시 고통스러워했던 동창이 하나 있었습니다. 스트레스를 받거나 선생님에게 심한 꾸중을 듣는다든지 하면 의자에 앉아 있다가 그대로 입에 거품을 물고 쓰러졌습니다. 발작이 일어나면, 실로 평소의 모습과는 완전히 달라져서 어떻게 해 볼 도리가 없는 상태로 되는 바람에, 들쳐 업고 가서 양호실에 누이면 한참을 지나 안정을 찾고 겨우 정상으로 돌아오는 일을 반복했습니다. 어느 병이 그렇지 않겠는가만은 그만치 이 병은 고통스러운 것이었습니다.

성서의 본문에 등장하는 아버지가 자기 아들에게 무슨 일이 있었던 것인지 설명이 끝나고 아이가 예수 앞에 이끌려 오자마자 또다시 아이는 발작을 해 땅에 엎어지고 거품을 흘리면서 뒹굴었습니다. 이에 예수께서 아이의 아버지에게 물으시기를, "아이가 저렇게 된 지 얼마나 되는가?" 하셨습니다. 그러자 그 아버지는 대답하기를, "어릴 때부터입니다"라고 대답했습니다. 아이는 어린아이 때부터 이런 질고에 시달려 왔고, 그래서 그 아이는 자신의 존재가 본래 그럴 수 밖에 없는 것으로 알고 지내 왔을 것이며, 다른 종류의 인생이 가능하다는 생각은 도저히 할 수 없는 상태가 되어 버렸을 것입니다.

우리가 문제 해결의 주체

──────── 그런데 여기서 우리가 눈여겨봐야 할 것이 하나 있다. 우리가 읽은 본문 그 다음에는 이런 대화가 나온다. 이 아버지는 예수에게 어떻게 좀 손을 써 주십사 하고 부탁하면서 '할 수 있다면' 이라는 전제를 붙인다. 그러자 예수께서 "'할 수 있으면'이 무슨 말이냐? 믿는 이는 모든 것을 할 수 있다"라고 대답하신다. 이 아버지가 말한 '할 수 있으면'은 예수의 능력에 대한 절대적인 확신을 가지지 못한 상태에서의 발언이다.

하지만 예수께서는 이 말을 듣고 예수 자신에 대한 확신이 이 아버지에게 바로 서 있지 못한 것을 가지고 나무란 것이 아니라, 이 아버지가 믿음으로 발휘하게 될 능력 쪽으로 관심을 돌리고 있다. 자신이 뭐든 할 수 있다가 아니라 '믿는 이'는 모든 것을 할 수 있다고 하신 것이니 말이다. 정작의 주도권은 그 아버지에게 있는 것이다.

즉, 이 사건의 해결이 예수의 능력 자체에 있음을 과시하는 데 있지 아니하고 그 아버지가 믿음을 가지고 이 사건의 해결 과정에 주체적으로 참여하는가 아닌가에 달렸다는 것이다. 중요한 것은 이 아이의 아버지가 아이를 괴롭히는 악한 영과 믿음으로 힘차게 대결할 것인가의 여부이다. 이는 예수께서 꼭 자신이 나서야 이 문제가 풀린다고 하시지 않았다는 점을 돌이켜 보면 그대로 알 수 있다. 어디서 그런 걸 알 수 있는가?

이러한 상태에 놓여 있는 아버지와 아들 앞에서 제자들이 이 문제를 해결하지 못하자 예수께서는 "이 믿음이 없는 세대여"라고 하셨고 "내가 언제까지 함께 있어야 하는가?"라고 말씀하셨습니다. 믿음만 있으면 제자들도 충분히 해결할 수 있다는 것입니다. 제자들은 논쟁의 승부에 모든 걸 걸게 아니라, 아이의 아버지가 그런 해결의 주체가 될 수 있도록 믿음의 능력을 갖는 일을 돕는 이들이어야 했던 것입니다.

결국 당사자의 믿음으로 문제를 해결할 수 있도록 능력을 주시는 것이 하나님의 계획입니다. 그렇지 않으면 그는 해결의 주체가 되지 못하고 늘 누군가에게 의존하게 되며 결국에는 자신의 인생을 자신이 주체가 되어 힘 있게 살기 어렵게 될 것입니다.

예수께서 "믿는 사람에게는 모든 일이 가능하다"고 하신 까닭이 여기에 있습니다. 우리의 본질적, 주체적 변화에 따른 결과가 기적이라는 뜻입니다. 예수께서는 그런 의미에서 우리가 믿음을 가지고 할 수 있는 일조차 앞서서 다 해결해 놓으시는 것이 아니라 믿음으로 무엇을 할 수 있는지를 보여주신 존재입니다. 그러기에 이 아버지는 "믿음 없는 나를 도와달라"고 외칩니다.

이 아이가 낫게 되는 사건은 그래서 사건의 외형상으로 보면 예수님이 그 중심에 있고 아버지는 보조자의 역할을 하는 듯합니다. 그러나 예수께서 하신 말씀의 진정한 의도에 따르면 그 아버지가 주체이며 예수께서는 이 아버지가 주체가 되도록 돕는 보조자이신 것입니다. 예수께서 제자들에게 '성령 보혜사'를 보내주시겠다고 하셨을 때도 성령은 어디까지나 우리를 믿음의 주체로 세워주시는 보조자인 것입니다.

인간은 단지 그저 껍데기처럼 따르기만 하고, 모든 일을 다 하나님께서 알아서 해결해 놓는 방식으로 인간사를 풀어 가시는 하나님이 아닙니다. 우리는 입력된 명령어로 움직이는 로봇이나 꼭두각시가 아닙니다. 우리의 내면에 믿음으로 인해 일어나는 놀라운 변화를 바탕으로 새 하늘과 새 땅의 기쁨을 맛보고 누리도록 해주시려는 것이 하나님이 실현하시려는 사랑의 계획인 것입니다.

아이가 예수님의 말씀으로 경련을 그치고 가만히 있자 모두들 그 아이가 죽었다고 여겼습니다. 그러나 예수께서 그 아이의 손을 잡는 순간 아이는 언제 그랬더냐 하고 일어납니다. 전혀 다른 세상이 열린 것입니다.

튤립 봉우리가 그렇게 언제나 닫혀 있을 것만 같아도, 그 안에 담긴 하나님의 생명은 필히 아름다운 꽃을 활짝 피워 주십니다. 하나님의 생명으로 새 힘을 얻어서 이전과는 다른 기쁨과 자유, 그리고 감사를 누리시기를 진심으로 기원합니다. 논쟁은 때로 세상을 이해하는데 도움이 될 수 있겠지만, 정작 세상을 구하는 것은 생명의 힘입니다.

──── 믿음이란 우리를 축복의 수동적인 수혜자로 만드는 것이 아니라, 그 축복의 시공을 만들어 내는 적극적인 주체로 세워 나가는 과정이다. 그로써 이제껏 자신에게는 결코 가능하다고 꿈꾸지 못했던 인생의 새로운 지평을 열어 나갈 수 있도록 하시는 것이 하나님의 기획이다.

고난이 기른 선(善)

요셉이 형들에게 오자, 그들은 그의 옷, 곧 그의 입은 화려한 옷을 벗기고, 그를 들어서 구덩이에 던졌다. 그 구덩이는 비어 있고, 그 안에는 물이 없었다.(창세기 37:23-24)/요셉이 그들에게 말하였다. "두려워하지 마십시오. 내가 하나님을 대신하기라도 하겠습니까? 형님들은 나를 해치려고 하였지만, 하나님은 오히려 그것을 선하게 바꾸셔서, 오늘과 같이 수많은 사람들의 생명을 구하였습니다. 그러니 형님들은 두려워하지 마십시오. 내가 형님들을 모시고 형님들의 자식을 돌보겠습니다." 이렇게 요셉은 그들을 간곡한 말로 위로하였다.(창세기 50:19-21)

───── 각박한 현실을 고단하게 통과하고도 여전히 선할 수 있는가? 그런데, 현실은 거칠고 그악한 성품을 가져야 그나마 살아남을 수 있다고 가르친다. 그러나 그렇게 살아남는다고 해봐야 그 자아는 앙상한 몰

골이 되기 십상이다. 악을 품어야 성공한다고 믿는 자는 결국 그렇게 해서 이룬 성공이라고 해 봐야 자신의 인간성을 부단히 허물고 있음을 깨우치지 못한다.

이 세상에서 성공을 지향하는 이들에게 흔히 보게 되는 면모는 '진정한 성공이 무엇인가'에 대한 진지한 자기 성찰이 없다는 점이다. 그러니 외견상 성공한 듯하나 존재가치의 차원에서는 몰락한 자가 되기 일쑤다. 쓰라린 패배이다.

고난을 어떻게 품고 소화할 것인가

힘들게 경쟁하면서 승자가 되는 지점에 이르면 '독선(獨善)과 교만'의 덫에 걸리는 이가 적지 않습니다. 세상에서 성공했는지는 모르지만 결국 헛 고생한 것입니다. 사람이 고생을 해도, 그 고생이 자신의 인간적 성숙과 연결되지 못하면 지금까지의 고난은 가치를 잃게 됩니다. 이러한 사람에게서는 주변을 편안하게 해줄 수 있는 '온유하고 인정이 풍부한 마음'을 발견하기가 어렵게 됩니다. 그 자아는 병이 깊게 들어 시들어 가고 있는지도 모르겠습니다.

───── 그러기에 고생을 했는가 아닌가가 그 사람의 인간적 성품을 가늠하는 결정적인 근거는 되지 못한다. 중요한 것은 이 고난을 그가 어떻게 품고 소화했는가에 있다. "고생한 놈들이 더 무섭더라"와 "고생해서 남들 어려운 사정을 참 잘 알아주고 자기 일처럼 여기더라"의 경계

선이다.

관건은 어디까지나 그 내면의 생명력이다. 이것이 충만하면 고난이 우리의 몸을 키우는 자양분이 되지만, 그렇지 못하면 그 고난에게 삼킴을 당할 것이다. 그러니 역경을 통과하는 과정은 다만 어려운 고비를 넘어가는 작업이 아니라 인간 존재의 본질을 건 싸움이기도 하다. 안락함 또한 이와 다를 바 없다. 내면의 생명력이 약하면, 안락은 우리를 부패하게 하지만 그 반대의 경우에는 선한 삶을 살아갈 수 있는 기본 조건이 될 수 있다.

고생을 했다고 그 인품이 일그러지는 것도 아니고 고생을 면하고 산다해서 너그럽고 인정이 풍요한 것도 아닙니다. 어떤 사람은 고난에서 아름다운 인격을 길어 올리지만 어떤 사람은 그와는 달리 가파른 마음을 토해냅니다. 또 어떤 이는 안락함에서 형편이 어려운 주변을 돌보는 힘을 발휘하지만, 어떤 이는 자기만을 위하는 욕심을 기를 뿐입니다. 사정에 따라 그 사람의 성품이 좋아지기도 하고 나빠지기도 하는 식으로 결정되면, 그는 '환경과 조건의 노예'가 될 것입니다.

그런 사람은 신뢰하기 어렵습니다. 배신하지 않는 사랑을 기대하기도 어렵습니다. 형편에 따라 쉽게 술수를 동원하는 것입니다. 그런 사람의 성취는 죄의 도성(都城)을 쌓아 가는, 이미 금이 간 벽돌입니다.

——— 요셉은 아버지의 총애를 독차지하고 자란 안락한 환경에서부터 졸지에 노예로 전락했다가, 그나마 살 길이 트이자 이번에는 죄수 신분으로 굴러 떨어지고 그 지경에서부터 이집트 제국의 총리대신에 오르는

이른바 입지전적(立志傳的) 인물이다. 그의 삶에서 우리가 발견하게 되는 면모는 그가 겪은 극적인 고난의 과정이 그를 악하게 만들지 않았다는 점이다. 나락으로 빠진 그가 원한을 풀 보복의 기회를 엿보면서 점차 야망을 키운 것이 아니라, 하나님의 마음과 만나 선한 일생을 기원했다.

오늘 우리가 성서 본문에서 만나게 되는 요셉은 갖은 고초를 겪고도 하나님이 주신 선을 끝까지 붙들어 자신을 지키고 곤경에 처한 형제들까지도 살려 냅니다. 오랫동안 기다려 왔다가 드디어 설욕의 기회가 왔다고들 여길 만한 때에도 그는 거기에 자신을 내어 주지 않습니다. 원수 갚음의 꼬득임에 굴복하지 않았던 것입니다. 도리어 그는 자신을 핍박했던 자에게 생명의 공급자가 되었습니다. 어릴 적, 아버지의 편애 속에서 형들의 허물을 고자질하면서 자신을 과시했던 걸 떠올리면 이제는 그와는 완전히 달라진 모습으로 형들 앞에 서게 됩니다.

───── 사람의 그릇이 크면 권세를 가져도 그것이 올바로 쓰이지만 그릇이 작으면 그것은 사적(私的)인 욕심과 한을 푸는 수단이 되고 만다. 사람의 그릇이 작은 까닭은 그 어떤 성취도 자신의 손으로 일구었다고 여기고 그것을 놓칠새라 꽉 쥔 채 그 위력을 과시하고픈 유혹에 빠지고 말았기 때문이다. 자신을 내세운 결과다.

그래서 권세와 재산이 생기면 상대의 삶을 힘으로 유린하는 자로 변해 버린다. 그가 갖고 있는 권세는 악의 도구가 되며, 그가 이룬 성취는 하나님의 선하신 뜻을 멸시하는 자만의 탑이 된다. 그러나, 그것이 무너지는 것은 시간 문제일 따름이다.

요셉의 삶이 일깨우는 '신앙의 요체'

요셉은 아버지의 집에서는 귀한 아들이었습니다. 성서는 이런 기록을 남겨 놓았습니다.

> 이스라엘(야곱)은 늘그막에 요셉을 얻었으므로, 다른 아들들보다 요셉을 더 사랑하여서, 그에게 화려한 옷을 지어서 입혔다. (창세기 37:3)

그러자 다른 형제들은 마음이 불편했습니다.

> 형들은 아버지가 그를 자기들보다 더 사랑하는 것을 보고서 요셉을 미워하며, 그에게 말 한 마디도 다정스럽게 하는 법이 없었다. (창세기 37:4)

더군다나 요셉은 형과 부모님 머리 꼭대기에 올라서서 교만을 부리는 듯했습니다.

> 요셉이 형들에게 말하였다. "내가 꾼 꿈 이야기를 한 번 들어 보셔요. 우리가 밭에서 곡식단을 묶고 있었어요. 그런데 갑자기 내가 묶은 단이 우뚝 일어서고, 형들의 단이 나의 단을 둘러서서 절을 하였어요." 형들이 그에게 말하였다. "네가 우리의 왕이라도 될 성 싶으냐? 정말로 네가 우리를 다스릴 참이냐?" 형들은 그의 꿈과 그가 한 말 때문에 그를 더욱더 미워하였다. 얼마 뒤에 그는 또 다른 꿈을 꾸고, 그것을

형들에게 말하였다. "들어 보셔요. 또 꿈을 꾸었어요. 이번에는 해와 달과 별 열한 개가 나에게 절을 했어요." 그가 아버지와 형들에게 이렇게 말할 때에, 그의 아버지가 그를 꾸짖었다. "네가 꾼 그 꿈이 무엇이냐? 그래, 나하고 너의 어머니하고 너의 형들이 함께 너에게로 가서, 땅에 엎드려서, 너에게 절을 할 것이란 말이냐?" 그의 형들은 그를 시기하였지만, 아버지는 그 말을 마음에 두었다. (창세기 37:6-11)

물론 이는 요셉의 미래를 미리 보게 되는 꿈이었지만 아버지와는 달리 형들의 심사는 그걸 그대로 받아들이기 어려웠고 그로 인해 요셉은 어려움에 처하게 됩니다. 형들의 흉악한 술수로 졸지에 노예가 되고 만 것입니다. 형들이 어디에 있는지 알아보라고 하는 아버지 말씀에 형들을 찾아 나섰다가 죽을 뻔하기도 하고 차마 죽이기까지는 못한 형들이 지나가는 상인에게 노예로 팔아 버린 것입니다.

이스라엘(야곱)이 요셉에게 말하였다. "네가 알고 있듯이, 너의 형들이 세겜 근처에서 양을 치지 않느냐? 내가 너를 너의 형들에게 좀 보내야겠다." 요셉이 대답하였다. "다녀오겠습니다." 이스라엘이 요셉에게 말하였다. "너의 형들이 잘 있는지, 양들도 잘 있는지를 가서 살펴보고, 나에게 와서 소식을 전해 다오." 그의 아버지는 헤브론 골짜기에서 그를 떠나보냈다. 요셉이 세겜에 도착하였다. 어떤 사람이 보니, 요셉이 들에서 헤매고 있었다. 그가 요셉에게 물었다. "누구를 찾느냐?" 요셉이 대답하였다. "형들을 찾습니다. 우리 형들이 어디에서 양을 치고 있는지, 나에게 일러 주시겠습니까?" 그 사람이 대답하였다. "너의 형들은 여기에서 떠났다. 도단으로 가자고 하는 말을 내가 들었다." 그래서 요셉은 형들을 뒤따라 가서, 도단 근처에서 형들이 있는 곳을 알아냈다. 그런데 그의 형들은 멀리서 그를 알아보고서, 그를 죽여 버리려고, 그가 그들에게 가까이 오기 전에 음모를 꾸몄다. 그들은 서로 마주 보면서 말하였다. "야, 저기 꿈꾸는 녀석이 온다. 자, 저 녀석을 죽여서, 아무 구덩이에나 던져 넣고, 사나운 들짐승이 잡아먹었다고 하자. 그리고 그 녀석의 꿈이 어떻게 되나 보자." 르우벤이 이 말을 듣고서, 그들의 손에서 요셉을 건져 내려고, 그들에게 이렇게 말하였다. "목숨만은 해치지 말자. 피는 흘리지 말자. 여기 들판에 있는 구덩이에 그 아이를 던져 넣기만 하고, 그 아이에게 손을 대지는 말자." 르우벤은 요셉을 그들에게서 건져 내서 아버지에게 되돌려 보낼 생각으로 이렇게 말한 것이다. 요셉이 형들에게로 오자, 그들은 그의 옷 곧 그가 입은 화려한 옷을 벗기고, 그를 들어서 구덩이에 던졌다. 그 구덩이는 비어 있고, 그 안에는 물이 없었다. 그들이 앉아서 밥을 먹고 있는데, 고개를 들고 보니, 마침 이스마엘 상인 한 떼가 길르앗으로부터 오는 것이 눈에 띄었다. 낙타에다 향품과 유향과 몰약을 싣고, 이집트로 내려가는 길이었다. 유다가 형제들에게 말하였다. "우리가 동생을 죽이고 그 아이의 피를 덮는다고 해서, 우리가 얻는 것이 무엇이냐? 자, 우리는 그 아이에게 손을 대지는 말고, 차라리 그 아이를 이스마엘 사람들에게 팔아 넘기자. 아무래도 그 아이는 우리의 형제요, 우리의 피붙이이다." 형제들은 유다의 말을 따르기로 하였다. 그래서 미디안 상인들이 지나갈 때에, 형제들이 요셉을 구덩이에서 꺼내어, 이스마엘 사람들에게 은 스무 냥에 팔았다.

그들은 그를 이집트로 데리고 갔다."(창세기 37:13-28)

요셉의 운명이 이렇게 추락하고 만 것입니다. 그 이전까지는 어디에서 무얼 하는지 꿰고 있었던 사람이었습니다.

요셉은 형들의 허물을 아버지에게 일러바치곤 하였다.(창세기 37:2)

요셉의 이런 행동으로는 미움을 사지 않을 도리가 없었을 것입니다. 그렇게 형들의 일거수 일투족을 죄다 알고 있다고 여긴 요셉이었지만 막상 집밖을 나서고 보니 형들이 있는 곳을 몰라 헤매게 되었고 형들이 양을 치는 장소를 누군가에게 물어야 했습니다.

어떤 사람이 보니, 요셉이 들에서 헤매고 있었다. 그가 요셉에게 물었다. "누구를 찾느냐?" 요셉이 대답하였다. "형들을 찾습니다. 우리 형들이 어디에서 양을 치고 있는지, 나에게 일러 주시겠습니까?" 그 사람이 대답하였다.(창세기 37:15-16)

평소 같다면 형들의 행방을 물어야 할 사람은 요셉이 아니라 다른 어떤 사람들이었을 것입니다. 이제 요셉은 그가 모르는 세상이 있다는 것, 그에게도 미지의 영역이 있다는 것을 깨우치게 되는 길에 서 있습니다. 게다가 그는 멀리서 그를 본 형들의 내심에 무슨 생각이 있는지도 몰랐습니다.

그런데 그의 형들은 멀리서 그를 알아보고서, 그를 죽여 버리려고, 그가 그들에게 가까이 오기 전에 음모를 꾸몄다. (창세기 37:18)

이게 그가 겪은 첫 번째 음모였습니다. 그것도 한 핏줄을 나눈 형제들에 의해서 말이지요. 노예로 팔려간 이후에는 보디발이라는 바로의 경호대장의 눈에 들어 그의 집 모든 일을 맡는 책임자가 되었습니다.

주인은, 요셉이 눈에 들어서, 그를 심복으로 삼고, 집안 일과 재산을 모두 요셉에게 맡겨 관리하게 하였다. (창세기 39:4)

하지만 예기치 않은 일이 벌어집니다. 그 시작은 이러했습니다.

요셉은 용모가 준수하고 잘생긴 미남이었다. 얼마 지나지 않아서, 주인의 아내가 요셉에게 눈짓을 하며 "나하고 침실로 가요!" 하고 꾀었다. 그러나 요셉은 거절하면서, 주인의 아내에게 말하였다. "주인께서는, 모든 것을 나에게 맡겨 관리하게 하시고는, 집안 일에는 아무 간섭도 하지 않으십니다. 주인께서는, 가지신 모든 것을 나에게 맡기셨으므로, 이 집안에서는, 나의 위에는 아무도 없습니다. 나의 주인께서 나의 마음대로 하지 못하게 한 것은 한 가지뿐입니다. 그것은 마님입니다. 마님은 주인 어른의 부인이시기 때문입니다. 그런데 내가 어찌 이런 나쁜 일을 저질러서, 하나님을 거역하는 죄를 지을 수 있겠습니까?" 요셉이 이렇게 말하였는데도, 주인의 아내는 날마다 끈질기게 요셉에게 요구해 왔다. 요셉은, 그 여인과 함께 침실로 가

지도 않았을 뿐만 아니라, 아예 그 여인과 함께 있지도 않았다. (창세기 39:6-10)

이러다가 상황은 매우 나빠졌습니다. 그를 성애(性愛)의 대상으로 삼으려 했으나 실패한 주인 아내의 모함으로 누명을 쓰고 옥에 갇히고만 것입니다.

하루는 요셉이 할 일이 있어서 집 안으로 들어갔는데, 그 집 종들이 집 안에 하나도 없었다. 여인이 요셉의 옷을 붙잡고 "나하고 침실로 가요!" 하고 졸랐다. 그러나 요셉은, 붙잡힌 자기의 옷을 그의 손에 버려 둔 채, 뿌리치고 집 바깥으로 뛰어나갔다. 여인은, 요셉이 그 옷을 자기의 손에 버려 둔 채 집 바깥으로 뛰어나가는 것을 보고, 집에서 일하는 종들을 불러다가 말하였다. "이것 좀 보아라. 주인이, 우리를 웃음거리로 만들려고 이 히브리 녀석을 데려다 놓았구나. 그가 나를 욕보이려고 달려들기에, 내가 고함을 질렀더니, 그는 내가 고함지르는 소리를 듣고, 제 옷을 여기에 내버리고, 바깥으로 뛰어나갔다." 이렇게 말하고, 그 여인은 그 옷을 곁에 놓고, 주인이 집으로 돌아오기를 기다렸다. 주인이 돌아오자, 그에게 이렇게 일러바쳤다. "당신이 데려다 놓은 저 히브리 사람이, 나를 농락하려고 나에게 달려들었어요. 내가 사람 살리라고 고함을 질렀더니, 옷을 내 앞에 버려 두고, 바깥으로 뛰어나갔어요." 주인은 자기 아내에게서 "당신의 종이 나에게 이 같은 행패를 부렸어요" 하는 말을 듣고서, 화가 치밀어올랐다. 요셉의 주인은 요셉을 잡아서 감옥에 가두었다. 그곳은 왕의 죄수들

을 가두는 곳이었다. (창세기 39:11-20)

죽지 않은 것을 다행으로 여겨야했을 판입니다. 감옥에서 그는 간수장의 마음에 들어 그 감옥의 총 관리자가 되었고 꿈을 해몽하는 능력자까지 되었습니다. 이런 세월을 거치면서 마침내 바로의 꿈까지 풀어 총리의 자리에 오르게 된 것입니다. 하늘에서 땅 속으로 꺼졌다가 다시 하늘로 치솟아 오른 것이지요. 자리로만 보면 이전과는 비교할 수도 없는 무서운 권세를 지닌 지위를 이제 얻습니다.

그렇게 되기까지 그는 어디에 있든 사람들의 신임을 얻었고, 하나님의 은총을 누렸습니다. 아직도 고생하고 비천한 처지에 있었지만 그걸로 그의 내면이 무너지지 않았던 것입니다. 요셉이 이러한 인물로 자라날 수 있었던 까닭은 그가 곤고한 인생의 전락(轉落) 과정에서도 자신을 덮친 상황에 압도당하지 않았으며, 이 현실을 이기기 위해 그의 영혼을 악에게 내어주지 않았기 때문입니다. 하나님의 인자하심과 선하심에 철저하게 의지했던 겁니다.

———— 이런 삶의 극적 변화는 그가 형들에 의해 구덩이 속에 처박혔을 때 시작되지 않았을까 싶다. 어떤 도움도 기대할 수 없는 극단적인 미지의 현실에 갇힌 요셉은 그때 비로소 자신을 스스로 마주하고 성찰하게 되었을 것이다. 비어 있고 물도 없는 캄캄한 구덩이, 살아나갈 수는 있을까 싶은 거기서 만나는 것은 자기 자신 밖에 없지 않았을까? 또한 그렇게 홀로 된 자신과 함께 해주실 이는 하나님 말고는 누가 있었겠는가? 이 깨우침은 그의 삶을 구원할 유일한 밧줄이다.

그러나 죽음을 모면하고 살아난 뒤에는 대체로 이런 충격적 사건의 의미를 잊는 경우가 허다하다. 그때는 그때이고 지금은 지금이 되고 마는 것이다. 요셉은 이와 달리 일관된 자세를 잃지 않았다.

정작 중요한 것은 온갖 어려움과 쓰디쓴 삶의 역정 속에서도 하나님의 인자하심과 선하심을 그 인생의 기둥으로 삼았다는 점입니다. 이것이 우리의 인생과 한 시대를 진실로 구하는 길이라는 것을 그는 굳게 믿었던 것입니다. 그런 믿음을 지닌 이가 겪는 고초는 고초가 아니라 종국에는 은혜의 재료가 된다는 것을 그는 흔들림 없이 깨달았을 것입니다. 이런 사람은 어두운 과거에 묶이지 않습니다. 거기에서 벗어나 힘이 생겼다고 의기양양해서 현재를 무기로 삼지도 않습니다.

탈출구가 없는 구덩이에 빠져 누구도 그를 보호해 줄 수 없는 지경에 처하면 인간은 다름 아닌 자기 자신을 가장 먼저 만나게 됩니다. 불확실한 운명의 사슬에 묶인 자신을 여지없이 발견하게 되는 것입니다. 그를 지금껏 지켜 주었던 그 어느 것도 무력해진 상황입니다. 그런 과거와 단절할 수밖에 없습니다. 아니 단절 당하는 것입니다.

그런데 그 단절된 자리에 무엇이 들어서는가가 이제부터 중요해집니다. 아버지의 총애와 화려한 옷은 더 이상 그의 존재를 증명하고 지탱해 주는 것이 아닙니다. 시간이 흐른 후 마음을 약간은 고쳐먹은 형들로 해서 구덩이에서는 건짐을 받지만, 그것은 구원이었다기 보다는 단지 그의 생명만 형들이 직접 빼앗지 않는다는 결정이었을 뿐입니다.

구덩이에서 빠져 나오게 된 이후의 그는 이전의 요셉이 더 이상 아니었고, 자기가 자기 인생의 주인이 될 수 없는 처지로 전락하고 말았습니다. 그의 육신을 부리는 상전 앞에서 자신의 삶을 포기해야 하는 것입니다.

그러나 그는 이 과정에서 매우 중대한 것을 깨우치고 알게 되었다고 보여집니다. 비록 노예가 되었다고 해도 그의 생명의 주인이 엄연히 따로 계시다는 사실입니다. 이를 믿는 이는 도리어 자신의 삶에서 진짜 주인이 될 수 있습니다. 하나님은 인간을 노예로 삼는 존재가 아니라 주인된 자로서의 삶을 살아가도록 해주시는 분이기 때문입니다. 이를 깨우친 후 부터 그는 세상이 이해하지 못할 큰 힘을 발휘하게 됩니다.

자기 인생의 진정한 구원자이자 안내자이신 하나님을 알지 못했다면 그의 인생은 열등감과 분노, 그리고 원한에 사로잡혀 피폐해질 수밖에 없었을 것입니다. 세상과의 고단한 결투에서 그를 지켜줄 이 없어서 그의 생명은 말할 수 없는 짓밟힘과 악한 술수의 유혹에 넘어갈 수도 있습니다. 강한 자에게 붙어 자신이 강하다고 착각하는 삶을 손쉽게 택했을 지도 모릅니다. 하지만 요셉은 그와 정반대였습니다.

──── 그의 이러한 영적 성품은 그를 곤경에 빠뜨렸던 형들과의 만남에서 극적으로 드러난다. 그 만남이 설욕(雪辱)의 전투장이 아니라, 은혜를 나누는 현장이 된 것이다.

하나님은 요셉의 삶 속에 그 무수한 세상 고초에도 결코 거칠어지지 않는 아름다움을 길러주셨습니다. 그리고 무엇보다도 그 선한 심령이 뭇 백성의 생명을 살려 내는 일에 쓰이게 하셨습니다. 그가 대제국의 총리대신이 된 까닭은 꿈을 잘 해몽했기 때문이 아닙니다. 그의 마음이 기근에 시달려 궁핍의 고난에 처하게 될 백성들의 처지를 아파하는 선함이 있기 때문이었습니다. 그러지 않고는 하나님께서 그에게 해몽의 능력을 주실 리 만무합니다. 다른 사욕에 그 능력을 써먹는다면 하나님의 계획은 소용이 없게 됩니다. 이런 요셉이니 하물며 그의 혈육은 어찌 대했겠습니까? 보복당할까 두려워 떠는 형들에게 그는 말합니다.

두려워 마십시오. 내가 형님들을 모시고, 그 자식도 돌보겠습니다.(창세기 50:21)

하나님을 믿고 사는 사람은 이렇습니다. 불안해 하는 세상을 안심시키고 미래를 지켜낼 방도에 대한 확신을 줍니다. 더 이상 영적으로 방황하고 마음 졸이지 않도록 돌보아 주는 것입니다.

여기서 하나 깊이 기억해야 할 바가 있습니다. 요셉이 감옥에서 풀려나 바로의 꿈을 해몽하는 기회를 갖게 될 때의 일입니다. 그러기 전 바로는 이상한 꿈을 꾸고 마음이 편치 않게 됩니다. 어떤 꿈이었는지, 어떤 일이 펼쳐지는지 보기로 합시다.

바로가 꿈을 꾸었다. 그가 나일 강 가에 서 있는데, 잘생기고, 살이 찐 암소 일곱 마리가 강에서 올라와서, 갈대밭에서 풀을 뜯는다. 그 뒤를 이어서, 흉측하고 야윈 다른 암소 일곱 마리가 강에서 올라와서, 먼저 올라온 소들과 함께 강가에 선다. 그 흉측하고 야윈 암소들이, 잘생기고 살이 찐 암소들을 잡아먹는다. 바로는 잠에서 깨어났다. 그가 다시 잠들어서, 또 꿈을 꾸었다. 이삭 일곱 개가 보인다. 토실토실하고 잘 여문 이삭 일곱 개가 나오는데, 그것들은 모두 한 줄기에서 나와서 자란 것들이다. 그 뒤를 이어서, 또 다른 이삭 일곱 개가 피어 나오는데, 열풍이 불어서 야위고 마른 것들이다. 그 야윈 이삭이, 토실토실하게 잘 여문 이삭 일곱 개를 삼킨다. 바로가 깨어나 보니, 꿈이다. 아침에 그는 마음이 뒤숭숭하여, 사람을 보내어서 이집트의 마술사와 현인들을 모두 불러들이고 그가 꾼 꿈 이야기를 그들에게 하였다. 그러나 아무도 그에게 그 꿈을 해몽하여 주는 사람이 없었다. (창세기 41:1-8)

이 꿈은 7년의 풍년에 이어지는 7년의 흉년을 예고하는 내용이었습니다. 살찐 암소 일곱 마리와 잘 여문 이삭 일곱 개가 야위고 마른 암소 일곱 마리와 이삭 일곱 개에 먹히고 맙니다. 그런데 이 꿈을 이렇게만 이해하면 이는 악몽입니다. 흉년의 처참함이 온다는 것이니 말이지요. 하지만 요셉은 이 위기의 시대를 대비하기 위한 준비까지 해몽에 담습니다. 두 번이나 비슷한 꿈을 꾼 것은 이런 일이 반드시 일어난다는 것을 의미한다고 일깨운 뒤 요셉은 바로에게 말합니다.

풍년이 든 다음에 오는 흉년은 너무나도 심하여서, 이집트 땅에서는 아무도 그 전에 풍년이 든 일을 기억하지 못할 것입니다. 임금님께서 같은 꿈을 두 번이나 거듭 꾸신 것은, 하나님이 이 일을 하시기로 이미 결정하시고, 그 일을 꼭 그대로 하시겠다는 것을 말씀해 주시는 것입니다. 이제 임금님께서는, 명철하고 슬기로운 사람을 책임자로 세우셔서, 이집트 땅을 다스리게 하시는 것이 좋을 듯합니다. 임금님 께서는 전국에 관리들을 임명하셔서, 풍년이 계속되는 일곱 해 동안에, 이집트 땅에서 거둔 것의 오분의 일을 해마다 받아들이도록 하심이 좋을 듯합니다. 앞으로 올 풍년에, 그 관리들은 온갖 먹거리를 거두어들이고, 임금님의 권한 아래 각 성읍에 곡식을 갈무리하도록 하십시오. 이 먹거리는 이집트 땅에서 일곱 해 동안 이어갈 흉년에 대비해서, 그 때에 이 나라 사람들이 먹을 수 있도록 갈무리해 두셔야 합니다. 그렇게 하시면, 기근이 이 나라를 망하게 하지 못할 것입니다. (창세기 41:31-36)

대책을 바로 내놓았습니다. 자기를 세우면 해결된다고 한 것이 아닙니다. 그러나 결국 그렇게 되었습니다. 그가 보디발의 집에서 총책임을 맡았던 시간은 다 의미가 있었던 것입니다.

뿐만 아니라 우리가 반드시 마음에 깊이 새겨야 할 바가 있습니다. 하나님의 지혜 안에서 악몽(惡夢)은 없다는 것입니다. 그게 무엇이든 일깨움을 받으면 그건 길몽(吉夢)입니다. 하나님 안에서의 인생의 비밀이 여기에 있습니다.

다시 요셉이 감옥에서 풀려나 바로 앞에 서게 되는 장면을 돌이켜 보기로 합니다. 이는 정말 놀라운 대목입니다. 감옥에 갇힌 이가 가장 절실하게 바라는 것이 무엇이겠습니까? 풀려나는 것입니다. 석방되어 자유의 몸이 되는 것입니다. 그런데 요셉은 석방을 넘는 차원의 은총을 받습니다.

바로가 사람을 보내어 요셉을 불러오게 하였고, 사람들은 곧바로 그를 구덩이에서 끌어냈다. 요셉이 수염을 깎고, 옷을 갈아입고, 바로 앞으로 나아가니. (창세기 41:14)

석방 수준이 아닙니다. 이건 극진한 초빙입니다. 죄인을 대하는 것이 아니라 예언자를 맞이하고 위기를 극복할 대안의 존재를 존귀하게 모시는 것입니다. 이것이 하나님의 계획이었습니다. 요셉 자신도 생각하지 못했던 은총과 축복입니다. 고난이 기른 선으로 자란 존재에게 주시는 기쁨입니다.

──── 고난이 깊다고 선을 포기하는 것은, 배가 고프다고 독버섯을 먹는 것과 다를 바 없다. 그리하면 배를 당장 채울 지는 모르나 생명을 위기로 몰아넣고 마는 것은 자명하다. 이는 명백히 자살행위다. 하나님의 은혜 안에서 고난이 기르는 선의 힘을 믿고 사는 이가 늘어나면, 세상은 자멸의 위기에서 벗어 날 것이다.
기근에 처한 백성을 구한 것만이 요셉의 인생이 남긴 의미가 아니라 하나님의 선이 이기고야 만다는 것을 삶으로 증명한 것, 그것이 진정 그의 삶이 이룬 승리의 진정한 요체이다.

해함이 있는 세상에서 살아가는 원리는 무엇일까요? 그건 그로 말미암아 핍박받고 고난을 겪어도 그것이 도리어 하나님의 계획 속에서 선으로 바뀌는 날이 온다는 믿음으로 중심이 흔들리지 않는 것입니다.
요셉의 삶과 믿음은 이런 하나님의 계획을 그대로 보여주고 있습니다.

> 형님들은 나를 해치려고 하였지만, 하나님은 오히려 그것을 선하게
> 바꾸셔서 오늘과 같이 수많은 사람들의 생명을 구하였습니다. 그러
> 니 형님들은 두려워하지 마십시오. 내가 형님들을 모시고 형님들의
> 자식을 돌보겠습니다. (창세기 50:20-21)

기근과 위기의 시대에 우리가 갈망하는 하나님의 능력이 여기에 있
습니다. 나를 해치려는 세상의 음모와 악행이 그 음모와 악행이 꾀한
대로 끝나지 않고 선한 열매로 바뀌어 마무리되는 축복이 얼마나 귀한
가요. 그런 축복이 주어지시기를 기원드립니다.

진정한 슬기로움

누가 신실하고 슬기로운 종이겠느냐? 주인이 그에게 자기 집 하인들을 맡기고 제때에 양식을 내주라고 시켰으면, 그는 어떻게 해야 하겠느냐? 주인이 돌아와서 볼 때에 그렇게 하고 있는 그 종은 복이 있다. 내가 진정으로 너희에게 말한다. 주인은 자기의 모든 재산을 그에게 맡길 것이다. 그러나 그가 나쁜 종이어서 마음속으로 주인이 늦게 온다고 하여, 동료들을 때리고 술친구들과 어울려 먹고 마신다면, 생각하지도 않은 날에, 뜻밖의 시각에 그 종의 주인이 와서 그 종을 몹시 때리고 위선자들이 받을 벌을 내릴 것이다. 거기에서 슬피 울며 이를 가는 일이 있을 것이다. (마태복음 24:45-51)

───── 인간은 일단 권세를 잡으면 그 권세를 대체로 자신의 유익과 탐욕 그리고 야망을 실현하는데 사용한다. 주어진 권세가 본질적으로 지향해야 하는 인간에 대한 '섬김의 도리'를 내팽개치고 마는 것이다. 그렇

게 해서 자신의 욕망을 채울 수 있다고 여기지만, 그러나 그 결과는 전혀 다른 것으로 나타난다.

처음에는 나름 그럴싸했던 일부 지도자들이 겪게 되는 비극적 종말이나 중도에서의 윤리적 전락(轉落)은 모두 자신에게 주어진 권세의 본분을 망각한 결과이다. 그렇게 되면 그가 그 자리와 힘을 가지고 있다는 것이 그에게 축복이 된 것이 아니라, 불행의 원인이 되는 역설을 경험하게 된다.

오늘날 세상이 어지러운 까닭의 하나는, 바로 이 주어진 권세를 제대로 쓰지 않고 자신의 욕망과 이기심에 봉사하도록 하기 때문이다. 그래서 그 권세로 말미암아 억울하게 당하고 빼앗기고 짓밟히는 이들이 생기고 마는 것이다. 그러면 어느 때이건 하늘의 의로운 심판이 내리게 되어 있다. 이를 마음에 새겨 두려워 할 줄 모른다면, 그것은 복(福)을 화(禍)로 바꾸는 어리석음이 되고 말 것이다.

인간은 힘을 가지게 되면 강해졌다고 좋아만 할 일이 아니라, 그 자신이 사실은 심판대에 올라섰다는 것을 깨우칠 필요가 있다. 힘이 있는 만큼 하늘이 내린 책임이 크기 때문이다.

마태복음 본문의 비유에 등장하는 주인은 하인들의 복리에 최우선적인 관심을 가지고 있다. 비유의 주인은 집을 잠시 떠나있게 되면서 어떤 종에게 자기의 하인들을 맡겼다. 하늘이 내린 권세의 본질을 일깨우는 이야기다.

권세의 본질은

어디론가 여행을 떠나게 된 한 주인이 자신의 종 가운데 하나에게 뒷일을 맡깁니다. 이제 하인들의 운명까지 그의 손에 달려 있게 되었습니다. 그에 대한 주인의 신임이 대단했던 모양이고, 그는 평소에 주인의 눈에 들게 행동해 왔던 것이 분명합니다.

본문은 주인이 그에게 하인들을 맡기면서 특히 "제때에 양식을 내어주라"고 시켰음을 알려주고 있는데, 이는 주인이 맡긴 책임의 본질을 드러내고 있다 할 것입니다. 하인들이 일하느라 그만 배를 곯지 않게 하라는 겁니다. 이런 것을 보면 이 주인은 하인들의 처지에 깊은 관심을 가진 인물인 것을 짐작하게 됩니다. 이 종으로서는 중책을 맡은 셈입니다.

—— 주인이 현장에 없다는 사실. 이것은 이 집에 대한 전적인 책임을 맡은 종에게 절호의 기회이다. 어떤 기회가 되어야 할까? 그의 참된 능력을 발휘할 기회가 되기도 하지만, 그와는 달리 그의 감추어졌던 좋지 못한 본성이 드러나는 순간일 수도 있다. 어느 쪽인가는 그 자신에게 절대적으로 달려 있다.

주인이 없다는 것이 그에게 실로 자기 세상을 만들어 주었다. 그때 그는 자신의 손에 들어온 권한을 어떻게 대할 것인가가 곧 자신의 운명과 관련되어 있음을 알았어야 했다. 이제는 잠시나마 '내 세상이로구나' 하고 기뻐하며 아무렇게나 굴다가, 자신의 운명은 어떻게 될 것인가를 깨우치지 못하면 그 집안의 중책을 맡았다는 것이 그에게 하등 축복이 되지 못하고 만다.

비유에 등장하는 종은 이 깨달음이 없어 고초를 자초한다. 그 종은 주인이 올 시점에 대한 자신 나름의 계산을 철석같이 믿고 함부로 다른 종들을 학대하다가 그 자신의 인생이 파산되는 비극에 직면하게 되었다. 주인에게 자신의 진면목을 은폐할 수 없는 지경에 이르고 만 것이었다. 주인을 속여 왔고 그 현장을 들키고 만 것이다. 이 종은 자신의 권세를 다른 종들에게 과시한 것이 자신의 비극적 운명을 재촉하는 일이 될 것이라고는 도저히 상상조차 하지 못했을 것이다.

주인이 떠난 다음 사태는 엉뚱하게 전개되어 갔습니다. 주인이 떠날 즉시에는 분명, 당부하신 대로 꼭 수행하겠다고 했을 그는 주인이 없는 사이에 다른 하인들을 때리고, 술에 취해 제멋대로 온 집안을 어지럽히고 폭군처럼 군림했습니다.

이 종의 계산은 따로 있었습니다. 아직 주인이 올 날은 멀었다, 그건 누구보다 내가 잘 안다, 그동안 내 세상이다, 누가 나를 감히 가로막으랴. 그러니 그의 횡포가 중지될 수 있는 것은 오로지 주인의 귀가(歸家)뿐이었습니다. 주인이 오는 시간만 제대로 알면 주인이 한 말대로 한 것처럼 꾸미면 됩니다.

그런데 이 종의 생각과는 달리 주인이 어느 날 '뜻밖의 시각'에 들어섰습니다. 주인이 목격하게 된 것은 그 종의 배신이었습니다. 그는 마음속으로 주인이 늦게 온다고 하여, 동료들을 때리고 술친구들과 어울려 먹고 마시는 일에 열중했다가 낭패를 봅니다. 움직일 수 없는 현장 증거 앞에서 그 종은 어떻게도 변명할 여지가 없는 막다른 상황에 처하였습니다. 주인 없는 사이에 호랑이 노릇을 하던 그의 천하는 이로써 끝이 나고, 그 자신이 저지른 일의 대가를 톡톡히 치르게 되었습니다.

──── 이 종의 실패는 어디에서 기인하는 것일까? 그는 자신의 생각과 행동을 현실의 정세에 기준을 두었다. 때가 어떠하든 상관없이 초지일관하여 주어진 소명을 다하는 것이 아니라, 그때 그때의 사정에 따라 기회주의적으로 처신한 것이 그의 실패의 본질적 원인이다. 언제 어느 때이든 마땅히 해야 할 바라면 반드시 해내려는 자세가 아니었다.

자신을 둘러싸고 있는 상황에 좌우되는 자가 아니라, 하늘의 뜻에 충실한 자가 될 때 주인이 없는 현실을 성공의 근거로 만들어 낼 수 있다. 주인이 오는 때가 어떤 이에게는 심판의 공포를 불러일으키나 어떤 이에게는 더 큰 축복의 순간이 되는 관건은, 어떤 때이건 주어진 삶의 기회를 어떻게 살아내고 있는가에 달려 있다.

하나님의 때가 언제인지

이 이야기는 우선 하나님께서 결정적으로 역사하시는 때란 누구도 알수 없는 것이라는 말씀을 뒷받침하기 위해 예수님이 하신 비유입니다. 이 비유의 바로 앞에서 예수께서는 "그러므로 너희도 준비하라. 너희가 생각지 않은 때에 인자가 올 것이다"(마태복음 24: 44)라고 말씀하신 것이 그것입니다. 본문의 비유 외에도 신랑을 맞기 위해 등불의 기름을 준비한 슬기로운 다섯 처녀와, 그렇지 못한 어리석은 다섯 처녀에 대한 이야기, 그리고 주인이 맡기고 간 달란트를 늘인 자와 그렇지 못한 자의 비유, 양과 염소를 가르는 이야기 등이 이어집니다.

그 구체적인 내용은 다르지만, 모두 막상 때가 닥쳤을 때 구별되는 인생의 궁극적인 행로와 관련된 비유라고 할 수 있습니다. 그것은 달리 말하자면, 그때가 오기 전까지는 겉으로 분명하게 드러나지 않았던 슬기로움과 어리석음이 이 시각에 확연하게 갈라지는 놀라움을 보여 줍니다.

그 놀라움의 특징은 '의외성'에 있습니다. 여기서 의외성이란 두 가지라고 할 수 있는데, 그 하나는 하나님 나라의 때와 관련된 것이고 다른 하나는 평소에 슬기롭다고 여겨졌던 자가 실제로는 어리석은 자임이 폭로되는 사태와 연관된 것입니다.

오늘의 본문에서도 우리는 주인의 신임을 흠뻑 받아 주인 없는 때에 주인 노릇을 할 수 있을 정도로 괜찮은 줄 알았던 자가 '하나님의 때'가 정한 시각 앞에서 형편없는 진면목이 고스란히 드러나 버리고 마는 것을 목격하게 됩니다. '주인은 늦게 올 것이다'라고 제깐에는 주인의 귀가 시간에 대하여 가장 자신 있게 확신하고 있던 자가 제 꾀에 넘어가고 말았습니다.

'하나님의 때'란 이렇게 기습적입니다. 그러나 그것은 준비하지 않은 자에게 기습적일 뿐, 준비되어 있는 자에게는 기다리고 기다리던 순간입니다. 이걸 그 책임 맡은 자는 깨닫지 못하고 자신의 시간을 중심으로 판단했습니다. 그러기에 준비하지 않고 있던 자에게는 '갑자기'가 되어 허둥지둥하는 시간이며, 준비하고 있는 자에게는 '드디어'가 됩니다. 신실한 자였다면 주인이 언제 오든 주인의 기대와 신임이 확인되는 상황을 이루기 위해 전력을 다했을 것입니다.

그러고 보면 인간의 슬기로움과 어리석음은 그 구별의 기준이 다른 데 있지 않습니다. IQ 지수로 판별되는 것도 아니고, 경험의 깊이도 아니며 눈치와 기지가 뛰어난 것으로 좌우되는 것도 아닙니다.

애초부터 주인을 속여먹어 왔다고 할 수도 있지만 주인이 여행을 떠날 때 이 종은 주인의 명대로 잘 해보겠다고 생각했을 수도 있습니다. 어느 쪽이 되었던 문제는 단순했습니다. 주인이 귀가 시간을 분명히 밝히지 않았고 또 설사 밝혔다 해도 그 시간이 상황에 따라 변경될 수도 있음을 이 종이 깊이 생각하지 않은 점이었습니다. 그런데 이보다 더 중대한 지점이 있습니다. 그의 계산은 주인의 귀가 시간에만 맞추어져 있을 뿐, 주인이 맡기신 그의 일 자체에 대한 관심은 없었던 것입니다. 이게 문제의 핵심입니다.

주인이 언제 돌아오는가가 마냥 관심사인 자와, 주인이 맡긴 일에 충실하려는 자와의 차이입니다. 예수께서 하나님의 때가 언제인지 말씀하지 않으신 까닭을 분명히 깨닫게 됩니다. 인간의 삶과 역사를 결정적으로 변화시킬 하나님의 때가 언제인가는 우리의 일차적 관심사가 아니라는 것입니다. 중요한 것은 주인이 있건 없건 상관없이 맡겨진 일에 전력을 신실하게 쏟는가 아닌가가 관건인 것입니다. 그와 동시에, 하나님의 시간은 반드시 온다는 것 역시 분명하게 깨달아야 합니다.

슬기로움과 어리석음의 차이

이 문제의 종에게서 우리가 발견하게 되는 어리석음은 무엇입니까? 어찌하여 그는 주인으로부터 최고의 신임을 받았던 위치에서 그 모든 권한을 박탈당한 채 몰락하는 비극을 겪는 주인공이 된 것입니까? '그 때'에 대해 미리 정보를 잘 입수해서 잘 넘겼으면 아무런 탈이 없었을 것을 운이 없어 주인에게 그의 못된 모습을 들켰기 때문입니까?

이 종은 첫째, 주인을 속일 수 있다고 여겼습니다. 그것이 현실적으로 충분히 가능한 일이라고 믿었습니다. 이 종의 진실한 모습에 대해 주인을 계속 무지(無知)한 채로 놓아 둘 수 있다고 생각한 것입니다. 상대의 무지 속에서 자신의 자유를 얻을 수 있다고 본 거지요. 이 속임수가 통하는 시간 동안에는 그는 안전합니다. 아니, 안전하다고 착각했을 뿐입니다.

둘째, 그는 자신의 일을 주인에게 보이기 위한 것에서만 그 의미를 찾았을 뿐이었습니다. 그 일 자체가 가지고 있는 가치는 그의 관심이 아닙니다. 이게 이 모든 사태의 관건이었습니다. 맡겨진 일을 성실하게 감당함으로써 다른 하인들이 누리게 될 행복과 감사에 주목할 줄 몰랐습니다. 그가 하는 일은 모두 주인에게 점수를 따기 위한 술책이었을 뿐 정작 그 일로 인해 성취되는 가치에 눈을 뜨지 못한 것입니다. 자신을 과시하거나 또는 자신의 이름을 높이든지 아니면 위세를 더하기 위해 필요한 작업이었을 뿐입니다. 그러니 자신을 위해 다른 사람을 이용할 줄은 알지만 자신이 다른 사람들을 위해 아름답게 쓰임 받는 축복의 기쁨은 알지 못하고 마는 겁니다.

셋째, 그는 주인의 귀가 시간이 갖는 의미를 올바르게 이해하지 못했습니다. 신실하고 슬기로운 종에게 주인의 귀가 시간은 감사와 축복이 됩니다. 하지만 그렇지 않은 이 종에게는 주인이 돌아오는 시간은 재앙이 되고 말았습니다. 바보짓을 한 겁니다.

아침 다르고 저녁 다른 시세(時勢)에 장단을 맞추지 말고 하늘의 뜻에 충실하게 사는 것을 기쁨으로 여기면 됩니다. 그러면 그에게는 더욱 큰 일과 진정한 권세가 축복으로 주어질 것입니다. 남들이 볼 때 하찮은 것 같은 작은 일에 충실한 이에게 큰 일을 맡기겠다는 예수님의 말씀이 그런 뜻입니다. 이를 믿는다면, 세상 권세에 아부할 것도 비굴해질 것도 없으며, 그것을 얻었다고 교만해질 것도 없습니다.

마태복음 24장에 기록된 이 돌아온 주인과 하인의 이야기는 그 다음 25장으로 이어집니다. 그것은 '진정한 슬기로움'이 어떤 것인지 명확히 하는 대목입니다.

"너희는, 내가 주릴 때에 내게 먹을 것을 주었고, 목마를 때에 마실 것을 주었으며, 나그네로 있을 때에 영접하였고, 헐벗을 때에 입을 것을 주었고, 병들어 있을 때에 돌보아 주었고, 감옥에 갇혀 있을 때에 찾아 주었다' 할 것이다. 그때에 의인들은 그에게 대답하기를 '주님, 우리가 언제, 주님께서 주리신 것을 보고 잡수실 것을 드리고, 목마르신 것을 보고 마실 것을 드리고, 나그네 되신 것을 보고 영접하고, 헐벗으신 것을 보고 입을 것을 드리고, 언제 병드시거나 감옥에 갇히신 것을 보고 찾아갔습니까?' 하고 말할 것이다. 임금이 그들에게 말하기를 '내가 진정으로 너희에게 말한다. 너희가 여기 내 형제자

매 가운데, 지극히 보잘 것 없는 사람 하나에게 한 것이 곧 내게 한 것이다' 할 것이다."(마태복음 25:35-40)

하나님이 이 세상을 우리에게 맡기신 까닭이 여기에 있습니다. 그 뜻을 받들어 행하는 슬기롭고 의로운 일꾼으로 살아가는 것이 이 이야기가 목표하는 본질입니다. 이 세상에 지극히 보잘 것 없고 작은 이들에게 한 것, 목마른 이에게 마실 것을 주며, 나그네를 환대하고 헐벗은 이에게 입을 것을 주고 병든 이들을 돌보며 도움의 손길을 절박하게 구하는 이들과 함께 하는 일이 그것입니다.

이리 말을 해놓고 보니 상대는 세상의 눈에 보잘 것 없고 작은 자일지 모르나 그 일은 결코 보잘 것 없거나 작은 일이 아니로군요. 주인이 맡긴 일에 충실하기보다 주인이 돌아오는 시간에만 그를 속여넘기면 된다고 여긴 하인은 이와 반대로 한 거지요. 우리는 이제 어찌 하렵니까? 선택은 여러분의 몫입니다.

우리 손에 쥔 것은

그러나 모세는 이렇게 말씀을 드렸다. "그들이 저를 믿지 않고, 저의 말을 듣지 않고 '주께서는 너에게 나타나지 않으셨다' 하면 어찌합니까?" 주께서 그에게 물으셨다. "네가 손에 가지고 있는 것이 무엇이냐?" 모세가 대답하였다. "지팡이입니다." 주께서 말씀하셨다. "그것을 땅에 던져 보아라." 모세가 지팡이를 땅에 던지니, 그것이 뱀이 되었다. 모세가 그 앞에서 피하니, 주께서 모세에게 말씀하셨다. "너의 손을 내밀어서 그 꼬리를 잡아라." 모세가 손을 내밀어서 꼬리를 잡으니, 그것이 그의 손에서 도로 지팡이가 되었다. 주께서 말씀하셨다. "네가 이렇게 해서, 이적을 보여주면, 주 너희 조상의 하나님, 곧 아브라함의 하나님, 이삭의 하나님, 야곱의 하나님이 너에게 나타난 것을 믿을 것이다."(출애굽기 4:1-5)

——— 이 세상을 살면서 직면하게 되는 여러 가지 도전들을 돌파해 나

가기 위해서 우리에게는 과연 어떤 것이 가장 절실하게 필요할까? 인생과 역사에 새로운 꿈을 이루어 나가기 위해 우리들에게 요구되는 준비는 도대체 무엇일까? 얼마나 많은 것들을 우리 손에 움켜 쥐어야 비로소 새 일을 도모할 수 있는 것일까?

그저 한 평범한 인간도 아니고, '민족 전체의 구원'이라는 사명을 부여 받게 된 모세는 자신이 그 일에 합당한 인물이 전혀 아니라는 것을 하나님께 이모저모로 설득하려 한다. 보낼 만한 사람을 보내라는 것이다. 그것도 이제 인생의 대부분이 지난 시점에서, 민족의 구원이라는 엄청난 사명을 위해 따로 특별히 준비해 온 것도 아닌 존재에게 '가서 내 백성을 해방시켜라'라는 하나님의 요구는 어찌 보면 무지막지하게 느껴지기조차 한다.

무슨 구체적인 방법과 전략이 있는 것도 아니고, 무턱대고 가라고 하시는 것만 같으니 모세로서는 이를 받아들여 감당할 길이 없다고 여긴다. 평화롭게 지냈던 생활과 결별하고 아우성치는 백성들의 고단한 역사에 끌려 들어가고야 마는 모세. 그러나 그에게는 이들의 해방을 위해 소용될 아무런 수단도 없었고 그럴 자신도 없었다. 모세의 개인사로 보면 실로 일대 전환의 고비에 서 있는 것이었다.

그런 그를 향해 하나님은 가차없이 밀고 들어오셨다. 히브리 백성들의 처지가 더 이상 지체하기에는 너무도 절박했다. 게다가 그 구원의 여정은 인간의 능력만으로 풀어갈 수 있는 것이 아니었다. 그런 점에서 모세 자신의 능력이 어떠한가는 이 해방 사건의 관건이 아니었다.

지금 누리는 안전과 기득권을 포기하라?

광야에서 양을 치고 있던 팔십 노인 모세는 그냥 그렇게 세월이 갔으면 평범한 양치기로 인생을 마칠 뻔했을 것입니다. 물론 그의 전력을 살펴 보면 결코 평범하지 않은 것을 알게 됩니다. 히브리 노예의 아들이었다는 이유 하나로 죽을 운명에 처해 있었으나, 생각지도 않게 애굽의 왕자로 성장했고 그러던 어느 날 동족의 고통 앞에서 의분에 찬 나머지 그를 돕다가 잔혹한 감독관과 맞서는 중에 그만 살인자가 되었습니다. 그리고 그 사실이 자신이 도우려 애쓴 동족에 의해 폭로되어 도망자 신세가 된 기막힌 사연이 있었던 것입니다.

실패와 회한의 세월을 뒤로 하고 그가 광야에서 무엇 하나 가진 것도 없고 의지할 곳 없이 방황하고 있었습니다. 그러다 우연히 한 여인을 도운 일이 계기가 되어 그녀의 아버지인 미디안의 제사장 눈에 들게 되어 그 연고로 타향에서 정착하게 됩니다. 그런 생활이 어느덧 40년, 이제 그가 다른 생활을 하게 될 것이라는 건 생각할 수가 없었고 육신의 나이도 더 이상 그에게 젊은 시절 만큼이나 힘을 쓰게 해줄 만한 상황이 아니었을 겁니다.

그러한 그에게 하나님은 어느 날 뜻하지 않던 과제를 내리셨습니다. 그것은 그가 도망 나왔던 땅으로 다시 돌아가라는 것입니다. 지금 누리고 있는 모든 안전과 기득권을 포기하라는 거지요. 평화로웠던 생활을 저버리고 목숨이 위협 받을지 모를 위험한 현실로 들어가라는 겁니다. 그래서 지금 고난에 빠져 있는 동족, 히브리 백성들을 구해 내는 일을 하라는 것입니다. 그렇지 않아도 그런 일을 벌였다가 신세가 망

처지다시피했던 사람에게 그 일을 다시 하라는 것이니 모세가 마음이 내킬 일이 아니었지 않을까요? 무슨 일이 벌어졌었는지 지난 시간을 되돌려 생각해봅시다.

> 그들이 고되게 노동하는 것을 보았다. 그때에 그(모세)는 동족인 히브리 사람이 이집트 사람에게 매를 맞는 것을 보고, 좌우를 살펴서 사람이 없는 것을 확인하고, 그 이집트 사람을 쳐죽여서 모래 속에 묻어 버렸다.(출애굽기 2:11-12)

그렇지만 이 사건은 그냥 넘어가지 않게 되었습니다. 이 장면을 본 동족이 모세를 살인자라고 비난했기 때문입니다.

> 이튿날 그가 다시 나가서 보니, 히브리 사람 둘이 서로 싸우고 있었다. 그래서 그는 잘못한 사람에게 말하였다. "당신은 왜 동족을 때리오?" 그러자 그 사람은 대들었다. "누가 당신을 우리의 지도자와 재판관으로 세웠단 말이오? 당신이 이집트 사람을 죽이더니, 이제는 나도 죽일 작정이오?" 모세는 일이 탄로난 것을 알고 두려워하였다. 바로가 이 일을 전하여 듣고, 모세를 죽이려고 찾았다.(출애굽기 2:13-15)

이런 일들을 겪고 도망쳐 광야에서 지내고 있던 모세였습니다. 돕고자 했던 동족으로부터 도리어 배신을 당하고, 그로써 그는 인간에 대한 환멸을 깊이 느꼈을 것입니다. 그러니 모세로서는 그 땅으로 돌아갈 하등의 이유가 없었을 겁니다. 동족이 고통을 당해 아우성을 친다고 하지만 이제 그것이 자신과 무슨 상관이란 말입니까? 생각해 보면 고통을 당해도 싸다고 여길 법한 상황이 아니겠습니까?

미디안 광야의 호렙 산 떨기나무 불꽃에서 만난 하나님은 그도 처음 만나 보는 존재였습니다.

> 그가 양 떼를 몰고 광야를 지나서 하나님의 산 호렙으로 갔을 때에, 거기에서 주님의 천사가 떨기 가운데서 이는 불꽃으로 그에게 나타났다. 그가 보니, 떨기에 불이 붙는데도, 그 떨기가 타서 없어지지 않았다. 모세는, 이 놀라운 광경을 좀 더 자세히 보고, 어째서 그 떨기가 불에 타지 않는지를 알아 보아야 하겠다고 생각하였다. (출애굽기 3:1-3)

떨기나무 가운데 나타나신 하나님입니다. 떨기나무는 미디안 광야 어디에서나 볼 수 있는 것이었습니다. 키가 작은 이 나무는 다름 아닌 히브리 민중들을 의미하는 것이었습니다. 하나님은 때로는 소리로, 또는 빛으로 아니면 바람으로 인간과 마주하십니다. 그 형태는 그 자체로 메시지입니다. 떨기나무에 불이 붙고 떨기나무는 타지 않은 채 빛을 냅니다. 노예 살이를 하는 히브리 민중 내면에 하나님의 뜻이 스며 담기면 어떤 빛나는 역사가 펼쳐질지 미리 예고하는 장면입니다. 하나님은 모세에게 이렇게 말씀하십니다.

모세가 그것을 보려고 오는 것을 보시고, 하나님이 떨기 가운데서 "모세야, 모세야!" 하고 그를 부르셨다. 모세가 대답하였다. "예, 제가 여기에 있습니다." 하나님이 말씀하셨다. "이리로 가까이 오지 말 아라. 네가 서 있는 곳은 거룩한 땅이니, 너는 신을 벗어라."(출애굽기 3:4-5)

그리고는 자신이 누구인지 밝히십니다. "나는 네 조상의 하나님이 다"라고 하시는 겁니다. 아브라함으로 시작되는 히브리 민족의 기원, 그 긴 시간을 거쳐 무수히 많은 해방의 역사를 입증해 오신 하나님이 라는 것입니다.

하나님이 또 말씀하셨다. "나는 너의 조상의 하나님, 곧 아브라함의 하나님, 이삭의 하나님, 야곱의 하나님이다." 모세는 하나님을 뵙기 가 두려워서, 얼굴을 가렸다.(출애굽기 3:6)

모세를 부른 까닭을 또한 밝히십니다. 가라는 것입니다. 돌아가서 하나님의 백성을 구하라는 겁니다. 더 이상의 망명생활은 이제 끝내라 는 거지요. 엄청나게 황당하고 충격적인 신탁입니다.

주님께서 다시 말씀하셨다. "나는 이집트에 있는 나의 백성이 고통 받는 것을 똑똑히 보았고, 또 억압 때문에 괴로워서 부르짖는 소리를 들었다. 그러므로 나는 그들의 고난을 분명히 안다. 이제 내가 내려 가서 이집트 사람의 손아귀에서 그들을 구하여, 이 땅으로부터 저 아 름답고 넓은 땅, 젖과 꿀이 흐르는 땅, 곧 가나안 사람과 헷 사람과 아 모리 사람과 브리스 사람과 히위 사람과 여부스 사람이 사는 곳으로 데려 가려고 한다. 지금도 이스라엘 자손이 부르짖는 소리가 나에게 들린다. 이집트 사람들이 그들을 학대하는 것도 보인다. 이제 나는 너를 바로에게 보내어, 나의 백성 이스라엘 자손을 이집트에서 이끌어 내게 하겠다."(출애굽기 3:7-10)

이건 뜻은 좋으나 받아들일 수 없는 명령입니다. 뭘 봐도 능력이나 조건 그밖의 요소들 어느 하나 준비된 것이 없습니다. 모세는 그런 자기가 무얼 할 수 있겠느냐고 거부를 표합니다.

제가 무엇이라고, 감히 바로에게 가서, 이스라엘 자손을 이집트에서 이끌어 내겠습니까?(출애굽기 3:11)

그러자 하나님은 하나님이 함께 하시겠다는 약속을 하십니다. 너 혼자 하는 일이 아니다, 내가 함께 한다, 대탈출이 반드시 이뤄진다, 이후 산 위에서 내게 예배할 때 그것이 징표가 된다고 확언하십니다.

하나님이 대답하셨다. "내가 너와 함께 있겠다. 네가 이 백성을 이집트에서 이끌어 낸 다음에, 너희가 이 산 위에서 하나님을 예배하게 될 때에, 그것이 바로 내가 너를 보냈다는 징표가 될 것이다."(출애굽기 3:12)

그런데 여기서 하나 걸리는 것이 있습니다. 처음부터 히브리 백성들에게 이건 하나님이 함께 하시는 일이라고 입증할 수 있는 방도가 약속되지 않고 '탈출 이후'로 그 입증시간이 정해져 있는 것입니다. 그러면 처음부터 히브리 백성들을 설득할 방법이 막연해지는 것 아닐까요? 그런데 이 말씀을 눈여겨 새겨 보자면, "네가 이 백성을 이집트에서 이끌어 낸 다음"이라고 되어 있고 여기서 '너'는 '하나님이 함께 하시는 너'입니다. 또한 말이 아니라 실천 자체로 이 놀라운 역사를 체험하게 한 뒤에 자신들을 해방시킨 하나님을 비로소 알게 하시겠다는 것입니다. '행동하는 하나님'입니다.

하지만 모세의 질문은 여기서 멈추지 않습니다. 탈출 이후야 그 다음의 일이고 우선 처음 시작이 문제였으니 말이지요.

> 모세가 하나님께 아뢰었다. "제가 이스라엘 자손에게 가서 '너희 조상의 하나님께서 나를 너희에게 보내셨다' 하고 말하면, 그들이 저에게 '그의 이름이 무엇이냐?' 하고 물을 터인데, 제가 그들에게 무엇이라고 대답해야 합니까?"(출애굽기 3:13)

이름을 부르는 것은 그 존재의 실체, 그리고 내면과 만나는 일입니다. 하나님의 대답은 이러했습니다.

> 나는 곧 나다.(출애굽기 3:14)

개역성경의 번역은 이렇게 되어 있습니다.

> 나는 스스로 있는 자이다.

어느 쪽이든 뜻은 마찬가지입니다. 그 어떤 것에도 의지하지 않는 존재 자체로 존재라는 것입니다. 그 존재가 곧 실천이요, 실현입니다. 이는 강한 자들의 손아귀에 잡혀 자신의 주체성을 발휘하지 못하고 있는 히브리 백성들의 처지와 극단으로 대조됩니다.

지금 히브리 노예들에게 가장 절실한 것은 바로 이 '스스로 나' 되는 존재로 변모하는 것입니다. 그 내면과 그 처지와 공동체 전체의 운명이 그렇게 되는 것입니다. 자신의 삶에 자신이 곧 주인이 되고 이로써 자신의 자아 정체성을 드러내는 것이 이들의 치열한 소망입니다. 그 소망이 이루어질 길이 바로 그런 존재이신 하나님으로 해서 열린다는 메시지가 여기에 담겨 있습니다.

—————— 하나님은 자신을 여러 방식으로 세상에 드러내신다. 그때 그때의 갈망과 의미에 맞는 모습으로 인간에게 자신을 드러내시는 것이다. 떨기나무 불꽃이 되기도 하고 때로는 미세한 소리이기도 하고 때로는 폭풍이기도 하다.

그리고 이 상황에서는 '스스로 나 되는 존재', '나는 곧 나'라는 이름으로 나타나신 하나님이 이들 히브리 노예들의 지향점이 된다. 바로 그런 존재가 되도록 하나님께서 함께 하시겠다는 것이다. 그래야 하나님을 닮은 존재로서 '나는 곧 나'가 될 수 있다는 일깨움이 이 이름 안에 담겨 있다. 누군가의 노예가 아니라 스스로의 삶에서 주인되는 존재로 살아가는 역사가 펼쳐지는 것이다.

이렇게 해서 '조상의 하나님'이 모세와 히브리 백성들 자신의 하나님이 되는 것입니다. 조상의 하나님으로서 그치는 것이 아니라, 그 조상이 만났던 하나님은 '나 자신의 하나님'으로 받아들일 수 있는 길이 열려야 다른 이들에게도 이를 전할 수 있기 때문입니다. 그렇지 않으면 아무리 조상의 하나님이라 한들 그건 그저 타자의 하나님으로 머물 뿐입니다. '나와의 만남'이 이루어지지 않은 하나님은 내 인생과 관련을 갖지 못합니다. 그리고 그 하나님은 내가 내 삶의 주체로 살아갈 수 있도록 이끌어 주시는 하나님이신 겁니다.

그래도 히브리 백성들이 못 믿겠다고 하면 어찌해야 할지 모세는 하나님에게 또 묻습니다.

"그들이 저를 믿지 않고, 저의 말을 듣지 않고, '주님께서는 너에게 나타나지 않으셨다' 하면 어찌합니까?"(출애굽기 4:1)

뭔가 보여주는 것이 있어야 하는 것 아니겠는가라는 말입니다. 끈질깁니다. 그러자 하나님께서는 그에게 반문하십니다.

네가 손에 가지고 있는 것이 무엇이냐?(출애굽기 4:2)

이 질문이야말로 모세의 생애를 뒤집는 가장 결정적인 질문이 됩니다. 모세는 한마디로 답합니다.

지팡이입니다. (출애굽기 4:2)

이 지팡이가 무엇입니까? 모세가 광야에서 양을 치며 들고 다닌, 여느 목동이면 누구에게나 있는 평범한 지팡이 아니었습니까? 하나님은 그거면 된다는 것입니다. 다른 어떤 힘들고 복잡한 것을 요구하신 것이 아니라, 우리 손에 있는 것으로 이미 충분하다는 것을 일깨우신 것입니다. 세상의 눈으로 보기에는 혹여 초라하고 무능력한 것으로 보일지 모르지만, 결코 그렇지 않다는 것입니다.

하나님의 역사에 동참하는 일은 대단히 많은 것을 가지고 시작해야 가능한 것이 아닙니다. 아무리 보잘 것 없다 해도 하나님께서 쓰시겠다고 하면 그것이 곧 하나님의 도구가 되는 것입니다. 하나님의 도구는 그 어느 것이라도 강합니다. 사람의 손으로 만든 것이 하나님의 섭리와 능력을 이기겠습니까?

———— 하나님의 능력과 하나가 된 이 지팡이를 다루는 자세와 역량이 또한 중요하다. 제아무리 관운장의 청룡도라도 그것을 제대로 다룰 수 있는 힘이 없으면, 아무짝에도 쓸모가 없을 것이다. 도리어 그것을 상대에게 빼앗긴다면 자신의 목숨이 그로 인해 위태로워질 것이다.

믿음으로 무장한 용기

지팡이 하나로 무얼 할 수 있을까요? 하나님은 모세의 대답에 다음과 같은 말씀과 함께 사건을 보여주십니다.

"그것을 땅에 던져 보아라." 모세가 지팡이를 땅에 던지니, 그것이 뱀이 되었다. 모세가 그 앞에서 피하니, 주께서 모세에게 말씀하셨다. "너의 손을 내밀어서 그 꼬리를 잡아라." 모세가 손을 내밀어서 꼬리를 잡으니, 그것이 그의 손에서 도로 지팡이가 되었다. 주께서 말씀하셨다. "네가 이렇게 해서, 이적을 보여주면, 주 너희 조상의 하나님, 곧 아브라함의 하나님, 이삭의 하나님, 야곱의 하나님이 너에게 나타난 것을 믿을 것이다."(출애굽기 4:3-5)

이적이 일어나게 하는 것입니다. 이 사건에서 흥미로운 대목이 있습니다. 하나님이 모세더러 그 지팡이를 땅에 던지라고 하자 그 지팡이가 뱀이 됩니다. 모세가 어찌나 놀랐던지 뱀을 피하며 몸을 움츠리자 하나님께서 모세에게 말씀하시되, "손을 내밀어 뱀의 꼬리를 잡으라"는 것입니다. 모세가 그렇게 하니 어느새 뱀은 그의 손에서 도로 지팡이로 변합니다. 모세가 하나님을 만난 것이 호렙 산 떨기나무 불꽃에서였다면, 그가 몸으로 하나님의 능력을 체험한 것은 이 사건에서였습니다. 여기서 흥미로운 대목은 무얼까요? "뱀의 꼬리를 잡으라"는 말씀입니다.

뱀은 그가 이제 직면하게 될 무수한 도전과 위협 그리고 악의 공격을 의미합니다. 지팡이가 땅에 떨어지면서 뱀으로 변했다 함은, 그 지팡이에 의지해서 벌여 나가는 모든 일이 그에게 뱀으로 변해 달려들 수도 있다는 것을 뜻합니다. 제왕 바로 앞에 나가서 백성들을 해방시키라는 말을 전하는 일에서부터 광야로 빠져나온 히브리 백성들을 다스리는 일에 이르기까지 그러했습니다. 지팡이로 상징되는 하나님의 인도하심이 정작 모세에게는 뱀의 도전이 되어 힘들게 하지 않는 일이 하나둘이 아니게 됩니다. 하나님께서 맡기신 일을 감당하는 것은 이렇게 사탄의 계략과 반격을 예상하는 일인 것입니다. 그럴 때마다 모세는 무서움으로 피하려 들 것입니다. 어디 모세뿐이겠습니까.

———— 선한 일에 나섰다가 그로 말미암아 어려움을 겪으면 시험에 들어 다시는 선한 일에 나설 마음을 먹지 못하는 경우들이 있다. 자기 손에서 마음대로 할 수 있는 지팡이가 거꾸로 그를 공격하는 뱀이 되고만 형국이다. 이때 그 뱀의 꼬리를 담대하게 꽉 움켜잡으면 궁지에 처했던 처지는 유리한 고지로 바뀐다. 필요한 것은 실로, 굳건한 믿음으로 나서는 용기다. 그렇다고 머리가 아니라 꼬리를 잡는다고?

뱀이 머리를 세우고 우리를 공략하려 드는 일은 드물지 않습니다. 지팡이가 우리의 손에서 땅에 떨어졌다고 여기는 순간, 사탄은 우리에게 틈을 주지 않고 공격해 들어옵니다. 이제까지 믿고 의지했던 바가 도리어 우리를 심히 두렵게 합니다.

바로 이때, 하나님은 그런 우리를 향해 피하지 말고 뱀의 꼬리를 잡으라는 것입니다. 사실 그렇게 잡았다가는 바로 역공을 당하기 쉽습니다. 뱀이 머리를 돌려 우리에게 치명상을 입힐 수도 있기 때문입니다. 뱀은 머리를 움켜 잡아야 꼼짝 못하는 법입니다. 그러니 꼬리를 잡으라는 하나님의 말씀은 우리에게 자멸을 강요하는 꼴이 될 수 있습니다.

그러나 모세가 말씀대로 뱀의 꼬리를 잡자, 그 사건이 하나님의 권세를 그대로 증명하는 일이 되었습니다.

여기서 우리가 한 가지 중요하게 확인하게 되는 바가 있습니다. 우리가 손에 쥐게 되는 것은 사실 뱀의 꼬리도 아니요, 지팡이도 아니라는 사실입니다. 아무런 권세도 없이 뱀의 꼬리를 쥐면 뱀의 머리가 우리를 상케 할 것이며, 지팡이를 쥐어 봐야 그것은 한낱 나무토막에 지나지 않게 될 것입니다. 하나님이 우리 손에 쥐어 주시는 것은 '하나님의 권세'입니다. 그분의 능력입니다. 그 능력을 먼저 손에 쥐지 않고 잡은 뱀의 꼬리는 우리를 상케 할 것이며, 지팡이는 난관 앞에서 부러질 것입니다.

모세가 쥔 건 지팡이 아닌 '믿음'

────── 이렇게 보자면 하나님이 모세에게 주시는 것은 하나님의 권세요, 모세가 손에 쥐었던 것은 지팡이가 아니라, 하나님에 대한 믿음이었던 것을 절감하게 된다. 이것을 자신의 손에 확고하게 쥐고 있는 사람은 그 무엇을 손에 잡고 있던 그것이 모두 하나님의 권세를 가진 지팡이로 변화하고 이를 앞세워 하는 일에 혹여 생각지도 못했던 역경이 닥친다 해도 물러섬이 없게 될 것이다.

하나님 나라의 과제를 감당해 나가는 일에 물질이 부족하다고, 사람이 없다고, 준비가 되어 있지 않다고 불평할 일이 아니다. 정작 없는 것은 하나님에 대한 확고한 믿음이라는 사실을 깨달을 일이 아니겠는가. 우리 손에 있는 것으로 시작하는 일이 곧 이 세상에서 하나님 나라의 융성을 이루는 출발이다. 하나님께서 우리의 손에 있는 것으로 하나님의 도구를 만들어 내실 것이다. 이 믿음을 가진 이들은 현실에 압도당하는 자들이 아니라 현실을 주도하는 이들이다.

하여, 이 지팡이는 히브리 백성들을 해방시키기 위해 이집트 제국으로 가는 길에 어느새 '하나님의 지팡이'라는 표현으로 바뀌어 기록됩니다.

그래서 모세는 아내와 아들들을 나귀 등에 태우고 이집트 땅으로 돌아갔다. 그때에 모세는 손에 하나님의 지팡이를 들고 있었다.(출애굽기 4:20)

매일 매일의 삶의 도전 앞에서 우리는 먼저 손에 쥐어야 할 것이 있습니다. 그것은 세상이 아닙니다. 그러다가 세상의 손아귀에 잡힌 자들이 하나둘이 아닙니다. 우리는 빛과 소금으로서 세상을 변화시켜야 할 자들입니다. 그러나 그 세상을 변화시킬 특별한 장비는 사실 따로 없습니다. 그저 우리 손에 있는 사랑과 소망과 믿음의 지팡이 외에는 없습니다. 그 지팡이에 하나님의 권세가 임해야만이 모든 것이 새로워질 수 있습니다. 그걸 깨닫고 갈망하면 우리의 일상 자체가 하나님의 권세로 채워져 나갈 것입니다.

마무리하기에 앞서 지팡이의 이적 가운데 반드시 짚을 바가 하나 있습니다. 모세가 지팡이로 나일 강에 치니 강이 피로 변한 사건입니다. 이 역시도 단지 이적이 아니라 그 안에 깊은 메시지가 담겨 있습니다.

내가 쥐고 있는 이 지팡이로 강물을 치면, 이 강물이 피로 변할 것입
니다.(출애굽기 7:17)

강에 있는 물고기는 죽고, 강물에서는 냄새가 나서, 이집트 사람이
그 강물을 마시지 못하게 되었습니다. 무서운 재앙의 시작이었습니다.
이 사건에 담긴 뜻이 무엇일까요?

이 강은 나일 강이었고 나일 강은 고대 이집트 제국의 풍요를 이루
는 원천이었습니다. 그러나 나일 강 자체로 그런 풍요가 이뤄진 것은
아닙니다. 노예 노동이 있었습니다. 히브리 노예들의 노동과 그들의
고통 그리고 죽음이 풍요의 밑바닥에 있는 비밀이었습니다. 히브리 남
자 아이들은 나일 강에 던져져 학살되기도 했습니다. 모세는 그 학살
의 비극에서 목숨을 건진 이였습니다.

모세가 나일 강을 치니 그 나일 강이 이뤄낸 풍요의 밑바닥에 무엇
이 흐르고 있는가가 그대로 드러난 것입니다. 히브리 노예들의 피였
습니다. 이 착취와 억압, 비극을 종식시키는 것이 바로 모세가 맡은 임
무였던 것입니다. 노예가 대탈출을 하면 노예제도는 붕괴됩니다. 더는
피를 쏟아 풍요를 이뤄낼 방법은 없습니다. 이집트 제국의 비밀, 그 모
순을 하나님의 지팡이로 일격에 폭로한 것입니다.

오래 전 미국의 흑백인종차별반대 투쟁 중에 마틴 루터 킹 목사는
워싱턴 D.C.의 광장에서 '우리에게 꿈이 있다(We have a dream)'라는 역
사적이고 힘찬 연설을 했습니다. 인종차별이 사라진 식탁에서 모두가
함께 즐겁게 음식을 나누며 살아가는 세상을 꿈꾼다고 했습니다. 사자
와 어린 양이 함께 뛰노는 이사야서 11장에 나오는 환상이 그 연설의

상상력이었습니다.

> 그때에는, 이리가 어린 양과 함께 살며, 표범이 새끼 염소와 함께 누
> 우며, 송아지와 새끼 사자와 살진 짐승이 함께 풀을 뜯고, 어린 아이
> 가 그것들을 이끌고 다닌다. (이사야 11:6)

그런데 이때 마틴 루터 킹이 말한 꿈은 당시 미국이 부르짖은 '아메리칸 드림'이었습니다. 이 아메리칸 드림을 성서에 등장하는 예언자들의 꿈과 연결해 누구나 노력하면 잘 살게 된다는 미국사회의 선전 슬로건을 보다 진전시키고자 했던 겁니다. 흑인들도 이 꿈에서 배제시키지 말라는 요구가 마틴 루터 킹 목사의 연설에 담긴 뜻이었고 그건 절박한 현실과 맞닿아 있었습니다. 절박한 요구였던 겁니다. 이사야의 환상에는 그 어떤 살육과 약탈, 폭력의 지배도 없는 새상이 담겨 있습니다. 그런 세상을 마틴 루터 킹 목사는 꿈꾸고 선포했던 것입니다.

하지만 이와는 달리 '너의 꿈은 우리에게 악몽이다(Your dream is my nightmare)'라고 '아메리칸 드림' 자체를 직격한 인물이 있었습니다. 그는 마틴 루터 킹 목사와 쌍벽을 이루며 흑인 인권투쟁의 지도자로 활약했던 말콤 엑스였습니다. 물론 그가 이사야의 환상을 비판한 것은 아닙니다. 그 꿈이 이루어지기 위해서라면 먼저 눈떠야 할 현실이 있다는 걸 일깨운 겁니다. 미국의 꿈, 미국 자본주의의 성취 그 밑에는 흑인노예들의 피가 흐르고 있다는 것을 고발한 것입니다. 그러니 그건 악몽이 아닐 수 없습니다.

모세는 바로 이 히브리인들의 악몽, 비극을 온 천하에 드러낸 것입

니다. 대탈출 엑소더스는 그래서 정당하며 절실한 것이었습니다. 따라서 "그들을 구하여, 이 땅으로부터 저 아름답고 넓은 땅, 젖과 꿀이 흐르는 땅"(출애굽기 3:8)이라고 되어 있는 것처럼, 이제 이들이 가게 될 "젖과 꿀이 흐르는 땅"은 물질의 풍요를 뜻하는 것으로만 이해되면 안 됩니다. 그건 바로 억압과 착취로 누군가의 피를 흘리게 하는 체제와의 결별이며 그런 것과는 전혀 다른 대안의 미래를 뜻하는 것입니다.

모세의 손에 쥐어진 지팡이, 그 하나님의 지팡이는 그런 세상을 위해 존재하고 역할하는 것입니다. 오늘의 우리 역시 그렇습니다.

하나님께서 "네 손에 무엇이 있느냐?"고 물으시면 "하나님의 권세가 있습니다!"라고 당차게 대답할 수 있기를 바랍니다. 이 시대가 바로 그러한 사람들을 갈망하고 있습니다. 우리 손에 있는 지팡이로 시작할 수 있습니다. 그것은 어느새 '하나님의 지팡이'가 될 것입니다.

주님, 우리가 칼을 쓸까요?

예수께서 성전에 들어가셔서, 장사하는 사람들을 내쫓으시면서 그들에게 말씀하셨다. "기록된 바 '내 집은 기도하는 집이 될 것이다' 하였다. 그런데 너희는 '강도의 소굴'로 만들어 버렸다." 예수께서 날마다 성전에서 가르치고 계셨다. 대제사장들과 율법학자들과 백성의 우두머리들이 예수를 없애 버리려고 꾀하고 있었으나 어찌해야 할지를 알지 못하였다. 백성이 모두 그의 말씀을 열심히 듣고 있었기 때문이다.(누가복음 19: 45-48)/예수의 둘레에 있는 사람들이, 사태를 보고 "주님, 우리가 칼을 쓸까요?" 하고 말하였다. 그 가운데 한 사람이 대제사장의 종을 쳐서, 그 오른쪽 귀를 떨어뜨렸다. 그러나 예수께서는 "그만해 두어라!" 하시고, 그 사람의 귀를 만져서 고쳐 주셨다. 그런 다음에 자기를 잡으러 온 대제사장들과 성전 수위대장들과 장로들에게 말씀하셨다 "너희는 강도에게 하듯이, 칼과 몽둥이를 들고 나왔느냐?"(누가복음 22:49-52)

예수가 이끈 하나님 나라 운동의 일차적 목표는 무엇보다도 낡은 것을 청산하고 새것을 세우는 일이다. 그것은 혁명적 대안의 실현이다. 여기서 낡은 것이란 오래 된 것이 아니라 '위장된 하나님 나라'를 의미한다. 진짜 행세를 하고 있는 가짜를 가려내어 이를 허물고, 진정 새롭고 참된 하나님 나라의 모델을 세상에 이루어 내는 일이다.

'위장된 하나님 나라'는 현실에서 여러 가지 방식으로 나타난다. 정치적 세뇌, 종교적 위선, 문화적 사기, 경제적 불의의 정당화, 노예화 교육 등을 통해서 특권을 누리는 자들이 자신들의 권세를 신성시(神聖視)하도록 한다.

예수가 예루살렘 입성 이후 맨 처음 과제로 성전 혁파를 하신 까닭은 다른 데 있지 않다. 특권의 성역을 만들어 위장된 하나님 나라의 위세를 부리고 있던 부패하고 타락한 세력들에게 일대 타격을 가하여, 이들을 척결하기 위함이었다.

예수는 성역화 된 이들의 근거지를 '강도의 소굴'이라고 불렀다. 그리고 본래의 하나님 나라가 이루어내야 할 바를 회복하도록 백성들의 생각을 일깨우는 일을 펼쳐 나갔다. 이러한 작업은 결코 순탄한 것이 아니었다. 특권 세력의 반격을 필연적으로 받게 마련이었다. 그리고 그 반격은 이들 이스라엘 특권세력이 로마 제국 총독부에게 예수에 대한 십자가 처형을 요청하는 결과를 낳게 되었다.

사태가 이렇게 되자 예수가 이끈 하나님 나라 운동은 일대 위기에 처하게 된다. 이 운동의 수장(首長)인 스승 예수가 체포되기에 이르자 제자들은 여기서 이대로 물러설 수 없다고 하면서 칼을 들겠다고 나선다. 이제 어떻게 할 것인가? 하나님 나라 운동의 고뇌이다.

종려주일은 나사렛 예수의 예루살렘 입성(入城)을 기념하는 절기입니다. 예수님이 자신의 제자 공동체와 함께 예루살렘의 지배 세력과 일대 대결을 펼친 것입니다. 이스라엘의 변방이었던 갈릴리 지역의 선교를 총결산하면서 이스라엘의 중심부를 뒤흔드는 혁명적 사태가 여기서 벌어집니다.

그가 예루살렘의 종교적 권위를 거의 절대적으로 지켜주고 있던 성전을 '강도의 소굴'이라고 일갈했고, 그곳을 독점적으로 차지하고 있던 특권 세력들을 축출하려는 충격적인 사건을 벌입니다. 그런데 이 사건은 예수의 고난을 결정적으로 자초하는 일이 됩니다. 힘 있는 자들을 매우 크게 분노하게 만들었기 때문입니다.

"대제사장들과 율법학자들과 백성의 우두머리들이 예수를 없애버리려고 꾀하였다"고 합니다. 하지만 이 단계에서는 아직 그 없앨 방도에 대하여 확실한 생각이 모아진 것은 아니었던 모양입니다. 이렇게 적혀 있으니 말입니다.

> 대제사장들과 율법학자들과 백성의 우두머리들이 예수를 없애 버리려고 꾀하고 있었으나 어찌해야 할 지를 알지 못하였다.(누가복음 19:47-48)

그러나 이들은 적어도 한 가지 만은 서로 분명하게 뜻을 같이 했다고 보여집니다.

"저 예수라는 자를 그대로 살려 두어서는 아니 되겠구나."

아직은 히브리 민중들이 예수 일행을 따르고 지지하기에 이들 지배자들도 어쩌지 못했던 것 뿐이고 기습적인 반격은 몰래 꾸며지고 있었습니다. 시간문제였습니다. 이들을 만천하에 '강도'라고 질타를 하고 '소굴'이라고까지 했으니 말입니다. 보복조처가 없을 리 만무했습니다.

게다가 이미 제사장들이 '기도의 집'이라고 가르쳐 온 성전을 새삼 다시 기도하는 집으로 선포하는 것은 이들 제사장들을 비롯한 종교 지도자들의 위선을 드러내고 권위를 여지없이 땅바닥에 팽개치는 일이었습니다. 그리되면 정신적 주도권은 예수님에게로 이동하게 됩니다. 이들 특권세력의 입장에서는 자기들에게 유리한 정세로 변화시키는 음모와 공작이 다급해졌습니다.

강도의 소굴과 성전 혁파

예수께서 예루살렘 성전에 당도하셔서 하신 일의 정체는 무엇입니까? 그것은 이스라엘의 영적 중심을 바로잡는 일이었습니다. 건물로서의 성전은 버젓이 있었으나 그 안에서 벌어지고 있는 일들은 모두 하나님의 뜻과 대적(對敵)하는 것들 뿐이었음을 폭로했습니다. 하나님의 축복을 나누어 주어야 할 자리가 성전의 특권을 이용하여 사람들로부터 온갖 재물을 빼앗아 타락하고 부패한 종교 지도자들의 배를 불리는 자리로 전락하고 만 것에 크게 노했던 것입니다. 성전은 이들 특권세력의 권세와 재물을 쌓는 요새였습니다.

그 결과 특권세력의 성채는 이들 히브리 백성들에게 '영적 생명력의 공급처'를 박탈해 버리고 마는 더 크고 무서운 죄를 저지르고 있었습니다. 성전은 실로 인간과 인간을 서로 차별하는 특권을 거부하는 자리이며, 다른 무엇보다도 하나님의 영적 생명력에 최우선의 관심을 가지는 현장이어야 합니다. 그래야 이 생명의 힘을 가지고 이 세상에 하나님 나라의 꿈을 일구어 낼 수 있는 능력이 자라나기 때문입니다. 교회 또는 성전은 이 세상 속에 존재하면서도 이 세상에 속하지 않는 존재로서, 하나님 나라 운동의 근거지이자 진지입니다. 그런데 강도의 소굴이 되고 만 것입니다.

이런 실체가 폭로되자 이들이 선택한 것은 예수님을 처치하는 일이 었습니다. 예수를 잡으러 온 현장에서 예수께서는 "너희는 강도에게 하듯이 칼과 몽둥이를 들고 나왔느냐?"라고 합니다. 자기들이 강도이 면서 예수님을 강도 대하듯이 하고 있다는 역설적인 비판입니다.

———— 이제 문제는 강도들의 습격을 받은 하나님 나라 운동의 주역들이 어떻게 대응하고 나오느냐이다. 이 대응의 방식에 따라 하나님 나라 운동은 내부에서 스스로 붕괴의 원인을 안게 될 것인지 아니면 새로운 성장의 기회를 얻게 될 것인지가 판가름난다.

사태가 이에 이르자, 예수의 제자 가운데 누군가가 나서서 "주님, 우리가 칼을 쓸까요?" 합니다. 그러고는 그 대답도 듣기 전에 대제사장 집에서 이 현장에 보낸 종의 귀를 칼로 쳐서 떨어뜨립니다. 그러나 예수님은 "그만해 두어라"고 하시더니, 그 종의 귀를 만져서 고쳐주셨습니다.

예수 일행을 향해 칼과 몽둥이를 들고 온 자들은 그 무기로 하나님 나라 운동의 진전을 가로막을 수 있다고 생각했을 것입니다. 예수의 제자들도 다르지 않았습니다. 그들도 예수를 잡으러 온 자들과 상대하여 칼을 쓰면 이 상황을 막아낼 수 있다고 여겼던 것입니다. 상대가 칼과 몽둥이로 먼저 공격하기 전에 공세를 취했습니다. 선제공격이며 상대를 미리 제압하겠다는 것입니다. 대제사장의 종 한 사람의 귀를 잘라 떨어뜨린 사건이 그것입니다. 서로 간에 바로 유혈충돌이 벌어질 판입니다. 이때 예수님은 칼부림을 제지하고 다친 이를 치유했던 것입니다.

하나님 나라를 무너뜨리는 '칼과 몽둥이'

———— 예수 제자 공동체는 칼을 써서 하나님 나라를 방어하겠다고 함으로써 자신들의 고백과 모순이 되는 처지에 빠졌다. 하나님 나라와 칼의 폭력은 상극이기 때문이다. 칼을 쓰겠다는 유혹은 이미 이들이 하나님 나라의 방식을 통한 승리에 대하여 믿음을 상실해 버린 것을 입증한다. 제자들은 이를 미처 깨우치지 못하고 있었다.

이 세상에 생명을 공급하겠다는 자가, 생명을 죽이는 칼을 함께 쓸 수는 없다. 남의 생명을 해치거나 앗아감으로써 피를 묻힌 손을 가지고, 생명을 구하는 자로 행세할 수 없다. 칼과 몽둥이로 무장한 세력이 둘러쌌으니 위협적이었을 것이다. 그렇다고 해도 칼을 들어 선제공격을 하고, 목숨을 겨냥한 것은 아니지만 귀를 베어낸 것은 만행이다. 그렇게 한 이는 칼쓰는 솜씨에 자신이 있었을 것이다.

현실에서 믿음을 가졌다고 하면서 칼을 드는 일은 여러 형태다. 자신의 유익을 위해 사람들을 고발하고 법정에 세우는 일을 서슴지 않고 인간 생명의 존엄성을 근본적으로 파괴하는 사형 제도를 지지하며 정치적, 법적, 경제적 폭력에 의존하여 자신의 특권을 지켜 내는 이들이 또한 적지 않다. 성전(聖戰)을 내세우며 전쟁이 정당화되는 일이 적지 않고 약자들을 착취하며 짓밟는 일이 비일비재한 현실이다. 약소민족을 칼과 총으로 지배하면서 하나님의 뜻을 앞세운다. 모두 다 칼을 든 자들이다.

하나님 나라는 칼과 몽둥이로 무너뜨릴 수도 없고 또 그것으로 세우거나 지켜 낼 수 있는 것도 아닙니다. 칼은 칼을 부를 것입니다. 다급한 상황이긴 했다고 해도 상대의 귀를 잘라 위협하는 것이 아니라, 그 귀가 하나님 나라의 육성을 알아듣는 귀가 되도록 하는 일이 보다 중요했던 것입니다.

하나님 나라 운동은 칼이 주도권을 갖는 일이 없도록 하자는 것이었는데, 이들 제자들은 그 본질을 망각했던 것입니다. 예수께서 제자들이 칼을 들고 나서자 "그만해 두어라" 하신 까닭은 이유가 있었습니다. 무기를 버리고 생명의 힘을 이 세상에 채워나가자는 가르침을 제자들은 정면으로 배반하고 있는 셈입니다. 하나님 나라 운동을 칼싸움 벌이는 일로 전락시키고 말 뻔했던 것입니다.

예수님이 갈릴리 선교 활동을 통해 모아 나간 힘은 칼의 힘이 아니라 사랑의 힘이었습니다. 남을 무찌르는 일이 아니라, 무찌름을 당한 자의 생명을 구하는 일이었던 거지요. 세상은 칼을 들고 있는 강도와 같은 마음과 자세로 자기 유익을 구하나, 예수께서는 그 칼을 버리고 생명의 말씀을 붙잡아 세상의 아픔을 치유하고 세상의 어리석음을 고치며 세상의 굽은 길을 바로 하라고 가르치셨습니다. 그러나 제자들은 이를 깊이 깨우치는 데까지는 아직 다다르지 못해서 예수를 따른다면서 도리어 예수와는 대적하는 자가 되는 순간에 이른 것입니다.

부당한 현실, 누군가를 짓밟는 현실에 대한 거룩한 분노, 정의로운 분노는 소중합니다. 그러나 그것이 칼을 드는 근거는 아닙니다. 여기서 칼은 진짜 칼만이 아니라, 그 마음의 칼까지 포함합니다. 상대의 몸이든 마음이든 피를 흘리게 하는 것 모두가 다 칼입니다. 정치에서 이렇게 칼을 들어 상대를 죽이고 짓밟고 제거하는 일이 얼마나 비일비재합니까? 그런 정치는 인간과 사회를 구하지 못합니다. 보복의 악순환만 가져올 뿐이라 그 사회를 바닥에서부터 무너뜨립니다. 이게 좋아 보이던가요?

예수님의 말씀대로 칼로 일어서면 그 칼로 망합니다. 그 승리와 융성의 기본바탕이 칼이면 그건 폭력의 구조화를 가져올 뿐입니다. 모든 거대한 제국의 흥망이 그걸 보여줍니다.

───── 생명의 길을 가는 자는 생명의 방식에 모든 것을 걸어야 한다. 세가 불리하다고 반(反)생명적 방식에서 수를 찾으면 자멸이다. 세상이 부와 권세를 속히 얻기 위해 인간과 자연의 생명을 짓밟고 파괴한 결과가 지금 어떻게 나타나고 있는가? 지구 생태계는 날이 갈수록 위기에 처해 있고, 기후위기는 우리의 미래를 멸종의 단계로 밀어넣고 있다.

생명을 가볍게 여기며 멸시하고 있는 탓이다. 칼의 논리는 생명의 현실과 대립한다. 이기겠다고 칼과 칼의 논리를 들어 쓰면 그 칼이 도리어 자신을 겨누게 되는 일은 필연이다. 칼의 손잡이가 언제나 자신의 손에 있다고 믿을 수도 없고, 칼을 썼다는 것 자체가 그의 권위를 결국 무너뜨릴 것이기 때문이다.

하나님 나라 운동의 주역이 하나님 나라가 지닌 생명의 힘을 신뢰하지 못하고 현실의 힘을 동원한다면 그때부터 하나님 나라 운동의 진정한 능력은 상실되고 맙니다. 강도의 방법으로 강도를 막아내겠다고 하다가 그 자신이 어느새 강도와 닮거나 강도가 되고 마는 것입니다.

칼을 들면 당장에 뭔가 매듭을 푸는 것처럼 여겨질 수 있습니다. 그러나 종국에 이기는 길이 진짜입니다. 때로 기다려야 하고 때로 참아야 하고 때로 모욕을 겪기도 하며 때로 눈물을 흘려야 하지만, 최후에 웃는 자가 행복한 사람입니다. 그가 진정으로 승리하는 자이기 때문입니다. 잠시의 승리를 노리다가, 영원히 패배하는 존재가 되지 마시기 바랍니다.

칼을 준비하라

그런데 그렇다고 해도 참으로 이해할 수 없는 대목이 하나 있습니다. 지금까지 했던 이야기와 정면으로 모순되는 것 같은 장면이 있기 때문입니다. 이 사건이 일어나기 전에 예수님은 제자들에게 마지막 고난을 예언하시면서 세상에 나가게 될 제자들에게 당부하는 말씀이 있습니다. 여기에 난데없이 '칼'이 등장합니다.

예수께서 제자들에게 말씀하셨다. "내가 너희를 돈주머니와 자루와 신발이 없이 내보냈을 때에, 너희에게 부족한 것이 있더냐?" 그들이 대답하였다. "없었습니다." 예수께서 그들에게 말씀하셨다. "이제는 돈주머니가 있는 사람은 그것을 챙겨라, 또 자루도 그렇게 하여라. 그리고 칼이 없는 사람은, 옷을 팔아서 칼을 사라."(누가복음 22:35-36)

'이제는' 돈주머니도 필요하고 자루도 필요하고 무엇보다도 칼까지 필요하다는 것입니다. 없으면 옷을 팔아서라도 구하라는 것입니다. 이 전과는 다른 준비와 대응, 자세와 무기가 필요해졌다는 겁니다. 그전에 는 부족함이 없는 것이나 이제는 그걸로 되지 않는다는 것입니다. 왜? 저들이 예수님을 노리고 하나님 나라 운동을 파괴하려 들고 있기 때문 입니다. 무법자로 몰려 위기의 시간이 다가오고 있다는 것입니다. 그러 나 그것은 피할 수 없다고 합니다. 지금은 그래야 한다고 말씀하십니다.

"내가 너희에게 말한다. '그는 무법자들과 한패로 몰렸다' 하는 이 성 경 말씀이, 내게서 반드시 이루어져야 한다. 과연, 나에 관하여 기록 한 일은 이루어지고 있다." 제자들이 예수께 말하였다. "주님, 보십시 오. 여기에 칼 두 자루가 있습니다." 예수께서 그들에게 말씀하시기 를 "넉넉하다" 하셨다. (누가복음 22:37-38)

이렇게 칼이 준비되었습니다. 전에는 칼에 대해 말도 꺼낸 바 없는 데 이제는 칼이 필요하고 두 자루 있다고 하니, 이를 보고 예수님은 '넉넉하다'고 합니다. 막상 칼을 썼을 때는 '거두어라'라고 하신 분이 그러기 전에는 칼을 준비하라느니, 두 자루가 있다고 하니 그 정도로도 충분하다고 하시지를 않나 헷갈리지 않나요? 칼은 그럴 만한 상황이 되었을 때 뽑아 쓰기 위해 준비하는 것 아닌가요? 정작 그렇게 칼을 쓰니까, 그러지 말라고 하시는 것은 또 뭔가요? 게다가 마태복음 10장 34절에는 이런 말씀도 있습니다.

> 너희는 내가 세상에 평화를 주러 온 줄로 생각하지 말아라. 평화가
> 아니라 칼을 주러 왔다.

이 모순된 것처럼 보이는 대목들을 제대로 이해하기 위해서는 칼을 준비하라는 것과, 그것도 두 자루면 넉넉하다는 말씀을 분명하게 이해할 필요가 있습니다. 이 두 말씀을 하나로 묶으면 칼을 준비하긴 하되 하되 제 몸 하나 그런대로 지킬 만한 정도면 된다는 것입니다. 반면에 평화가 아니라 칼이 주어질 것이라니 이건 또 뭔가 싶기도 할 것입니다.

예수님의 하나님 나라 운동은 이제 특권세력의 총공세에 직면하게 되었습니다. 어떤 폭력적 제압이 벌어질지 모릅니다. 제자들도 그 목표가 되어 신변이 위태롭게 되었습니다. 최소한의 방어가 필요해졌습니다. 그게 '두 자루의 칼'이 상징하는 바입니다. 각기 흩어져 세상에 파송되는 시각 이전에, 예수님에 대한 공격이 예상되는 때에 이들 제자 공동체가 최소한 무장으로 가지고 있는 것이 '두 자루의 칼'입니다. 물론 숫자로 딱 두 자루를 뜻한다기 보다 소소한 방어능력 정도로 그치면 된다는 뜻이라고 하겠습니다.

그런데 생각해 볼 게 있습니다. 이걸로 보다 강력한 무력을 지닌 세력의 무장습격을 완벽하게 막아낼 도리는 없습니다. 그건 '겨우' 두 자루입니다. 또는 두 자루에 '불과'합니다. 그걸 '넉넉하다'고 하십니다. 그러니 이는 대대적인 격돌과 유혈전투로 상대를 제압할 만한 것도 아닙니다. 그렇게라도 하자면 칼을 쓰는 훈련이라도 충분히 해야 합니다. 예수님의 제자들이 검객이 되는 것도 아닙니다. 그런 참에 이걸로 선제공격 따위를 하는 것은 말도 안 되는 일입니다.

그렇다면 이 두 자루의 칼이 뜻하는 바는 명확해집니다. 직접 먼저 뽑아 쓰라고 있는 칼이 아닌 것입니다. 최소한의 정당방어가 담긴 의지를 뜻합니다. 쉽게 건드릴 생각을 먹지 못하게 하라는 것입니다. 그 정도의 의미로는 넉넉하다는 것입니다. 그러나 그걸 뽑아 상대를 해하는 일까지 해서는 안 된다는 것입니다.

강대한 제국의 폭력이 지배하는 시대에 이 두 자루의 칼은 대군단에 비하자면 돌맹이 하나에 지나지 않을 것입니다. 미력하기 짝이 없습니다. 그러나 그게 넉넉한 것이라면 보기에는 초라하거나 미미하지만, 실제로는 강하다는 것입니다. 상대의 귀를 잘라내는 일을 벌이는 칼은 아니라는 것입니다. 하나님 나라는 칼로 이뤄 내는 나라가 아니기 때문입니다. "칼의 전략"이 사실 그리 간단해 보이지 않습니다. 그러나 핵심은 분명합니다. 옷을 팔아서라도 칼을 구해 놓고 그걸로 자신을 지킬 수 있도록 하라는 겁니다. 우리가 흔히 생각하듯 예수님의 하나님 나라 운동이 절대적 비폭력 비무장이 아닙니다. 그러나 그 칼은 남을 해해서는 안됩니다. 칼로 상대를 무찌르라는 것이 아니니 칼은 있으되 칼집에만 있는 것이 됩니다.

그런데 평화가 아닌 칼을 주러 오셨다는 말씀은 또 뭔가요? 그건 세상의 악을 베어낼 칼입니다. 실제 자르고 찌르는데 쓰는 검이 아니라, 날카로운 말씀의 칼, 영성의 칼을 뜻하는 것입니다. 그래야 이 말씀이 앞뒤가 서로 맞습니다. 그렇다면 오늘날 우리가 지녀야 할 칼은 무엇일까요? 어떻게 해야 그 정도면 넉넉한 게 될까요? 어떻게 해야 악과 대적할 말씀의 칼, 영성의 칼이 될까요? 그건 우리 자신을 지켜 낼 조직입니다. 핍박 속의 초대교회가 그것을 보여주었습니다. 강한 동지애입니다. 정의를 이뤄 낼 법입니다. 정의로운 뜻을 위해 함께 모으는 돈입니다. 우리의 뜻을 바로 펼 언론입니다. 억울하게 마녀사냥을 당하는 이를 방어하는 일입니다. 기본권 투쟁을 위해 펼치는 담대한 용기이자 의를 위해 단결하는 이들의 압도하는 기세입니다. 이걸로 우리는 상대의 귀를 베어내거나 찌르거나 피를 보게 하지는 않습니다. 세상이 자행하는 만행과 똑같은 방법을 우리가 쓸 것입니까? 그래서 우리가 이처럼 하려 할 때 예수님은 "그만 두어라" 하시는 것입니다.

우리가 참으로 내세울 것은 생명의 힘으로 승리하는 겁니다. 세상의 권세를 쉽사리 동원하려다가 생명의 힘을 잃고 마는 자가 되지 맙시다. 진실의 힘으로 이겨나가는 겁니다. 아무리 어려운 시절이라도 두 자루의 칼로도 이미 넉넉할 수 있는 지혜와 깨우침이 우리에게 있기를 빌겠습니다.

나는 하늘을 얻고, 하늘은 나를 얻고

그제서야 그는 제정신이 들어서, 이렇게 말하였다. '내 아버지의 그 많은 품꾼들에게는 먹을 것이 남아도는데, 나는 여기에서 굶어 죽는구나. 내가 일어나 아버지에게 돌아가서, 이렇게 말씀드려야 하겠다. 아버지, 내가 하늘과 아버지 앞에 죄를 지었습니다. 나는 더 이상 아버지의 아들이라고 불릴 자격이 없으니, 나를 품꾼으로 삼아 주십시오.' 그는 일어나서, 아버지에게로 갔다. 그가 아직도 먼 거리에 있는데, 그의 아버지가 그를 보고 측은히 여겨서, 달려가 그의 목을 껴안고 입을 맞추었다. 아들이 아버지에게 말하였다 '아버지, 내가 하늘과 아버지 앞에 죄를 지었습니다. 이제부터 나는 아버지의 아들이라고 불릴 자격이 없습니다.' 그러나 아버지는 종들에게 명령하였다 '어서 좋은 옷을 꺼내서 그에게 입히고, 손에 반지를 끼우고 발에 신을 신겨라. 그리고 살진 송아지를 끌어내다가 잡아라. 우리가 먹고 즐기자. 나의 이 아들은 죽었다가 살아났고, 내가 잃었다가 되찾았다.' 그

래서 그들은 잔치를 벌였다. (누가복음 15:17-24)

────── 흔히 '탕자의 비유'라고 이름 붙이는 누가복음 15장의 본문은 무수한 설교의 대상이 되어 왔다. 이 이야기는 읽으면 읽을수록 그 메시지가 매우 풍요하다는 사실을 깨우치게 된다. 기세 좋게 인생의 새로운 출발을 시도했다가 그만 세상으로부터 저버림을 받아 진창에 빠진 인간을 하나님 나라가 어떻게 일으켜 세우는지, 그래서 그가 어떤 감격으로 살게 되는지 이 이야기는 증언해 주고 있다.

이 이야기는 그러한 의미에서, 세상의 부대낌으로 말미암아 지치고 고단해진 인간을 힘있게 위로하고 그 기력을 새롭게 회복시켜 줄 '진정한 고향'으로 돌아가는 길을 일깨운다.

이야기에 등장하는 둘째 아들은 한때는 부러움의 대상이었다가 인생유전(人生流轉)을 거쳐 이제는 누구도 제대로 거들떠보지도 않고 인정해 주지 않는 비참한 상황에 직면한다. 그러면서 출구를 찾지 못했던 그는 겨우 용기를 내어 아버지의 집으로 돌아간다. 거기에서 그를 기다리고 있던 것은 각오했던 질책과 정죄가 아니라, 다름 아닌 그를 위해 베풀어진 '잔치'였다.

'돌아온 탕자'가 던지는 구원의 의미

이 이야기에 나오는 둘째 아들은 재물이 자기 수중에 있기만 하면 세상은 내 것이라고 믿어왔던 현실에서 추락하고 맙니다. 가지고 있던 걸 잃자 비로소 깨우치는 바가 있게 됩니다. 이 시각에 이르기까지 그가 겪어야 했던 것은 도대체 무엇이었을까요? 그리고 이 고비를 넘어서서 그가 마침내 뼈저리게 도달하게 된 결론은 또한 무엇이었을까요?

오늘 우리가 읽은 본문은 '그제서야'라고 시작되고 있습니다. 이 시간 이전에 일어난 일이 무엇인지 우선 살펴보기로 합시다.

어떤 사람에게 아들이 둘 있었는데, 그 가운데 작은 아들이 아버지에게 자기 몫의 유산을 미리 달라고 요구했습니다. 아버지가 돌아가시지도 않았고 형도 있는 판에 난데없기도 하고 도발적인 요구라고 할 수 있습니다. 그런 뒤, 며칠이 채 지나지 않아 받은 것 일체를 모두 챙겨 다시는 고향으로 돌아올 사람이 아닌 양 먼 지방으로 훌쩍 떠났습니다. 한 아버지에게서 나온 아들들이었지만, 그 둘의 운명은 이렇게 해서 갈라졌습니다. 작은 아들은 바라던 유산을 얻었으나 아버지는 아들을 떠나보내야 했습니다. 작은 아들은 아버지와 결별하는 것이 하등 아쉬울 것이 없는 모양이었습니다.

반면에 아버지가 그 아들을 그래도 떠나 보낼 수 있었던 것은, 새로운 곳에서 누구의 간섭도 받지 않고 스스로 한 번 시작해 보고 싶다는 아들의 꿈을 받아들였기 때문일 것입니다. 유산을 물려받고 며칠 만에 자기 나름의 독자적인 인생행로를 선택했다는 것을 보면, 그 아들에게는 '이렇게 하겠다'는 계획이 오래 전부터 있었던 것이 아닌가 합니다. 아버지와 형의 감독 또는 간섭을 받지 않는 자유를 누리고 싶었을지도 모릅니다.

그런데 그는 새로이 정착한 곳에서 재산을 모두 날려 버리게 됩니다. 성공을 바랬지만, 무참하게 실패해 버린 것입니다. 설상가상으로 그곳에 흉년이 몰아닥치자 더더욱 아주 궁핍하게 되었습니다. 전혀 예견하지 못했던 사태였습니다.

결국 그는 그곳의 누군가에게 가서 몸을 의탁하게 됩니다. 그러나 때는 흉년이고 그냥 놀고먹을 수는 없는 노릇이어서 그는 사람들이 가장 꺼려하고 손대기 싫어하는 돼지치기로 나설 수밖에 없게 됩니다. 그는 빈곤과 기아로 허덕였고, 짐승이 먹는 것으로라도 배를 채우고 싶었지만, 그 또한 여의치 않았습니다. 자기 마음대로 할 수 있는 자신의 소유는 아무것도 없었던 것입니다. 이러한 형편에서 자신의 인생은 이미 자신의 것이 될 수 없었습니다. 그는 굶어 죽어가고 있었습니다. 재물로 자신의 삶을 완성시키려 했던 그의 생각과 야망은 허무하게 무너졌습니다. 그의 인생은 끝장나고 있었습니다.

본문의 '그제서야'는 바로 이 나락에 처한 존재의 새로운 각성의 시간을 의미합니다. 그의 존엄한 자아는 폐기되고 말았습니다. 더는 굴러 떨어질 데도 없었습니다. '그제서야'의 이면에는 '진작에 그럴 것을'이라는 마음 또한 함축되어 있습니다. 다시는 돌아갈 이유가 없을 것이라고 여겼지만 그게 아니었습니다. 인생의 막다른 골목에 처한 존재가 비로소 눈뜬 것은 '돌아갈 자리가 있다'는 사실입니다. 출구가 있었던 것입니다.

———— 그러나 이 아들의 각성은 아직 불완전한 것이었다. 그가 내린 귀가 결정은 지금 당장의 허기 때문에 이루어진 것이었고 따라서 아버지의 집은 지금 놓여 있는 상황보다는 다소 나은 조건에서 허기를 메울

수 있는 현장으로서만이 의미를 가질 뿐이었다.

그의 최우선적 관심이 물질적 차원에만 머물러 있었기 때문이다. "관계의 회복"이라는 차원은 없다. 물론 아들이라고 내세울 만한 면목이 없었기도 했겠지만, 이제 돌아가는 옛집에서 만나게 될 아버지와의 관계를 자신의 노동과 교환하는 물질적 대가를 기준으로 규정하려 든다. 품꾼이라도 되는 것이 그의 목표다. '아버지의 아버지 됨에 호소'하려 들지 못하고 있다. 비난할 바는 아니나, 인식의 한계가 뚜렷하다.

그건 주인과 종의 수준에 머무는 것이다. 조건에 따른 관계 설정이다. 이에 반해 아무 조건도 필요 없음을 일깨우는 아버지의 사랑이 대조된다. 그리고 이 아버지의 사랑이 사태의 주도권을 쥐고 이후의 상황을 펼쳐 나간다.

이 아들이 인식하는 아버지의 집은 단지 품꾼에게조차 먹을 것이 남아도는 곳일 뿐이었습니다. 그가 이제부터 강렬하게 바라는 것은 품꾼이라도 되어 그들에게 주어질 양식이라도 얻을 기회를 포착하는 일이었습니다.

그는 다음의 대사를 준비합니다.

내 아버지의 그 많은 품꾼들에게는 먹을 것이 남아도는데, 나는 여기에서 굶어 죽는구나. 내가 일어나 아버지에게 돌아가서, 이렇게 말씀드려야 하겠다. "아버지, 내가 하늘과 아버지 앞에 죄를 지었습니다. 나는 더 이상 아버지의 아들이라고 불릴 자격이 없으니, 나를 품꾼으로 삼아 주십시오."(누가복음 15:17-19)

작은 아들은 이 목적을 위해 아들의 자격을 스스로 포기합니다. 아버지를 보고 싶은 것이 일차적인 갈망이 아니었습니다. 게다가 아들의 자격을 내세웠다가는 품꾼의 자리조차 얻지 못할 것이 두려웠는지도 모릅니다. 양심상 아들의 권리를 내세울 수 없었습니다. 그는 아버지를 만나러 가는 것이 아니었습니다. 새로운 품꾼을 고용할 의사가 있는가 없는가를 알기 위해 안면이 있는 농장주인에게 취직 인터뷰를 하러 가는 셈이었습니다. 아들로서의 자존감이 완전히 무너져 있는 것입니다.

그는 그 자리에서 마침내 일어납니다. "이렇게 꼼짝없이 주려 죽는구나!" 하고 주저앉은 자리를 털고 일어나 아버지의 집을 향해 발길을 옮겼습니다.

그런데 아버지는 돌아오는 아들의 거지꼴이 다 된 비참한 모습을 먼발치에서 보고 그가 누구인지 금새 알아봅니다. 이 장면이 참 놀랍습니다. 게다가 아버지는 이제나 저제나 기다리고 있었다는 것을 짐작할 수 있기 때문입니다. 남들에게 자랑할 수 없는 처지가 된 아들이건만, 아버지의 관심은 거기에 있지 않았습니다. 그는 아들이 제 발로 걸어오기까지 기다리지 않고 먼저 달려갔습니다. 허기져 기력이 빠진 아들이 아버지의 집에 스스로의 부족한 힘에 의지해서 쓰러질 듯 당도하기 전에 뛰어가 그 아들을 힘차게 부둥켜 안았습니다. 그리고는 목을 껴안고 입을 맞춥니다.

―――― 오랜 가뭄이 그치는 것이다. 목마른 자의 기갈(飢渴)이 채워지려는 순간이다. 그러나 땅은 아직 준비가 되어 있지 않았다. 무조건의 사

랑 앞에서 조건부의 관계가 내세워진다.

이때 아들은 길 떠나면서 속으로 준비해 온 대사를 읊습니다.

아버지, 내가 하늘과 아버지 앞에 죄를 지었습니다. 이제부터 나는
아버지의 아들이라고 불릴 자격이 없습니다.(누가복음 15:21)

아버지의 이런 환대를 자기는 받아들일 수 없다는 것입니다. 자신은
지금 아들의 자격으로 돌아온 것이 아니라는 거지요. 아버지가 자신을
바라보는 시각의 교정을 요구하고 있습니다. 죄를 지은 자의 고백입니
다. 그래야 그 다음 이야기가 현실로 성립될 수 있기 때문입니다. 이어
그는 준비했던 대로 "저를 품꾼으로 써 주소서"라는 말을 하려는 참이
었을 것입니다.

그러나 성서 본문에는 이 대목이 없습니다. 그가 돼지치기 시절 생
각했던 이 대목이 그의 입에서 나오기 전, 그 말을 채 꺼내기도 전에
전혀 예상치 못한 상황이 벌어졌습니다. 아버지는 아들의 말에 대꾸도
않고 곧바로 종들에게 명합니다.

좋은 옷을 꺼내 입히고 손에 반지를 끼우며 발에 신을 신겨라. 그리
고 살진 송아지를 잡아 잔치를 벌이자. 우리가 먹고 즐기자.(누가복음
15:22-23)

아들의 그 다음 말을 행동으로 막아버린 것입니다.

"품꾼으로 써 주소서"라는 말을 아예 할 필요가 없는 상황을 만들어 준 것입니다. 무너진 아들의 자존감을 순식간에 일으켜 세웠습니다. 돌아온 자체로 관계의 회복이 선언되었습니다. 물질은 그 다음에 따라오는 것일 뿐입니다. 먼저 이뤄져야 할 바가 이뤄진 것입니다. 아버지는 이렇게 선포합니다.

> "나의 이 아들은 죽었다가 살아났고, 내가 잃었다가 되찾았다." 그래서 그들은 잔치를 벌였다.(누가복음 15:24)

아들이 돌아온 것이 무엇을 의미하는지 분명하게 밝힙니다. 죽었다 살아났으며, 잃었다가 되찾았다는 겁니다. '생명과 회복'. 이것이 아버지의 집에서 이뤄진 사건입니다. 이제 이어질 일은 잔치입니다. 아들은 품꾼이 아니라 잔치의 주인공이 되었습니다. 아버지는 그 잔치를 베풀었고 아들은 그 잔치의 주빈이 되는 기쁨을 누리게 됩니다.

하늘의 기쁨을 비난해서는 안 돼

───── 이 비유는 바로 이 아버지의 기쁨을 변호하고 하나님 나라의 잔치가 누구를 위해 베풀어지는 것인지를 일깨우기 위한 것이었다. 비유를 계속 읽으면 밭에서 돌아온 큰 아들이 이 모든 사태를 비난하는 대목과 만나게 된다. 그는 자신의 아우를 아우로 여기지 않고, "창녀들과 어울려서 아버지의 재산을 다 삼켜 버린 아들"이라고 지탄한다. 돌아온 아

우와 관계회복의 의사가 없다. 아우가 천신만고 끝에 집으로 돌아왔다는 현재보다 아우가 살았던 과거의 시간만으로 그를 인식하고 있다.

그러기에 그는 아우의 과거를 들먹이는 일에 열을 올렸지만, 그 아우가 지금 어떤 변화의 과정을 거치고 있는가에 대한 관심은 없다. 그에게는 정죄가 중요했던 것이다. 없는 자에 대한 있는 자의 배타적 특권이다. 이 울타리 안에 들어올 자격과 권리가 없다는 주장이 되기 때문이다.

그런데 역설적이게도, 이 큰 아들이 도리어 비판의 대상이 되고 있다. 그가 아버지의 기쁨을 모르고 있기 때문이다. 아버지 곁에서 성실하게 일을 하며 살아왔다는 것이 기득권이 되었고, 정작 아버지의 슬픔과 기쁨은 그에게 중요하지 않았던 것이 드러났다. 관계의 회복이라는 축복이 무엇인지를 깨닫지 못하고 있는 것이다.

이 비유에서 우리가 깨닫게 되는 것은, 하나님 나라의 최우선적 관심은 돌아온 실패자를 새로운 출발선에 서게 하는 일이라는 점이다. 그가 새로운 출발선에 설 수 있는 것은 어떤 자격을 충족시켰기 때문이 아니라, 하늘이 그를 사랑으로 품어 냈기 때문이다.

하늘의 품이 넓은 것을 시비하는 자는 자신 역시도 그 품에 있다는 것을 깨닫지 못하는 것과 같다. 큰 아들은 그런 아버지와 함께 살아온 것을 감사할 줄 몰랐던 것이다. 하늘이 비좁기를 바란다면, 그것은 바로 그 자신에게도 구원의 희망은 사라진다는 것을 모르는 격이다.

이 비유의 출발은, 자신은 경건하다고 여기고 오만해져 있던 바리새파 지식인들이 예수께서 세리와 죄인들과 함께 즐거이 지내시는 것을 보고는 비난하자 이에 대해 주어진 응답이었습니다. "세리와 죄인"이라는 말로 규정된 사람들은 이들 바리새파인들의 관점에서는 구원의 자격을 갖지 못한 자들로 낙인찍혀 있기 때문이었습니다. 예수님의 비유는 바로 그들이 하나님 나라의 기쁨에 동참하는 것을 비난하지 말라는 것입니다. 그리하여 하나님은 이들을 다시 품어 자신의 아들과 딸로 도로 얻었습니다. 얼마나 감격적입니까! 그러니 함께 기뻐하지는 못할망정 그 기쁨에 힐난과 함께 시비를 걸지 말라는 겁니다.

예수님의 하나님 나라 운동은 바로 이렇게 특권을 누리며 자격 시비를 하고 자신들에 비해 못났다고 여기는 이들의 존엄성을 멸시하는 세계관과 정면으로 맞서고 있습니다. 정작 하나님 나라 잔치의 주인공은 다름아닌 이들 특권세력에게 능멸당하고 있는 존재들입니다. 놀라운 역전인 거지요.

세상은 실패자에게 더 이상 줄 것이 없었으나, 아버지의 집은 그에게 생명과 새로운 존엄성과 기쁨을 주고 있습니다. 그의 영혼에 하늘이 스며든 것입니다. 죽어가던 몸과 마음이 이로써 살게 되었고, 그에게는 무엇보다도 '아들의 권리'가 회복되었습니다. 그 아들이 그저 품꾼으로 돌아왔다면 아버지는 아직 아들을 되찾은 것이 아닙니다. 한 사람의 품꾼을 추가로 고용한 것에 불과합니다.

그러나 이 비유의 아버지는 아들의 수치를 가리고 그 존재가 빛나도록 하셨습니다. 누구도 그를 깔보거나 우습게 여겨 함부로 대하지 않도록 하셨습니다. 그가 돌아온 것이 곧 축제인 것을 선포했습니다.

아무리 때가 늦어도 돌아갈 자리가 분명히 있는 것을 망각한 채, 구렁텅이에서 주려 죽는 영혼이 되시지 않기를 바랍니다. 우리는 하늘을 얻고 하늘은 우리를 얻는 감격에 대한 기대를 버리지 마시기 바랍니다.

고난의 지경에 몰린 이들이 누려야 할 존엄의 가치를 지켜주는 아버지의 집이 곧 이 세상이 되는 축복을 간구합니다. 그 일에 우리 자신이 또한 쓰임받기를 기도합니다. 내가 하늘을 얻고 하늘이 나를 얻을 것입니다.

박해받는 하나님 나라, 그러나 승리하는 그날

의를 위하여 박해를 받는 사람은 복이 있다. 하늘나라가 그들의 것이다. 너희가 나 때문에 모욕을 당하고, 박해를 받고, 터무니없는 말로 온갖 비난을 받으면, 너희에게 복이 있다. 너희는 기뻐하고 즐거워하라. 하늘에서 받을 너희의 상이 크기 때문이다. 너희보다 먼저 온 예언자들도 이와 같이 박해를 받았다.(마태복음 5:10-12)/그들의 눈에서 모든 눈물을 닦아주실 것이니 다시는 죽음이 없고, 슬픔도 울부짖음도 고통도 없을 것이다. 이전 것들이 다 사라져 버렸기 때문이다. 그 때에 보좌에 앉으신 분이 말씀하셨습니다. "보아라, 내가 모든 것을 새롭게 한다" 또 말씀하셨습니다. "기록하여라. 이 말은 신실하고 참되다."(요한계시록 21:4-5)

────── 십자가는 불의한 현실과 하나님 나라의 정면 대결에서 일어난 사건이다. 이는 그 십자가의 길을 따르는 이들이 어떤 모습으로 이 세상

의 선두에 나서야 할 것인지를 일깨우고 있다. 십자가를 지고 따르라는 예수의 말씀은 의를 위해 박해를 각오한 결의다. 혁명의 길이다.

십자가, 불의한 현실에 내미는 도전장

사순절은 예수님의 수난을 기리는 40일간의 시간입니다. 이후에 이어지는 것이 부활주일입니다. '수난의 예수'는 기독교 신앙의 중심주제입니다. 그걸 뺀 사랑의 복음은 존재하지 않습니다. 성서는 수난과 박해가 복이라고 말하고 있습니다. 박해를 겪은 후 벌어진 사건이 부활입니다. 사실 이는 감당하기 쉽지 않은 말씀이라고 할 수 있습니다. 그런데 하나님 나라와 그 생명의 승리가 약속되고 있는 말씀입니다. 이걸 믿느냐 믿지 못하느냐가 결국 핵심입니다.

예수님의 비유 가운데 '씨뿌리는 농부의 비유'가 있지요. 농부가 씨를 뿌렸는데 어떤 것은 길가에 떨어져 새가 쪼아먹고 어떤 것은 돌밭, 가시덤불 등에 떨어져 그 성장이 어려움에 처한다는 것입니다.

예수께서 그들에게 비유로 여러 가지 일을 말씀하셨다. 그는 이렇게 말씀하셨다. "보아라, 씨를 뿌리는 사람이 씨를 뿌리러 나갔다. 그가 씨를 뿌리는데, 더러는 길가에 떨어지니, 새들이 와서, 그것을 쪼아먹었다. 또 더러는 흙이 많지 않은 돌짝밭에 떨어지니, 흙이 깊지 않아서 싹은 곧 났지만, 해가 뜨자 타버리고, 뿌리가 없어서 말라버렸다. 또 더러는 가시덤불에 떨어지니, 가시덤불이 자라서 그 기운을

막았다."(마태복음 13:3-7)

온갖 악조건의 땅들과 그곳에 떨어진 씨앗은 하나님 나라에 적대적인 현실을 보여줍니다. 그리고 그런 공격을 이겨내지 못하는 경우를 보여줍니다. 수난을 통과하는 것이 그토록 어렵습니다. 그런데 그렇지 않은 경우도 있습니다.

그러나 더러는 좋은 땅에 떨어져서 열매를 맺었는데, 어떤 것은 백 배가 되고, 어떤 것은 육십 배가 되고, 어떤 것은 삼십 배가 되었다. 귀 있는 사람은 들어라.(마태복음 13:8-9)

너무 당연한 이야기 아닌가요? 좋은 땅에 떨어지면 좋은 열매를 맺는다는 건 뻔하기 때문입니다. 하지만 결코 뻔하지 않습니다. 여기서 "좋은 땅"이란 떨어진 씨앗을 품어 내어 기필코 열매를 맺은 땅입니다. 그런데 그건 열매가 맺혀진 다음에야 비로소 그 땅이 좋은 땅인 것을 알게 됩니다. 실천으로 입증되는 과정이 있어야 판명이 나는 겁니다. 씨앗이 떨어져 제대로 자라나지 못하는 고비를 이겨내 그 땅이 좋은 땅임이 비로소 확인된 것이라는 의미가 여기에 있습니다.

어느 농부가 일부러 길가, 돌짝밭, 가시덤불 속에 씨를 뿌리겠습니까? 한 알이라도 허투루 떨어져 버려지는 것을 바랄 농부는 없습니다. 만일 그랬다면 그 씨앗이 열매를 맺지 못하게 된 것은 어디까지나 농부의 책임입니다. 당연히 이 비유는 그걸 말하려는 것이 아닙니다. 어떤 농부이든 농부는 정성스럽게 씨를 뿌립니다. 그 씨를 받아들인 땅이 그걸 싹 틔우고 자라나게 하는 과정에서 겪게 되는 여러 곤경을 견디지 못하면 그게 곧 길가, 돌짝밭, 가시덤불이었다는 것이 드러나는 것입니다. 하도 엉터리로 씨뿌리기를 해서 그 가운데 겨우 4분의 1만 제대로 뿌려졌다는 것이 아닙니다. 그렇게 해도 잃어버린 것을 보상하고 넘치고도 남을 결과를 기대할 수 있다는 것도 아닙니다.

어려움들을 이겨내니 어떤 것은 백 배가 되고, 어떤 것은 육십 배가 되고, 어떤 것은 삼십 배가 되었다는 것입니다. 이렇게 백 배에서 시작해서 삼십 배로 순서가 이어지는 것은 백 배라는 최고의 수준은 기본이고 아무리 적게 잡아도 삼십 배는 너끈히 해낸다는 뜻입니다. 수난의 열매는 이리 크고 많으니 흔들리지 말라는 것입니다.

그런데 사람들의 눈에는 그 씨앗이 현실의 악조건을 돌파하고 열매를 풍성히 맺을 것 같아 보이지를 않습니다. 그래서 지레 현실의 힘에 굴복합니다.

────── 누가 고난을 겪고 싶어 하겠는가? 누가 편한 길을 마다할까? 누가 쉽고 힘겹지 않은 길을 찾지 않을까? 모두가 가장 빠르고 편하고 쉬운 길을 가고 싶어할 것이다. 이러다 보니 세상을 한 손에 쥐려는 야망은 있으나 세상을 아름답게 만들고자 하는 꿈을 꾸는 이는 드물다. 오랜 세월의 수고와 땀을 통해서 이루는 일을 피하는 사회는 미래가 보이지 않는다. 당장의 열매를 재촉하는 곳에서는 상대를 속이지 않고서는 성과를 거두기 힘들다.

그런 길을 가려는 것은 하나님 나라와 어긋난다. 그러나 그 길은 우리에게 안락함을 준다. 반면에 하나님 나라의 의를 구하는 것은 세상의 조롱과 반격, 그리고 공격을 받게 된다. 그렇지만 그 과정에서 겪는 수난은 알고 보면 믿음의 근육이 탄탄해지는 과정이다. 두려워하지 말고 기뻐할 일이다. "의를 위하여 박해를 받은 사람은 복이 있다. 하늘나라가 그들의 것이다"라는 말씀은 바로 그런 뜻이 아니겠는가.

수난이 없는 하나님 나라의 달성이란 얼마나 매혹적인 구호입니까? 정말 그렇게 된다면 너나 할 것 없이 이 길을 향해 몰려들 것입니다. 그러나, 예수께서는 이 길이 좁다며, 이리로 가는 자가 적다고 하십니다. 그 말씀에는 그 길이 좁은가, 넓은가가 아니라 그 길이 살 길인가 죽을 길인가를 알아보라는 일깨움이 있습니다. 그건 요한복음 14장 6절에 "나는 길이요, 진리요, 생명이다"라고 기록된 말씀대로입니다.

나는 길이요, 진리요, 생명이다

그 길이 좁다는 것은 수난을 예감하게 하는 것이나, 그 길은 진리요 생명이니 기뻐하라는 겁니다. 다가올 기쁨을 믿지 못하고 무너지면, 그런 이들은 세상의 논리와 힘에 투항합니다. 그래서 편하고 넓은 길을 택하고 말지만, 그 길에는 결국 생명이 없습니다. 아브라함의 조카 롯이 자신의 눈앞에 펼쳐진 땅을 보면서 그 외양에 마음을 빼앗겨 선택했다가 도리어 죽을 고생을 한 것과 다를 바가 없습니다.

믿음을 무슨 심리적인 진통제나 종교적인 위로 정도로 알고 있는 경우가 적지 않습니다. 그러나 믿음이란 하나님 나라가 이기는 길에 대해 흔들리지 않는 투지를 갖는 것입니다. 그런 이는 때로 넘어져도 다시 일어섭니다. 좌절의 늪에서도 결국 빠져나옵니다. 역전(逆戰)의 시간이 시작되는 것입니다. 사도 바울이 그의 선교 사역 중에 그토록 험한 꼴을 당하고, 죽을 고비를 넘겼음에도 불구하고 범사에 감사하며 궁지에 처한 일이 도리어 은혜가 되는 것을 경험했다고 고백한 까닭도 달리 있지 않습니다.

다섯 개의 떡과 두 마리의 생선으로 오천 명 이상을 배불리 먹이고도 남은 '오병이어의 기적'은 직면한 난관의 해결을 현실적으로 계산하는 이와 '믿음이 곧 방법이다'라고 일깨우시는 예수님의 차이가 그대로 대조됩니다. 사람들은 현실적으로 방법이 있다고 여길 때 설득되고 확신을 하지만. 믿음은 보이지 않는 길을 보고 갑니다. 성서에 기록된 이 장면들을 잠시 살펴볼까요? 마태복음, 마가복음, 누가복음 그리고 요한복음에 모두 기록된 이 이야기는 담겨진 내용에 조금씩 차이가 있긴 해도 본질적으로 제자들의 해결책과 예수님의 해결책이 서로 맞서고 있는 것을 보게 됩니다.

저녁 때가 되니, 제자들이 예수께 다가와서 말하였다. "여기는 빈 들이고, 날도 이미 저물었습니다. 그러니 무리를 헤쳐 보내어, 제각기 먹을 것을 사먹게, 마을로 보내시는 것이 좋겠습니다." 예수께서 그들에게 말씀하셨다. "그들이 물러갈 필요 없다. 너희가 그들에게 먹을 것을 주어라." 제자들이 예수께 말하였다. "우리에게 있는 것이라고는, 빵 다섯 개와 물고기 두 마리밖에 없습니다."(마태복음 14:15-17)

날이 이미 저물었으므로, 제자들이 예수께 다가와서 말하였다. "여기는 빈 들이고 날도 이미 저물었습니다. 이 사람들을 헤쳐, 제각기 먹을 것을 사 먹게 근방에 있는 농가나 마을로 보내시는 것이 좋겠습니다." 예수께서 그들에게 말씀하셨다. "너희가 그들에게 먹을 것을 주어라." 제자들이 그에게 말하였다. "그러면 우리가 가서 빵 이백 데나리온 어치를 사다가 그들에게 먹이라는 말씀입니까?" 예수께서 그들에게 말씀하셨다. "너희에게 빵이 얼마나 있느냐? 가서, 알아보아라." 그들이 알아보고 말하였다. "빵 다섯 개와 물고기 두 마리가 있습니다."(마가복음 6:35-38)

그런데 날이 저물기 시작하니, 열두 제자가 다가와서, 예수께 말씀드렸다. "무리를 헤쳐 보내어, 주위의 마을과 농가로 찾아가서 잠자리도 구하고 먹을 것도 구하게 하십시오. 우리가 있는 여기는 빈 들입니다." 그러나 예수께서는 그들에게 말씀하셨다. "너희가 그들에게 먹을 것을 주어라." 그들이 말하였다. "우리에게는 빵 다섯 개와 물고기 두 마리밖에 없습니다. 우리가 나가서, 이 모든 사람이 다 먹을 수 있을 만큼 먹을 것을 사지 않으면, 안 되겠습니다."(누가복음 9:12-13)

예수께서 눈을 들어서, 큰 무리가 자기에게로 모여드는 것을 보시고, 빌립에게 말씀하셨다. "우리가 어디에서 빵을 사다가, 이 사람들을 먹이겠느냐?" 예수께서는 빌립을 시험해 보시고자 이렇게 말씀하신 것이었다. 예수께서는 자기가 하실 일을 잘 알고 계셨던 것이다. 빌립이 예수께 이렇게 대답하였다. "이 사람들에게 모두 조금씩이라도 먹게 하려면, 빵 이백 데나리온 어치를 가지고서도 충분하지 못합니다." 제자 가운데 하나이며 시몬 베드로와 형제간인 안드레가 예수께 말하였다. "여기에 보리빵 다섯 개와 물고기 두 마리를 가지고 있는 한 아이가 있습니다. 그러나 이렇게 많은 사람에게 그것이 무슨 소용이 있겠습니까?"(요한복음 6:5-9)

예수님은 이 많은 무리를 먹이는 일을 제자들이 하라고 하십니다. 그러자 제자들은 기가 막혔던 모양입니다. 현실을 보고도 모르냐는 겁니다. 해결책이 있지 않은 상황을 예수님에게 일깨웁니다. 여기는 "빈 들"이고, "날도 저물었다"는 것이 이들 제자들이 본 현실입니다. 이들을 먹일 양식을 마련하려면 돈도 필요한데 자그마치 거의 1년 동안 모아들이는 수입에 해당할 이백 데나리온 가지고도 부족하다고 합니다. 우리들에게 그런 돈 없는 거 모르시냐는 겁니다.

그래서 결국 이들은 모여든 사람들이 알아서 각자 여기 저기 흩어져 해결하도록 하는 쪽으로 답을 내놓습니다. 하나님 나라의 말씀을 듣겠다고 모인 사람들이 각자 허기를 채우는 방법을 고민해야 하게 생겼습니다. 그러나 그래도 뭐라도 있지 않겠느냐고 하자 나온 것이 바로 다섯 개의 떡과 두 마리 생선입니다. '오병이어(五瓶二漁)'라는 단어로 압축된 이 떡과 생선은 기독교 전통 속에서 축복의 상징처럼 되어 있지만, 그 당장의 현실에서 보자면 누구 코에 붙이겠는가 하는 이들의 궁핍을 드러냅니다. 이들이 처한 현실은 막다른 골목이고 손에 있는 것으로는 아무런 희망을 가질 수 없다는 겁니다. 해결될 수 없는 이유는 천가지 만가지이고 해결책은 전혀 보이지 않는 상태입니다.

그런데 이후 펼쳐지는 장면은 놀랍습니다. 먹고도 도리어 남았다는 것입니다. 떡 다섯 개와 생선 두 마리는 결코 미미한 것이 아니라 그걸로 충분하고도 넘친다는 겁니다. 하나님의 축복의 능력이 임하면 어디 달리 뭔가를 따로 특별하게 구하지 않아도 이미 손에 있는 것에서 시작된다는 것이라 하겠습니다. 구할 것은 돈 이백 데나리온이 아니라 하나님의 축복인 것입니다. 그러면 손에 있는 겨우 떡 다섯 개와 생선 두 마리에 불과한 양식이 온 세상을 먹일 수 있다는 것입니다.

이때에 예수께서 말씀하셨다. "그것들을 이리로 가져 오너라." 그리고 예수께서는 무리를 풀밭에 앉게 하시고 나서, 빵 다섯 개와 물고기 두 마리를 들고, 하늘을 우러러 보시고 축복 기도를 드리신 다음에, 떼어서 제자들에게 주시니, 제자들이 이를 무리에게 나누어 주었다. 그들은 모두 배불리 먹었다. 남은 부스러기를 모으니, 열두 광주리에 가득 찼다. 먹은 사람은 여자들과 어린아이들 외에, 어른 남자만도 오천 명쯤 되었다. (마태복음 14:18-21)

예수께서는 제자들에게 명하여, 모두들 떼를 지어 푸른 풀밭에 앉게 하셨다. 그들은 백 명씩 또는 쉰 명씩 떼를 지어 앉았다. 예수께서 빵 다섯 개와 물고기 두 마리를 들어서, 하늘을 쳐다보고 축복하신 다음에, 빵을 떼어서 제자들에게 주시고 사람들에게 나누어 주게 하셨다. 그리고 그 물고기 두 마리도 모든 사람에게 나누어 주셨다. 그들은 모두 배불리 먹었다. 빵 부스러기와 물고기 남은 것을 주워 모으니, 열두 광주리에 가득찼다. 빵을 먹은 사람은 남자 어른만도 오천 명이

었다.(마가복음 6:39-44)

거기에는 남자만도 약 오천 명이 있었다. 예수께서 제자들에게 말씀
하셨다. "사람들을 한 오십 명씩 떼를 지어서 앉게 하여라." 제자들이
그대로 하여, 모두 다 앉게 하였다. 예수께서 빵 다섯 개와 물고기 두
마리를 손에 들고, 하늘을 우러러 쳐다보시고 그것들을 축복하신 다
음에, 떼어서 제자들에게 주시고, 무리 앞에 놓게 하셨다. 그들은 모
두 배불리 먹었다. 그리고 남은 부스러기를 주워 모으니, 열두 광주
리나 되었다.(누가복음 9:14-17)

예수께서는 "사람들을 앉게 하여라" 하고 말씀하셨다. 그곳에는 풀이
많았다. 그래서 그들이 앉았는데, 남자의 수가 오천 명쯤 되었다. 예
수께서 빵을 들어서 감사를 드리신 다음에, 앉은 사람들에게 나누어
주시고, 물고기도 그와 같이 해서, 그들이 원하는 대로 주셨다. 그들
이 배불리 먹은 뒤에, 예수께서 제자들에게 이렇게 말씀하셨다. "남
은 부스러기를 다 모으고, 조금도 버리지 말아라." 그래서 보리빵 다
섯 덩이에서, 먹고 남은 부스러기를 모으니, 열두 광주리에 가득 찼
다.(요한복음 6:10-13)

여기서 특별하게 주목되는 것이 있습니다. 흩어져 버릴 뻔했던 사람
들을 오십 명 또는 백 명씩 무리지어 앉게 하신 겁니다. 식탁공동체가
만들어진 것입니다. 그리고 그 분배의 방식은 숫자로 가르는 방식이
아니라 "그들이 원하는 대로"입니다. 이들 각자마다의 필요를 충분히

채우는 방식입니다. 오늘날의 현실에서 볼 때에도, 자본주의가 공동체를 파괴하고 각자도생으로 밀어붙이고 자본의 이윤을 앞세워 사람들의 필요를 제압해 버리는 신자유주의적 방식과 완전히 다릅니다.

의를 위해 예수를 따른 이들은 하나님 나라의 방식에 자신들의 삶을 걸었다고 했지만 막상 현실에서 도전에 처하자 현실의 조건을 내세우는 방식으로 되돌아가 버린 것입니다. 이렇게 해서는 하나님 나라를 이 땅에 이룰 수도 없고, 수난이 닥치면 그걸 돌파해 나갈 방법도 보이지 않게 됩니다. 그러나 하나님의 방법에 믿음이 있다면, 난관 앞에서 좌절하거나 무너지지 않습니다. 거기서 시작합니다. 뜻을 나눈 이들과 함께 시작합니다.

──── '믿음이 곧 방법이다'라는 명제는 신앙의 근본이다. 현실의 논리에 굴복하지 않고 하나님의 방식을 선택할 수 있는 힘이다. 세상의 논리에 사로잡힌 마음에는 하나님의 방법이 갖는 초월적 능력이 보이지 않는다. 수난의 십자가가 힘겨워 보이지만, 하나님의 방식을 확신하는 이는 이를 능히 감당할 수 있는 힘을 주신다. 고된 길이지만 참고 애쓰면서 가는 것이 아니라, 정작은 그 영혼에 평화와 능력을 더하는 길임을 몸소 체험하게 되는 것이다. 그래서 그 길이 감사하고 감사한 것이다. 그런 이가 진정한 강자(强者)다.

신앙의 근본 명제, '믿음이 방법이다'

세상의 논리를 따르면 강한 자가 될 듯하나, 사실은 그 내면이 허약하기 짝이 없게 됩니다. 고난이 닥치면 강하다고 내세웠던 기세는 어디론가 사라지고 쉽게 도망칩니다. 그러기를 거듭하다가 더는 도망갈 데가 없게 됩니다.

그러나 우리의 마음에 하나님 나라의 승리에 대한 확신이 있으면 위엄이 있으나 위압적이지 않고, 자유로우나 근본이 든든한 사람이 됩니다. 신념이 강하고 의지가 굳건하나 따뜻하고 온유합니다. 뜻은 높으나 교만하지 않고 몸을 낮추나 비굴하지 않습니다. 악한 권세와 맞서 싸울 전의(戰意)에 불타나 무한히 너그럽고 포용력이 있습니다. 세월에 따라 육신은 비록 낡아 갈지라도 하나님 나라에 대한 꿈은 날로 더욱 새로워집니다. 하나님 나라를 위해 살다가 핍박을 예감하나 후퇴하지 않으며 배신을 예상해도 사랑과 의리를 포기하지 않습니다. 그래서 악을 선으로 이기는 이가 됩니다. 그런 사람은 그 존재 자체가 축복이고 수난의 칼이 이겨내지 못합니다. 그 안에 이미 부활의 막강한 생명력이 숨 쉬고 있기 때문입니다.

오늘날은 박해의 시대가 더는 아니라고 여깁니다. 그러나 그건 사실 하나님 나라의 의를 위해 살고 있지 않기 때문이라는 것을 모르고 있습니다. 세상의 논리와 적당하게 타협하면서 살고 있기 때문에 편안한 것일 뿐입니다. 박해를 자초할 일들은 아예 벌이지 않고 살기 때문입니다.

예수님은 지금도 우리들에게 말씀하십니다.

의를 위하여 박해를 받는 사람은 복이 있다. 하나님 나라가 그들의 것이다. 너희가 나 때문에 모욕을 당하고 박해를 받고 터무니 없는 말로 온갖 비난을 받으면, 너희에게 복이 있다. 너희는 기뻐하고 즐거워하라. 하늘에서 받을 너희 상이 크기 때문이다. 너희보다 먼저 온 예언자들도 이와 같이 박해를 받았다. (마태복음 5:10-12)

그날이 오면, 하나님께서 모든 것을 새롭게 하시고, 우리의 슬픔과 고통 모두를 사라지게 하실 겁니다. 종말에 대한 확고한 믿음이 여기에 있습니다. 종말적 신앙이란 '세상이 끝난다 그러니 다 죽게 생겼다'가 아니라, 낡은 것이 사라지고 온전히 새것이 온다는 믿음입니다. 요한계시록의 사도 요한은 바로 그 수난의 중심에서 하나님 나라의 궁극적인 승리를 외친 존재입니다.

나는 새 하늘과 새 땅을 보았습니다. 이전의 하늘과 이전의 땅이 사라지고, 바다도 없어졌습니다. 그들의 눈에서 모든 눈물을 닦아주실 것이니, 다시는 죽음이 없고, 슬픔도 울부짖음도 고통도 없을 것이다. 이전 것들이 다 사라져 버렸기 때문이다. 그때에 보좌에 앉으신 분이 말씀하셨습니다. "보아라, 내가 모든 것을 새롭게 한다" 또 말씀하셨습니다. "기록하여라. 이 말은 신실하고 참되다."(요한계시록 21:1, 4-5)

'혁명의 신앙'이 기독교 신앙입니다. 강력한 영혼으로 무장하는 이들이 믿음의 사람들입니다. '하나님 나라의 의를 위한 파르티잔'들이 그 진정한 정체입니다. 이 믿음은 누구에게도 빼앗기지 않을 우리 손에 있는 능력입니다.

───── 십자가는 무덤의 표시가 아니다. 죽음의 자리를 지키는 장식이 아니다. 십자가는 생명의 권세다. 의를 구하다 박해를 받는 것이 하나님 나라의 약함을 뜻하지 않는다. 세상의 악함을 증명할 뿐이다. 박해를 도리어 복으로 여기는 이는 하나님 나라의 능력을 얻을 것이다. 누구도 이걸 무너뜨리지 못한다. 박해의 시간은 그 능력을 입증하는 과정이 된다. 그건 죽음조차 이길 수 없는 하나님께서 주시는 생명이기 때문이다.

인간의 존엄성을 회복하고, 선하고 의로운 공동체를 건설하며 진실한 사랑과 아름다운 희망을 길러내려는 꿈을 가진 모든 이들에게 이 하나님의 영원한 생명이 충만해지시기를 절절히 축원하는 마음입니다. 이 힘을 얻어 마침내 승리할 것입니다.

부활의 아침,
우리 '갈릴리'에서 봅시다

> 그때에 예수께서 여자들에게 말씀하셨다. "무서워하지 말아라. 가
> 서, 나의 형제들에게 갈릴리로 가라고 전하여라. 그러면 거기에서 그
> 들이 나를 만날 것이다." (마태복음 28:10)

열려있는 무덤과 낯선 동산지기

성서는 여러 방식으로 부활의 현장을 증언하고 있습니다. 돌무덤에 놓
인 예수님의 시신을 찾으러 온 막달라 마리아와 다른 여인들은, 무덤
을 막은 돌이 치워지고 시신은 사라진 것을 보게 됩니다. 당연히 놀라
지 않을 수 없습니다. 마가복음은 이런 장면을 기록하고 있습니다.

막달라 마리아와 야고보의 어머니 마리아와 살로메는 가서 예수께

발라 드리려고 향료를 샀다. 그래서 이레의 첫날 새벽, 해가 막 돋은 때에, 무덤으로 갔다. 그들은 "누가 우리를 위하여 그 돌을 무덤 어귀에서 굴려내 주겠는가?" 하고 서로 말하였다. 그런데 눈을 들어서 보니, 그 돌덩이는 이미 굴려져 있었다. 그 돌은 엄청나게 컸다.(마가복음 16:1-4)

이들의 유일한 걱정은 무덤을 가로막은 돌을 굴려 무덤 안으로 들어가는 일이었습니다. 그건 엄청나게 큰 돌이었다고 되어 있습니다. 엄두도 나지 않는 일인데 이들 여인들은 그걸 뻔히 알면서도 이곳에 당도합니다. 무모하지요. 허나 이 무모함은 사랑하는 이들이 가진 용기입니다. 그런데 이들의 염려는 이미 해결되어 있었습니다.

———— 예수의 시신이 사라진 빈 무덤은 십자가 처형을 주도한 자들에게는 공포스러운 충격이다. 이 사건을 전해 들은 자들의 대처는 이렇게 마태복음에 기록되어 있다.

대제사장들은 장로들과 함께 모여 의논한 끝에, 병사들에게 은돈을 많이 집어 주고 말하였다. "예수의 제자들이 밤중에 와서, '우리가 잠든 사이에 시체를 훔쳐갔다' 하고 말하여라. 이 소문이 총독의 귀에 들어가게 되더라도, 우리가 잘 말해서, 너희에게 아무 해가 미치지 않게 해주겠다."(마태복음 28:12-14)

———— 사건을 조작하고 진실을 은폐하는 것이다. 그러나 그게 어디 통

하겠는가?

무덤이 비어 있는 것을 보고 놀라는 이들 앞에 천사가 나타나 말합니다.

> 그는 죽은 자 가운데서 살아나셨습니다. 살아계신 분을 어찌해서 죽은 이들 가운데서 찾고 있습니까?(누가복음 23:15)

이제 이들 여인들은 전혀 다른 차원의 시선과 세계관에 직면하고 있습니다. 요한복음의 기록은 매우 흥미롭습니다.

> 마리아는 예수께서 서 계신 것을 보았지만, 그가 예수이신 줄은 알지 못하였다. 예수께서 마리아에게 말씀하셨다. "여자여, 왜 울고 있느냐? 누구를 찾느냐?" 마리아는 그가 동산지기인 줄 알고 "여보세요, 당신이 그를 옮겨 놓았거든, 어디에다 두었는지를 내게 말해 주세요. 내가 그를 모셔 가겠습니다" 하고 말하였다.(요한복음 20:14-15)

마리아에게는 너무나 익숙한 존재인데도 몰라보는 것입니다. 마리아는 부활한 예수님을 '동산지기'인가 하고 생각합니다. 상상할 수 없는 일이 벌어지니 잘 알고 있는 예수님을 전혀 알아보지 못하고 거기 있겠지 하고 여기는 이로 생각합니다. 부활 이전의 인식체계로 부활 사건을 받아들이는 것은 불가능했던 것입니다. 그건 전격적인 '인식의 혁명'을 요구하는 사건이었습니다. 죽음, 상실, 패배가 만든 감정과 생각의 틀을 넘어서라는 겁니다. 지금까지의 체험으로 정해 놓은 경계선을 넘는 '모험의 시작'입니다.

───── 희망의 철학을 말한 에른스트 블로흐는 희망의 신학자 몰트만에게 깊은 영향을 미친다. 에른스트 블로흐는 '경계선을 넘는 모험'을 희망의 사유가 가진 본질이라고 말한다. 예리한 통찰이다. 부활에 대한 인식 역시도 그런 경계선을 넘는 모험의 특징을 가졌다. 희망은 그렇게 모험적이다.

새로운 역사가 시작된 것입니다. 그 이전은 어떤 지경이었나요? 예수님의 십자가 처형사건은 예수 운동을 종식시킨 사건처럼 되었습니다. 하나님 나라 운동의 실패가 확정된 것입니다. 모든 게 끝난 겁니다. 이제 남은 것은 비극의 결과를 수습하는 일이었습니다. 여인들이 향료를 가지고 무덤에 온 것도 예수의 시신에 바르려는 것이었습니다. 처형사건의 마무리입니다.

그러나 부활사건은 마무리가 아니라 시작을 일깨웁니다. 뒤처리나 수습이 아닙니다. 그럴 필요 자체가 없는 것입니다. 그러니 죽은 자들 가운데서 산 자를 찾지 말라고 합니다. 이건 죽은 자들의 세계를 지배하는 세력과의 정면 대결입니다. 이들 세력이 어떻게 이런 부활사건을 용납할 수 있겠습니까? 그건 자신들의 패배를 의미하는 것이 자명하기 때문입니다. 그런 소문이라도 나돌면 탄압해야 합니다.

따라서 죽은 자들 가운데서 산 자를 찾지 말라는 것은 예수님을 처형한 자들이 지탱하는 질서와 이에 바탕을 두고 휘두르는 권세에 대해 저항을 멈추지 말라는 이야기가 됩니다. 패배 앞에서 도주했던 예수님의 제자들에게 '전의(戰意)를 갖추라'는 겁니다. 엄청나게 다른 차원의 새로운 싸움이 시작되는 겁니다. 기세는 이전과 완전히 다르게 됩니다. 하나님 나라 운동의 깃발이 다시 올랐습니다. 그 깃발은 힘차게 펄럭이면서 미래의 방향을 명확히 가리키고 있습니다. '갈릴리'로 가라는 것입니다. 부활의 예수가 어디에 있는지 뜨겁게 알린 것입니다. 새로운 싸움의 '전선(戰線)'이 어디에 있는지 일깨웠습니다.

> 가서, 나의 형제들에게 갈릴리로 가라고 전하여라. 그러면 거기에서 그들이 나를 만날 것이다. (마태복음 28:10)

───── 성서는 모두 '변방'의 의미를 주시하는 선언이다. 새것은 변방에서 태어나고 자란다. 중심은 기득권의 탐욕과 부패가 지배하면서 혁신의 길을 가로막는다. 하나님 나라를 이끈 예수와 그 제자들 역시 변방의 존재들이다. 그러나 변방이 기존의 중심을 흔든다. 그래야 새것이 태어날 수 있기 때문이다.

예수 운동은 애초 이스라엘의 변방 갈릴리에서 시작되었습니다. 풍족한 땅이었으나 그 땅에 살고 있는 이들은 자기 땅에서 유배된 자처럼 살아야 했던 겁니다. 고통과 착취로 힘겨워하던 곳이었습니다. 로마 제국의 지배로 민중들은 짓밟히고 빼앗기고 있었으니 말입니다. 성전권력을 쥐고 있는 자들에게 박탈과 능멸을 당하고 있었고, 외세의 폭력이 갈릴리를 어둠에 가두고 있었습니다. 이들 성전권력을 장악하고 있던 대제사장, 율법학자와 바리새파들은 로마 제국의 권력과 결탁해서 자신들의 특권을 더욱 강력하게 누렸습니다. 그 특권이 멸시하고 몰아내고 정죄하는 이들이 주역이 되어 펼친 예수의 하나님 나라 운동은 그 특권세력에 대한 정면 도전이 된 겁니다. 그러나 이 운동은 이제 그 수장 예수님이 처형당함으로써 치명적 타격을 입고 자취를 감추었습니다. 특권은 안전해졌고 절망은 더욱 깊어졌습니다.

―――― 제국의 침탈과 특권세력의 착취에 대한 반란은 끊이지 않았다. 기원전 37년에 나사렛 남부에 있는 도시 세포리아에서 일어난 반란은 대규모였고 그 진압은 처절했다. 고대 로마에서는 기원전 73년에 일어난 스파르타쿠스 노예반란을 진압한 뒤 수천 명이 십자가에 매달려 처형당하고 만다. 세포리아 반란 역시 다르지 않았다. 예수시대 갈릴리 나사렛은 바로 그런 세포리아 반란의 기세가 남아 있는 현장이었다.

예수님과 그 제자들은 갈릴리에서 하나님 나라의 의를 구하라고 외치며 가난하고 힘없는 이들의 편에 서는 투쟁을 펼쳤습니다. 짓밟히고 무력해져 있던 민중들이 드디어 일어서기 시작했습니다. 이들의 가슴에 하나님 나라에 대한 열망이 다시 타오르게 되었던 겁니다. 그렇게 민중들의 기세를 부쩍 높여 놓더니 이제는 예루살렘이라는 중심부에 육박해 들어가 기존 질서의 특권을 모두 뒤흔들고 뒤집었으니, 특권세력의 입장에서 보자면 예수와 그 제자들은 '죽을 죄'를 저지르고 있던 것입니다. 떵떵거리고 자기들 배만 채우던 성전권력을 향해 예수님은 '강도의 소굴'이라고 일갈하셨습니다. 무엄하기 짝이 없습니다.

예수께서 성전에 들어가셔서, 장사하는 사람들을 내쫓으시며, 그들에게 말씀하셨다. "성경에 기록하기를 '내 집은 기도하는 집이 될 것이다' 하였다. 그런데 너희는 그것을 '강도들의 소굴'로 만들어 버렸다."(누가복음 19:45~46)

장사 자체가 문제가 되었던 것이 아니라 성전에 바칠 제물을 비싸게 파는 특권경제를 그 안에 만들어 민중들의 재산을 갈취하고 이걸 자기들의 권력으로 만들고 있던 것입니다. 강도들이었습니다. 존경과 권위를 온통 누리고 있던 자들의 정체가 까발려지고 기도하는 집, 성전으로 치장하고 있던 곳이 다름 아닌 "강도의 소굴"이라고 폭로하고 질타했으니 이들의 입장에서 그대로 둘 수 있었겠습니까? 그런데 그 특권의 성채가 으리으리한 걸 보고 제자들이 감탄하며 그 건물의 위용에 압도됩니다. 마가복음의 기록입니다.

예수께서 성전을 떠나가실 때에, 제자들 가운데서 한 사람이 예수께 말하였다. "선생님, 보십시오! 얼마나 굉장한 돌입니까! 얼마나 굉장한 건물들입니까!"(마가복음 13:1)

그 성전 안에서 어떤 일들이 벌어지고 있으며 이걸 기반으로 예루살렘에서 권좌를 차지하고 있는 특권세력의 실체를 모르는 것입니다. 그러자 예수님은 그 제자에게 이렇게 일갈하십니다.

너는 이 큰 건물들을 보고 있느냐? 여기에 돌 하나도 돌 위에 남지 않

고 다 무너질 것이다.(마가복음 13:2)

예루살렘 성전은 절대성역(絕對聖域)입니다. 그런데 이를 가리켜 "돌 하나도 돌 위에 남지 않을 것"이라고 하셨으니 경을 칠 일입니다. 스스로 자신의 목숨을 위태롭게 하고 있습니다. 그런데 이 장면을 제대로 이해하기 위해서는 그 앞에 일어난 일을 파악해야 합니다.

예수께서 헌금함 맞은 쪽에 앉아서, 무리가 어떻게 헌금함에 돈을 넣는가를 보고 계셨다. 많이 넣는 부자가 여럿 있었다. 그런데 가난한 과부 한 사람은 와서, 렙돈 두 닢 곧 한 고드란트를 넣었다. 예수께서 제자들을 곁에 불러 놓고서, 그들에게 말씀하셨다. "내가 진정으로 너희에게 말한다. 헌금함에 돈을 넣은 사람들 가운데, 이 가난한 과부가 어느 누구보다도 더 많이 넣었다. 모두 다 넉넉한 데서 얼마씩을 떼어 넣었지만, 이 과부는 가난한 가운데서 가진 것 모두 곧 자기 생활비 전부를 털어 넣었다."(마가복음 12:41-44)

'가난한 과부의 헌금'이라는 제목으로 설교가 되는 장면입니다. 부자들에 비해 턱도 없는 돈을 헌금하는 것이었지만 자기 생활비 전부를 털어 넣었다는 것입니다. 그러니 기특하고 갸륵한 과부입니다. 이보다 나은 이들이야 더 많은 헌금을 하는 것이 당연하지 않겠는가라는 논리로 설교되는 모범사례입니다. 그렇다면 이 장면 앞에서 예수님은 진정 과부의 믿음에 놀라고 이를 본보기로 내세웠던 것일까요?

특권의 성채, 성전권력의 갈취행각

신명기 10장 18절을 비롯해 우리가 구약이라고 부르는 히브리 성서의 전통에서 고아와 과부 그리고 나그네(유랑자)는 특별한 대접을 받는 존재로 되어 있습니다. 돌봄의 대상입니다. 이들은 대체로 가난하고 힘이 없으며 의지처 또한 없는 경우가 대부분이기 때문입니다. 억울한 일 없게 하고 그 생활의 기본권을 보장하라는 것입니다.

고아와 과부를 공정하게 재판하시며, 나그네를 사랑하셔서 그에게 먹을 것과 입을 것을 주시는 분이십니다.

신명기 26장 12절에는 더욱 구체적으로 나와 있습니다.

세 해마다 십일조를 드리는 해가 되면, 당신들은 당신들의 모든 소출에서 열의 하나를 따로 떼어서, 그것을 레위 사람과 외국 사람과 고아와 과부에게 나누어 주고, 그들이 당신들이 사는 성 안에서 마음껏 먹게 하십시오.

고아와 나그네를 비롯해서 가난한 과부들에 대해 책임을 지라는 것입니다. 이들은 감당하기 어려운 과도한 헌금을 내는 이들이 아니라 그 헌금으로 구제대상이 되는 존재들입니다. 예수님이 본 과부의 헌금은 그 과부가 놓인 어려운 처지와 절박한 간구가 있음을 말해 주는 것이기는 하지만, 그보다는 더 중요한 면모가 있습니다. 이는 이들 과부에게 이토록 가혹하게 헌금을 바치도록 만들고 있는 성전의 특권세력들이 저지르고 있는 갈취행위의 증거입니다. 이런 일들을 우리는 지금도 보고 있습니다. 부자들에 비하면 미미한 액수라 해도 이 과부에게는 생활 전체를 희생시키는 수준입니다. 분노스러울 수밖에 없습니다.

바로 그런 돈으로 세운 것이 이 성전이라는 겁니다. 그러니 돌 하나도 돌 위에 남지 않고 무너져야 하는 강도의 소굴이 틀림없는 것입니다. 이 말이 그냥 나오지 않았던 걸 분명하게 파악해야 합니다.

제자들이 성전의 위용에 놀라는 대목과 생활비 전부를 털어 넣는 과부를 보신 예수님의 이야기를 담은 마가복음의 기록은 매우 중요한 예수님의 발언을 덧붙여 담고 있습니다. 과부의 헌금을 목격하는 장면 바로 앞에서 나오는 말씀입니다.

> 예수께서 가르치시면서, 이렇게 말씀하셨다. "율법학자들을 조심하여라. 그들은 예복을 입고 다니기를 좋아하고, 장터에서 인사 받기를 좋아하고, 회당에서는 높은 자리에 앉기를 좋아하고, 잔치에서는 윗자리에 앉기를 좋아한다. 그들은 과부들의 가산을 삼키고, 남에게 보이려고 길게 기도한다. 이런 사람들이야말로 더 엄한 심판을 받을 것이다."(마가복음 12:38~40)

과부의 가산을 삼키는 저 자들이 반드시 응징받을 거라고 예고하고 계십니다. 마태복음 역시도 제자들이 성전의 으리으리함에 놀라자 돌 하나도 돌 위에 남지 않게 되어 다 무너질 것이라고 경고한 장면 전에 이들 제사장들이 재물을 움켜쥐는 것에 몰두하는 걸 이렇게 드러내고 있습니다.

"너희는 말하기를 '누구든지 성전을 두고 맹세하면 아무래도 좋으나,
누구든지 성전의 금을 두고 맹세하면 지켜야 한다'고 한다. 어리석고
눈 먼 자들아! 어느 것이 더 중하냐? 금이냐? 그 금을 거룩하게 하는
성전이냐? 또 너희는 말하기를 '누구든지 제단을 두고 맹세하면 아무
래도 좋으나, 누구든지 그 제단 위에 놓여 있는 제물을 두고 맹세하
면 지켜야 한다'고 한다."(마태복음서 23:16-18)

그리고는 이어서 이렇게 기록되어 있습니다.

눈 먼 인도자들아! 너희는 하루살이는 걸러내면서, 낙타는 삼키는구
나.(마태복음 23:24)

──── "잔치에서는 윗자리에, 회당에서는 높은 자리에 앉기를 좋아하
며 장터에서 인사 받기와 사람들에게 랍비라고 불리기를 좋아하는" 이
들은 겉으로는 경건한 척 하지만, 과부의 가산과 낙타를 삼키는 자들이
다. 탐욕스러운 성전의 특권세력들은 이렇게 권세를 앞세우고 가난한
이들의 재산을 털어먹고 그걸로 이처럼 웅장한 성전을 세워 군림하고
있었으니 이를 그대로 용납할 수 있었을까?

이런 현실에 대해 온 천하에 폭로하고 저항하고 투쟁하고 급기야는
타도까지 하겠다는 것입니다. 돌 하나도 돌 위에 남지 않을 것이라는

이 선언은 갈릴리에서 예루살렘 전역에 이르는 하나님 나라 운동의 기본노선입니다. 특권의 성채를 완전히 무너뜨리겠다는 것입니다. 이 특권의 성채를 차지하고 있는 자들이 바로 십자가 처형을 밀어부친 자들입니다. 부활은 이들과의 새로운 전투가 시작되는 것을 말합니다. 그 어떤 것보다 강력한 부활의 권능으로 말입니다.

로마제국의 포악한 지배를 뜻하는 '군대귀신'이 멀쩡한 이들을 사납게 만들어 버리자 예수님이 이 악한 귀신 떼를 모두 돼지 속으로 몰아넣어서 강물에 빠뜨려 몰살시키는 사건도 있습니다. 마가복음 5장에 기록된 장면입니다.

그들은 바다 건너편 거라사 사람들의 지역으로 갔다. 예수께서 배에서 내리시니, 곧 악한 귀신 들린 사람 하나가 무덤 사이에서 나와서, 예수와 만났다. 그는 무덤 사이에서 사는데, 이제는 아무도 그를 쇠사슬로도 묶어 둘 수 없었다. 여러 번 쇠고랑과 쇠사슬로 묶어 두었으나, 그는 쇠사슬도 끊고 쇠고랑도 부수었다. 아무도 그를 휘어잡을 수 없었다. 그는 밤낮 무덤 사이나 산 속에서 살면서, 소리를 질러 대고, 돌로 제 몸에 상처를 내곤 하였다. 그가 멀리서 예수를 보고, 달려와 엎드려서 큰소리로 외쳤다. "더 없이 높으신 하나님의 아들 예수님, 나와 무슨 상관이 있습니까? 하나님을 두고 애원합니다. 제발 나를 괴롭히지 마십시오." 그것은 예수께서 이미 그에게 "악한 귀신아, 그 사람에게서 나가라" 하고 명하셨기 때문이다. 예수께서 그에게 물으셨다. "네 이름이 무엇이냐?" 그가 대답하였다. "군대입니다. 우리의 수가 많기 때문에 붙여진 이름입니다." 그리고는, 자기들을 그 지역에서 내쫓지 말아 달라고 예수께 간청하였다. 마침 그 곳 산 기슭에 놓아 기르는 큰 돼지 떼가 있었다. 귀신들이 예수께 간청하였다. "우리를 돼지들에게로 보내셔서, 그것들 속으로 들어가게 해주십시오." 예수께서 허락하시니, 악한 귀신들이 나와서, 돼지들 속으로 들어갔다. 거의 이천 마리나 되는 돼지 떼가 바다 쪽으로 비탈을 내리달아, 바다에 빠져 죽었다. (마가복음 5:1-13)

군대귀신은 '레기온'이라는 로마 군단의 명칭으로 되어 있습니다. 고대 이스라엘을 지배하느라 주둔하고 있는 로마 제국의 군대입니다. 식민지 민중의 가장 큰 고통은 이들 제국의 군대가 휘두르는 폭력에서 비롯됩니다. 공포의 권력입니다. 이에 감히 맞서기 어렵습니다. 그러니 이들 식민지 민중은 살아 있으나 무덤에서 사는 것과 같이 죽음의 일상을 겪고 있었습니다. 식민지의 고통이 온몸에 박힌 현실은 제정신을 가지고 살 수 없는 상황입니다. 예수님의 군대귀신 축출사건은 그런 현실을 만들어 내고 있는 제국의 폭력과도 맞서는 항쟁입니다.

────── 군대귀신은 몰살당하고 만다. 레기온의 대패는 그 소문 자체로 예수와 그 제자들의 신변을 위험에 빠뜨릴 수 있다. 그러나 다른 한편으로는 제국의 폭력에 신음하고 있던 이들에게는 쾌거이자 희망의 실체가 나타난 사건이다. 제국의 지배에 대한 차원이 다른 저항운동이 일어나기 시작한 것이다.

로마제국의 하수인이 되어 민중을 착취하고 핍박하던 헤롯 왕을

'저 여우'라고 규탄했습니다. 누가복음의 전언(傳言)입니다.

> 바로 그때에 몇몇 바리새파 사람들이 다가와서 예수께 말하였다. "여기에서 떠나가십시오. 헤롯 왕이 당신을 죽이고자 합니다." 예수께서 그들에게 말씀하셨다. "가서, 그 여우에게 전하기를 보아라, 오늘과 내일은 내가 귀신을 내쫓고 병을 고칠 것이요, 사흘째 되는 날에는 내 일을 끝낸다 하여라."(누가복음 13:31-32)

강력한 권력자를 '여우'라고 칭한 것은 대놓고 욕설을 내뱉은 것입니다. 교활한 자라는 것입니다. 이 자가 예수님과 그 운동을 죽이려 들겠지만 귀신을 내어 쫓고 할 일을 그대로 다 하겠다는 것입니다. 단호한 저항입니다. 레지스탕스의 기세입니다.

바로 이 여우들과 특권세력과 로마제국의 폭력이 하나로 집결해서 특권동맹세력이 되어 예수님과 제자 공동체를 공격한 것입니다. 예수님과 그 제자들이 가난한 이들, 여인과 고아, 창녀를 비롯해서 사람대접 받지 못하는 이들과 함께 하신 것을 두려워했기 때문입니다. 이는 특권세력에 대한 도전이며 민란이고 제국에 대한 반란입니다.

이는 이사야의 예언대로 행동한 것입니다. 그 이사야서는 예수님이 성전에서 공생애를 선포하며 읽으신 두루마리 성서의 대목이지 않습니까.

> 예수께서는, 자기가 자라나신 나사렛에 오셔서, 늘 하시던 대로 안식일에 회당에 들어가셨다. 그는 성경을 읽으려고 일어서서 예언자 이

사야의 두루마리를 건네 받아서, 그것을 펴시어, 이런 말씀이 있는 데를 찾으셨다. "주님의 영이 내게 내리셨다. 주님께서 내게 기름을 부으셔서, 가난한 사람에게 기쁜 소식을 전하게 하셨다. 주님께서 나를 보내셔서, 포로 된 사람들에게 해방을 선포하고, 눈먼 사람들에게 눈 뜸을 선포하고, 억눌린 사람들을 풀어 주고, 주님의 은혜의 해를 선포하게 하셨다."(누가복음 4:16-19)

'혁명의 선포'였습니다. 그러나 고난의 시작이었습니다. 어찌해야 하는 걸까요?

변방, 최전선 갈릴리에 꽂힌 깃발

부활은 그저 가만히 있다가 생긴 사건이 결코 아닙니다. 의를 위해 치열하게 산 삶에게 주어지는 하늘의 은혜와 축복 그리고 권능입니다. 하나님 나라의 혁명에 참여하는 이들에게 주어지는 능력이니 이걸 뺀 부활선포는 모두 가짜이며 거짓입니다. 역사의 고난에 함께 하지 않고 특권을 누리거나 특권세력과 함께 하면서 부활을 입에 올리는 것은 기만일 수밖에 없습니다. 이들은 죽은 자 가운데 산 자가 아니라 산 자 가운데 죽은 자들입니다. 수난을 통과하며 주어진 부활의 생명력은 세상을 바꾸는 카리스마가 됩니다.

──── 카리스마는 기존의 제도와 방식을 뛰어넘는 권능이다. 변혁을

위한 지도력이자 권위다. 카리스마가 사라진 시대는 계산과 정치공학만 난무한다. 고난을 이겨내는 과정이 카리스마의 탄생을 가능하게 하는 기원이다. 이 기원에 대한 성찰이 없는 시대가 카리스마를 얻는 것은 어렵다. 그래서 도리어 이는 절실한 권능이다.

하여 예수님은 이렇게 말씀하셨던 것입니다. "의를 위해 핍박받는 것은 복 받을 일이요, 가난한 이들 또한 복이 있게 될 것이며 평화를 위해 고난을 겪는 것 또한 복 짓는 일이 된다"는 것입니다. 마태복음에 나오는 산상수훈(山上垂訓)입니다.

이걸 믿는 이에게 주어질 힘이 우리의 능력만이 아니라 우리 존재 자체의 정체성이 됩니다. 누구도 이런 사람을 이길 도리가 없습니다. 악은 그걸 믿지 못하게 만들고자 늘 거짓을 꾀하고 사람들의 마음과 영혼을 혼미하게 합니다. 여우의 기만에 넘어갈 일이 아닙니다. 악한 자들이 누리는 권세와 재물은 이들의 죄를 입증할 뿐입니다. 그 권세와 재물로 아무리 으리으리한 성채를 지어 올렸어도 그건 하나님의 의 앞에서 돌 위에 돌 하나도 남지 않고 무너질 것입니다. 악한 권력자들과 가난한 이들의 피를 빠는 자들 모두 이 운명에 처하게 될 것입니다. 예수님의 어머니 마리아의 기도가 그걸 이미 말해 주고 있습니다.

하나님의 자비하심은, 그를 두려워하는 사람들에게 대대로 있을 것입니다. 그는 그 팔로 권능을 행하시고 마음이 교만한 사람들을 흩으셨으니, 제왕들을 왕좌에서 끌어내리시고 비천한 사람을 높이셨습니다. 주린 사람들을 좋은 것으로 배부르게 하시고, 부한 사람들을 빈

손으로 떠나보내셨습니다. (누가복음 1:51-53)

죽은 자 가운데서 산 자를 찾을 까닭이 없습니다. 고난의 길은 힘겹지만 외롭지 않습니다. 끝내 역사의 승리를 믿는, 마음을 함께 하는 이들이 우리 곁에 수없이 많기 때문입니다.

특권의 성채는 결국 돌 위에 돌 하나도 남지 않고 반드시 무너지게 될 것입니다. 강도의 소굴은 그 정체가 밝혀질 것입니다. 사악한 자들은 모두 놀라 도망칠 날이 올 것입니다. 저들은 군대귀신처럼 강력하게 뭉쳐 있지만 마침내 죄다 패망하게 될 것입니다. 군대귀신이 쫓겨날 곳은 모두가 혐오하는 존재와 거처의 상징 돼지 속이며 그로써 흔적도 없이 바다에 잠겨 버리고 맙니다. 그 돼지 떼 속으로 들어가게 해 달라고 간청한 것은 다른 누가 아닌 군대 귀신 그 자신들입니다. 자멸의 운명을 피하지 못할 것을 알고 그나마 피했다고 하는 곳이 떼거리로 바다에 잠기는 짐승의 몸입니다. 이 땅에는 묻힐 무덤조차 없게 되는 것입니다. 역사의 모든 악한 권세자들, 독재자들과 그 세력들은 그렇게 사라졌습니다. 그리고 우리는 이만큼 진전해 온 것입니다.

부활의 날에 우리가 가야 할 곳은 '갈릴리'입니다. 가난과 장애, 불평등과 인권유린, 착취와 고통이 있는 곳에 함께 하는 것입니다. 고난을 더불어 나누면서 서로에게 위로와 힘, 용기와 기도를 힘 모아 주고받는 겁니다. 거기에서 새로운 생명의 역사가 비롯될 것입니다. 서로 눈물을 닦아 주고 어깨동무하며 저들은 결코 알 수 없는 우애와 의리를 나누는 것입니다. 우리 안에 하나님 나라가 있게 될 것입니다.

인간과 모든 생명들이 함께 어울려 새로운 미래의 생명공동체를 이뤄 나갈 수 있습니다. 해낼 수 있습니다. 이 소식을 널리 전파하고 혁명의 형제자매들을 모아 나갑시다. 누룩처럼 번져서 고난과 궁핍의 시대를 먹일 떡이 되는 것입니다. 그날이 오면 우리 흥겹게 잔치 한판 벌립시다. 정의와 평화는 한 몸입니다.

'부활'은 신약성서를 기록한 흔히 헬라어라고 하는 고대 그리스어나 중세 유럽의 언어인 라틴어 모두 동일한 뜻을 지니고 있습니다. 헬라어로는 '아나스타시스'. 그러니까 '다시 일어선다'라는 뜻으로 이와 다르지 않게 라틴어에서도 '부활'은 어원상 '들고 일어난다', 또는 '봉기'라는 뜻을 가지고 있습니다. 저항과 반란은 십자가 처형으로 모두 진압했다고 여겼는데 그건 오판이었습니다. 하나님의 권능으로 부활, 봉기하는 이들의 길은 무적(無敵)입니다.

―――― 부활을 뜻하는 영어 레저렉션(resurrection)의 라틴어 어원은 들고 일어난다는 수르제레(surgere)이다. 여기서 다시를 뜻하는 레(re)와 누워있던 것이 일어선다는 수르제(surge)가 합쳐 레수르제레(resurgere)가 되었다. 부활의 영어 단어 레저렉션(resurrection)에서 서렉션(surrection)은 지질학적 융기(隆起)를 뜻하며, 인서렉션(insurrection)은 봉기와 반란을 뜻한다. 모두 격변의 봉기, 들고 일어남, 생명의 새로운 부활을 의미한다. 레저렉션(resurrection)의 정치사회적 현실은 다름아닌 인서렉션(insurrection)이다. 새로운 질서를 향한 거대한 혁명의 시작이다. 예수 운동은 이 힘으로 현실의 부당함과 악함을 돌파할 수 있음을 믿는 이들의 하나님 나라 혁명조직이다.

불의가 정의를 이길 수 없으며 죽음이 생명을 이길 수 없고 미움이 사랑을 이길 수 없다는 걸 확증한 것이 부활입니다. 그건 현실세계가 작동하는 지배적인 방식을 타격하는 혁명의 뿌리입니다. 불의가 권세가 되고 죽음이 공포를 가져다 주어 옳은 일에 나서지 못하도록 꼼짝 못하게 하며 미움이 판을 치는 세상을 뒤집는 겁니다. 이 부활의 길을 꿈꾸며 믿는 이에게 하나님 나라의 초월적 카리스마가 넘치는 권능이 충만해지기를 기원합니다.

배 오른편의 비밀

시몬 베드로가 그들에게 말하기를 "나는 고기를 잡으러 가겠소" 하
니, 그들이 "우리도 함께 가겠소" 하고 말하였다. 그들은 나가서 배를
탔다. 그러나 그날 밤에는 고기를 한 마리도 잡지 못하였다. 이미 동
틀 무렵이 되었다. 그때에 예수께서 바닷가에 들어서셨으나, 제자들
은 그가 예수이신 줄을 알지 못하였다. 그때에 예수께서 제자들에게
물으셨다. "얘들아, 무얼 좀 잡았느냐?" 그들이 대답하였다. "못 잡았
습니다." 예수께서 그들에게 말씀하셨다. "그물을 배 오른쪽에 던져
라. 그리하면 잡을 것이다." 제자들이 그물을 던지니, 고기가 너무 많
이 걸려서, 그물을 끌어올릴 수가 없었다. (요한복음 21:3-6)

다니엘의 환상, 네 마리 짐승

───── 다니엘서와 요한계시록은 묵시록(黙示錄)이라는 이름으로 알려진 문서다. 낡은 시대의 종말과 새로운 시대의 도래(到來)를 예고하는 예언서로, 그 본질과 핵심은 강성하게 권세를 누리는 악의 끝에 대한 확신이다. 칠흑같은 절망의 시대를 이겨내는 예언자들의 육성이 담겨 있는 이 성서의 문서들은 특히 거대한 제국의 횡포와 맞선 하나님 나라의 승리를 내다보고 있다. 그것은 드러나지 않은 하나님의 뜻이 드러나는 사건이다. '계시(Revelation)'는 그런 뜻을 가지고 있다.

다니엘은 어느 날 기이한 짐승들이 등장하는 환상을 보게 됩니다.

내가 밤에 환상을 보았는데, 동서남북 사방에서, 하늘로부터 바람이 큰 바다에 불어 닥쳤다. 그러자 바다에서 모양이 서로 다르게 생긴 큰 짐승 네 마리가 올라왔다. 첫째 짐승은 사자와 같이 보였으나 독수리의 날개를 가지고 있었다. 내가 살펴보고 있는 동안에 그 날개가 뽑혔다. 그 짐승은 몸을 일으키더니, 사람처럼 발을 땅에 디디고 섰는데, 사람의 마음까지 지니고 있었다. (다니엘 7:2~4)

괴물들입니다. 사자와 독수리의 합체라니 엄청난 힘을 가진 존재인데 날개가 뽑히는 지경을 당합니다. 이 짐승이 누리던 패권의 시대가 끝난 것입니다. 두 번째는 곰, 세 번째는 표범, 마지막에는 사납고 무서우며 힘이 아주 센 짐승으로 쇠로 된 큰 이빨을 가지고 있었으며 뿔이 열 개나 있는데 뿔 하나가 돋아나더니 그게 모든 것을 제압했다고 합니다.

> 다른 짐승 곧 둘째 짐승은 곰과 같았는데, 뒷발로 서 있었다. 그 짐승은 갈빗대 세 개를 물고 있었는데, 누군가가 그에게 이렇게 말하였다. '일어나서 고기를 많이 먹어라.' 그 뒤에 내가 또 살펴보고 있는데, 또 다른 짐승이 나왔다. 그것은 표범처럼 생겼으나, 등에는 새의 날개가 네 개나 있었고, 머리도 네 개나 달려 있었으며, 아주 권위가 있어 보였다. 그 뒤에 내가 밤의 환상을 계속 살펴보고 있는데, 넷째 짐승이 나왔다. 그것은 사납고 무섭게 생겼으며, 힘이 아주 세었다. 이 짐승은 쇠로 된 큰 이빨을 가지고 있어서, 그것으로 먹이를 잡아 먹고, 으스러뜨리며, 먹고 남은 것은 발로 짓밟아 버렸다. 이 짐승은 앞에서 말한 짐승들과는 달리, 뿔을 열 개나 달고 있었다. 내가 그 뿔을 유심히 살펴보고 있자니, 다른 작은 뿔 하나가 그 뿔들 사이에서 돋아났다. 먼저 나온 뿔 가운데서 셋이 새로 돋아난 그 뿔에 밀려서 뿌리째 뽑혔다. 새로 돋아난 뿔은 사람의 눈과 같은 눈을 가지고 있었고, 입이 있어서 거만하게 떠들었다. (다니엘 7:5-8)

구약성서라고 부르는 히브리성서의 다니엘 7장에 나오는 대목입니다. 쇠로 된 이빨까지 가진 이 강력한 네 번째 짐승에게서는 여러 뿔들이 갈라져 나오고 권력교체를 떠올리게 하는 장면들이 이어집니다. 결국 이 네 번째의 그리도 무섭고 강성하게 보이던 짐승도 멸망합니다.

내가 살펴보니, 넷째 짐승이 살해되고, 그 시체가 뭉그러져서, 타는
불에 던져졌다. (다니엘 7:11)

제국의 흥망성쇠를 기록한 역사라고 하겠습니다. 짐승이 나타나는
환상은 신약의 요한계시록에도 나옵니다. 막대하기 짝이 없는 힘을 가
지고 세상을 지배하는 권세입니다. 도대체 이게 구체적으로는 무얼 뜻
하는 걸까요?

야만의 종식

기원전 722년 앗시리아 제국에 의한 북 이스라엘 점령 이후 이스라엘
은 여러 차례 제국의 침탈과 지배를 겪게 됩니다. 기원전 587년 이스
라엘은 바빌론 제국에 함락당하고 예루살렘은 폐허가 되어 버립니다.
바빌론 제국은 오늘날 북부로는 시리아, 그 중심은 이라크 지역 그리
고 이란의 일부지역에서 일어난 거대한 고대 제국입니다. 사실 바빌론
제국은 저 아득한 기원전 18세기 무렵에 나타났다가 앗시리아 제국에
게 멸망당하고 이후 기원전 7세기에 다시 일어선 불사조 같은 수메르
문명을 포괄하는 어마어마한 제국이라고 하겠습니다.
　그로부터 한 세대가 지난 기원전 540년, 메디아 제국을 거쳐 그보다
강력한 힘을 가진 제국으로 등장한 페르시아는 바빌론 제국을 무너뜨
리고 오늘날 이란과 중앙아시아로 뻗어 나가는 지역까지 지배하게 됩
니다. 이 페르시아 제국은 바빌론에 포로로 끌려와 살고 있던 이스라

엘의 귀족계급과 사제들을 예루살렘으로 귀환시켰습니다. 전혀 예상하지 못했던 파격적 결정이었고 이로써 이들은 예루살렘의 성전 재건에 몰두하게 됩니다. 페르시아 제국의 이러한 전략은 바빌론 제국에 충성하고 있던 지역에 이와 같은 정착민 이주 정책을 통해 자신들에게 충성하도록 만드는 술책이 개입되어 있었습니다. 그러나 포로로 끌려가 이국에서 살아야 했던 종족으로서는 절호의 기회가 온 것입니다.

이런 파란의 역사를 거치면서 이들은 자신들의 역사와 신앙을 회복하는 노력을 하게 되며 이 과정에서 오늘날 우리가 보게 되는 '성서'라는 문서가 하나하나 체계화되는 과정을 거치게 됩니다. 실종된 역사를 복구하면서 그 안에서 하나님의 뜻과 역사를 깨우치고 유산으로 남기는 노력의 결실이었습니다.

——— 성서는 어느날 갑자기 나타난 책이 아니다. 우리가 구약이라고 부르는 히브리성서는 기원전 10세기 전후로부터 무려 5-6백년의 시기를 거치면서 입으로 전해져 내려온 이야기들을 포함해 성서의 위치를 가진 문서들이라고 평가된 것들을 선택하고 구성하고 편집한 결과이다. 저자는 따라서 집단적인 존재이며, 그 책의 완성 과정은 매우 오랜 세월이 걸렸다. 그때 마다의 역사적 체험과 깨우침, 그리고 중심 메시지가 다양하고 이에 따라 긴 역사 속에 만들어지고 읽히고 해석된 대단히 독특한 정체성을 가진 책이 되었다. 성서는 인류 역사 전체로 볼 때 이런 방식으로 엮어진 유일한 책이다. 그런 까닭에 그 내용을 읽고 해석하고 깨닫는 방식은 매우 깊은 지층을 가지고 있다.

바빌론 포로기를 지나 이스라엘로 돌아온 이 시기 이스라엘의 상전은 엄연히 페르시아 제국이었고 거대한 제국의 식민지라는 현실은 바뀌지 않았습니다.

지배계급은 어디까지나 제국의 하수인이었으며 제국과 결탁한 자들이었고 민중은 안팎으로 뜯겨가며 살고 있었습니다. 한편 페르시아 제국의 운명도 신흥 강대국 알렉산더 제국 앞에서 속수무책으로 무너져 내리고 말았습니다. 기원전 330년, 젊은 제왕 알렉산더는 파죽지세(破竹之勢)로 헬레니즘의 세계를 만들어 냈고 오랜 유대주의 전통으로 살아왔던 이스라엘도 이 영향권에서 벗어나기 어려웠습니다.

그러나 이런 제국의 지배에 대한 저항이 사라진 것은 아니었습니다. 기원전 168년, 마카비우스 봉기는 마침내 이스라엘의 독립을 가져왔고 이는 이후 매우 중요한 반(反)제국주의 투쟁의 기반이 되었습니다. 그런 참에 예수의 시대와 이어지는 로마제국의 출현은 또 다른 상황을 만들어 내게 됩니다. 기원전 63년, 로마의 폼페이우스가 선봉에 선 정복전쟁으로 이스라엘은 다시 식민지로 전락하게 되었던 것입니다.

다니엘이 보았던 네 마리의 짐승은 바빌론 제국, 페르시아 제국의 전신인 메디아 제국, 그리고 이보다 더 강성해진 페르시아 제국과 이를 무너뜨린 알렉산더의 헬레니즘 제국입니다. 요한계시록은 이후 등장하는 로마제국까지를 포함해서 제국의 계보를 짐승으로 드러냅니다. 예언자들이 보는 제국의 지배는 짐승, 즉 '야만'이라는 논리가 일관해 있습니다. 강포한 힘의 세계가 현실이었습니다. 여기서 어떻게 해방될 수 있을 것인가가 다니엘과 예언자 요한이 내다 본 미래였던 것입니다.

의병투쟁과 하나님 나라 운동

제국은 곧 문명의 최첨단이라고 생각되는 세계관이 현실에서 막강한 힘을 발휘합니다. 그러나 성서의 묵시록은 이를 정면으로 거부하고 새로운 세상에 대한 열망을 '환상'의 방식으로 드러내 주고 있습니다. 이들 제국에 대한 투쟁은 따라서 야만과의 치열한 쟁투가 되며 이들 제국의 하수인으로 민중을 핍박하는 자들과의 싸움 또한 치열할 수밖에 없습니다. 이는 '야만의 종식'입니다. '인간으로서의 삶'을 위해 반드시 이뤄져야 하는 운동이었습니다.

하지만 어디 그게 쉽겠습니까. 고대 이스라엘의 예언자 운동은 모두 이 야만적 짐승의 세계와 맞서 격투를 벌이는 '의병투쟁'이라고도 할 수 있습니다. 하나님 나라의 의병들이 벌이는 대전투입니다.

우리 역사 속에서 등장하는 의병도 이와 다를 바 없었습니다. 중앙의 권력을 쥐고 있던 지배세력들이 민중을 끊임없이 수탈하고 끝내는 나라를 팔아 먹는 매판분자들이 되자 지방유생들은 민중과 결합해서 이에 항거합니다. 일본제국주의 군대나 이들이 무장시킨 관군에 비하면 미약하기 짝이 없는 힘을 가지고도 의병들은 "성패를 들어 의리를 따지지 않는다(不可以成敗論義理也)"라는 성리학적 믿음으로 무장하고 나섭니다. 백성들은 부패하고 착취 외에는 알지 못하는 지배세력들에게 민란(民亂)의 수준으로 분노하고 있었으니 의병투쟁에 나서는 것은 당연했습니다. 개혁군주 정조가 죽고 권문세가들의 세도정치가 권세를 부린 19세기 초반에서 백 년의 시기는 홍경래의 반란에 이어 진주민란, 그리고 급기야는 동학농민혁명까지 모두 죽기 아니면 살기의 싸움을 벌인 때였습니다.

———— 외척세력의 등장, 권문세족(權門勢族)의 지배로 조선의 정치는 무너져 내리기 시작했다. 민중의 삶은 더더욱 피폐해져갔고 이걸 뚫고 나가려는 실학의 힘은 배제당했다. 추방과 유배의 시절이 조선의 역사를 휘어잡았던 것이다. 서학(西學)이라는 말로 등장하는 천주교에 대한 실학자들의 수용과 연구도 차단당하고 말았다. 동학(東學) 또한 역사의 충격적인 동력이 되었으나 관군과 외세 일본군의 합동작전으로 진압당하는 형편에 몰렸으니, 한 시대가 암흑이 되어 가고 있었다. 그러나 여기서 모든 것이 끝난 것은 아니었다. 민란의 시대는 새로운 돌파구를 만들어 가고 있었던 것이다.

의병투쟁과 동학농민혁명을 거쳐 1900년대에서 1904년에 이르는 활빈당(活貧黨)의 출현도 그 의미를 따져보면 대단히 중요한 본질을 일깨웁니다. '활빈(活貧)'은 가난한 자들을 일으켜 세운다는 뜻이기도 하지만 본래는 "짐승을 죽여 사람을 살리는 것이 인仁(殺畜以活人 不亦不仁乎)"이라는 데서 나왔다고 합니다. 야만을 끊어 내는 겁니다. 그래야 인간의 도리대로 살 수 있다는 것입니다. 다니엘서와 요한계시록에 나오는 괴력을 가진 짐승들과 싸워 이기겠다는 것과 다를 바 없습니다.

로마제국의 하수인이자 폭군인 헤롯은 기원전 4년에 죽습니다. 이 시기를 전후해서 이스라엘의 갈릴리에서 히스기야라는 인물의 지도 아래 대규모 농민반란이 일어났습니다. 의병이었습니다. 물론 야만적으로 진압당하고 학살이 이어집니다. 로마제국에 항거한 갈릴리 남쪽의 세포리아 반란이 그런 운명에 처하는 것입니다. 대학살극이 벌어졌습니다. 1948년 4·3 제주민중항쟁의 역사도 그런 맥락과 내용을 가진 것입니다. 그런 항쟁과 참극의 현장이 바로 '갈릴리'였습니다. 예수는 이런 역사적 맥락에서 등장하고 그를 따르는 제자들 역시도 이와 같은 비극의 현실을 넘어 새로운 희망을 태어나게 하려 한 것입니다.

이를 '하나님 나라 운동'이라고 부른 것입니다. 예수님이 "하나님 나라가 가까이 왔다"고 한 것은 '혁명의 현실성'을 가리킨 것이었습니다. 가당치 않은 꿈을 꾸는 게 아니라는 것입니다. 모든 야만이 사라지고 불의가 더는 힘을 쓰지 못하며 평화와 우애가 넘치는 세상에 대한 갈망이 이 운동에 압축됩니다.

로마제국의 탄압과 헤롯 왕가의 잔혹하고 지속적인 토벌작전은 갈릴리를 죽음과 고난의 땅으로 만들어 버리고 맙니다. 이와 정면으로 대적하는 실천이 하나님 나라 운동의 역사적 진실입니다. 십자가 처형은 이런 역사의 실체를 그대로 보여주는 폭력의 현장입니다. 그건 예수님만이 겪은 일이 아니었습니다. 무수한 저항세력들이 패배하고 사로잡혀 매달림을 당해 죽음에 이르게 한 제국의 무기, 처형대였던 것이며, 이스라엘 특권세력들이 이런 참극에 동조자가 되었던 것입니다.

예수를 따르게 된 제자들은 이 참극의 역사를 겪어낸 민중이었고 그런 까닭에 자신들을 새로운 미래로 이끌어 줄 누군가를 뜨겁게 기다렸습니다. 이때 홀연히 출몰한 예수는 이들의 마음을 순식간에 사로잡았고 민중들은 환호했습니다. 이제 이런 기세를 몰아 나가면 조만간 승리가 목전에 이를 것이요, 세상은 억압받은 이들의 차지가 될 것이라는 확신에 차 있게 되었습니다. "가난한 자들이 복을 받을 것이요,

하나님 나라가 저희 것이다. 온유한 자가 땅을 차지하리라"(마태복음 5:3, 5)라는 예수님의 선언은 엄청난 기대를 모을 수밖에 없었습니다.

―――― "가난한 이들이 복이 있나니"로 시작하는 산상수훈은 예수의 하나님 나라 기본강령의 선포다. 그건 힘을 위주로 하는 현실의 논리를 완전히 거꾸로 뒤집는 것이다. 역전(逆戰)의 논법이다. 크고 웅장한 성전에서 제자들을 집결시키고 운동의 출범을 선언한 것이 아니라, '산'이라고 하는 성전권력의 특권 밖에서 이뤄내는 운동이다. 그건 산이기도, 들판이기도 하며 강이기도 하고 바다이기도 하다. 예수는 함석헌 선생이 말씀하셨듯이 '들사람' 그 자체다. 거기에서 하나님 나라의 권세가 뿜어져 나온다.

'온유한 자'는 개인적 성품을 포괄하는 동시에 오만한 권력자들과 대비되는 민중의 삶과 태도를 묘사한 것입니다. 권력에 취해 그악을 부리며 모든 것을 제 손아귀에 넣고자 하는 자들과 다른 존재의 모습입니다. 이들은 그래서 "의를 위해 헌신하다가 핍박을 받는 자들"이며 하나님 나라에 마침내 속한다고 선포된 것입니다. 이들의 온유함은 낮은 자리에서 낮은 이들과 끝까지 함께 하는 '혁명의 품성'입니다.

동이 트는 시각, 우리가 그물을 던져야 할 곳은?

그런데 이들의 하나님 나라 의병운동은 그 우두머리가 되는 예수님의 십자가 처형으로 일거에 파산 상태가 되어 버립니다. 모두 도망가고 뿔뿔이 흩어져 숨어 지냅니다. 예수님의 시신(屍身)이 안치된 곳에 찾아 가는 이는 막달라 마리아를 비롯한 여인들 빼놓고는 정작 제자들 가운데는 단 하나도 없었습니다. 두려워 떨었던 것입니다. 반면에 이들 여인들은 용기를 내고 무덤으로 갔는데 무덤을 막아 놓은 돌은 어느새 치워져 있고 시신조차 사라져 보이지 않았습니다. 얼마나 놀랐겠습니까?

부활한 예수님이 이들에게 나타나지만 그녀를 비롯해서 어느 누구도 그가 누구인지 알아보지 못하는 기이한 일이 일어납니다. 예수를 동산지기인가 하고 착각하기조차 합니다. '인식의 패러다임'이 달라지지 않으면 볼 수 있는 것을 보지 못하게 된다는 것을 일깨우는 대목입니다. 이미 죽었고 패배했고 사라졌다고 생각했으나 아니었던 것입니다. 이걸 모르면 패배의 과거에 갇혀 있게 됩니다. 동은 트고 있었지만 여전히 어둠에 묻혀 있는 삶입니다.

요한복음은 이들 제자들이 공포로 움츠러든 현실을 보여줍니다. 더는 하나님 나라 운동에 나서지 못하게 된 제자들이었습니다. 그래서 기껏 하는 말이 "물고기나 잡으러 가자"고 합니다. 갈릴리 어부 출신들이었으니 그 일에는 그래도 그나마 자신이 있었던 것이겠지요. 베드로가 이렇게 말합니다. "나는 고기나 잡으러 가겠소." 그러자 다른 제자들도 함께 갑니다.

> 시몬 베드로가 그들에게 말하기를 "나는 고기를 잡으러 가겠소" 하
> 니, 그들이 "우리도 함께 가겠소" 하고 말하였다. (요한복음 21:3)

이게 예수님의 제자들이 현실의 압박에 몰린 끝에 내린 결정이자 상황입니다. 하지만, 밤을 새고 동이 터오는데 단 한 마리도 잡히지 않는 것이었습니다.

> 그러나 그 날 밤에는 고기를 한 마리도 잡지 못하였다. 이미 동틀 무렵이 되었다. (요한복음 21:3~4)

꼼짝없이 빈 배로 돌아올 판입니다. 이미 동이 터 오를 무렵이라니, 철수해야 하는 시각이 곧 옵니다. 어둠이 깔려야 잡을 수 있는 고기떼였던 모양입니다. 아침이 되니 날은 밝아오는데 이들의 마음은 도리어 어두워지고 있었을 것입니다. 동이 튼다고 다 동이 트는 것이 아닌 것입니다. 그 시각은 이들의 실패를 확인하게 하는 때가 되고 마는 것입니다. 달리 회복해 볼 도리가 없으니 말이지요. 아침이 되는 것이 불안해지지 않았을까 합니다. 다른 건 몰라도 어부노릇은 해볼 만하고 성과도 기대할 만했는데 단 한 마리의 고기도 잡지 못했습니다. 참담한 현실입니다.

이때 한 낯선 사나이가 이들에게 말을 겁니다. 나중에 스승 예수인 것을 알아보지만 그 순간은 누군지 몰라봅니다. 인식의 패러다임이 바뀌지 않았으니 눈뜨고도 눈먼 자였던 것입니다.

> 그때에 예수께서 바닷가에 들어서셨으나, 제자들은 그가 예수이신 줄을 알지 못하였다. 그때에 예수께서 제자들에게 물으셨다. "애들아, 무얼 좀 잡았느냐?" 그들이 대답하였다. "못 잡았습니다."(요한복음

21:4-5)

그가 "고기를 좀 잡았는가?"라고 묻는데 그건 당사자들에게는 괴로운 질문입니다. 자기들의 실패를 다시 확인하게 되는 자존심 상하는 질문입니다. 어부로서의 입장도 꼴이 아니게 되었습니다. 그런데 이 사나이는 "그물을 오른편으로 던지라"고 말합니다. 가당치 않습니다. 그 이야기를 듣는 쪽은 프로 어부인데다가 이들 제자들이 밤새도록 뭘 해보지 않은 게 있겠습니까? 오른편은 물론이고 전후좌우를 막론하고 할 바를 다해 본 바 아니었겠습니까?

> "그물을 배 오른쪽에 던져라. 그리하면 잡을 것이다." 제자들이 그
> 물을 던지니, 고기가 너무 많이 걸려서, 그물을 끌어올릴 수가 없었
> 다.(요한복음 21:6)

그런데 이들이 그 말에 따라 그물을 배 오른편에 던져보니 엄청난 수확을 거두게 되었습니다. 만일 이때 아직은 누군지 알아보지 못했던 이 사나이의 말대로 하지 않고 "당신 무슨 소리 하는 거요? 우리를 뭘로 보고 이러는가?"라고 했다면, 그건 바로 눈앞에 있는 가능성을 저버리고 낙담해 돌아가는 자가 되고 마는 일이 될 뻔했습니다. 자신의 체험만을 절대기준처럼 삼는 이들은 마음이 굳어버립니다. 하늘나라의 비밀이 들어설 자리가 없습니다. 온유한 존재의 기쁨을 모르게 됩니다. 실로 온유한 자가 새로운 미래를 차지합니다. 그물을 끌어올릴 수 없는 지경까지 이르렀습니다. 빈 배가 만선(滿船)이 되어 돌아

오게 된 것입니다. 그것도 차고 넘치는 배가 되었습니다. 요한복음 21장 11절에는 "그물 안에는 큰 고기가 백 쉰 세마리나 들어 있었다"라고 되어 있는데 이는 많다는 뜻과 함께 어떤 상징성을 가진 숫자라기보다는, '단 한 마리도' 잡지 못했던 것과 비교되는 구체적인 입증이기도 합니다. 실제 사건이라는 증언입니다.

이 기적같은 일은 어떻게 가능했겠습니까? 사실 알고 보면 간단합니다. 물고기는 움직입니다. 아까 그 자리에 없었다고 지금도 없을 것이라고 단정할 수 없습니다. 우리가 미처 짐작하지 못했던 기운과 우리의 수고가 만나는 현장, 그곳이 바로 '배 오른편'입니다. 하나님의 은총과 그에 대한 우리의 응답이 결합되는 현장이 '배 오른편'입니다. 어떤 것도 고정되어 있지 않습니다. 이 역동의 원리를 손에 잡게 되면 미리 모든 걸 단정하고 결론을 내릴 이유가 없습니다. 희망의 여지는 여전히 존재하기 때문입니다. 이 비밀을 함께 공유하고 '실천'하는 이들이 세상을 뒤집습니다.

제자들이 그물을 던지니

사람 낚는 어부가 되게 하겠다는 예수님의 말씀이 떠오르는 대목입니다.

예수께서 갈릴리 바닷가를 걸어가시다가, 두 형제, 베드로라는 시몬과 그와 형제간인 안드레가 그물을 던지고 있는 것을 보셨다. 그들은 어부였다. 예수께서 그들에게 말씀하셨다. "나를 따라오너라. 나는 너희를 사람을 낚는 어부로 삼겠다."(마태복음 4:18-19)

그런데 지금 고기잡이 배를 타고 있는 이들은 이 사명을 포기한 제자들이었습니다. 고기나 잡으러 가겠다고 했으나 이제는 그마저 실패할 상황이었습니다. 하지만 배 오른편의 비밀을 깨닫는다면 이미 동이 터 오고 있어 어찌할 수 없다고 여기고 있는 그때가 도리어 새로운 사건의 시작일 수 있는 것입니다.

요한복음은 이들 제자들이 기력을 다해 그물을 끌어올려 뭍에 오르자 예수님이 이미 숯불을 피워 놓고 생선과 빵을 제자들에게 먹이는 장면을 담고 있습니다. 예수님과 제자들이 함께 했던 성만찬 공동체가 이로써 회복이 된 것입니다. 의병의 재집결입니다. 봉기와 반란, 그리고 새로운 나라를 향한 아침이 밝아오는 것입니다. '부활'은 진작에 패했다고 여겼던 혁명의 새로운 시작을 뜻하기도 합니다.

그들이 땅에 올라와서 보니, 숯불을 피워 놓았는데, 그 위에 생선이 놓여 있고, 빵도 있었다. 예수께서 제자들에게 말씀하셨다. "너희가 지금 잡은 생선을 조금 가져오너라." 시몬 베드로가 배에 올라가서, 그물을 땅으로 끌어내렸다. 그물 안에는, 큰 고기가 백쉰세 마리나 들어 있었다. 고기가 그렇게 많았으나, 그물이 찢어지지 않았다. 예수께서 그들에게 말씀하셨다. "와서 아침을 먹어라." 제자들 가운데서 아무도 감히 "선생님은 누구십니까?" 하고 묻는 사람이 없었다. 그가 주님이신 것을 알았기 때문이다. 예수께서 가까이 오셔서, 빵을

집어서 그들에게 주시고, 이와 같이 생선도 주셨다.(요한복음 21:9-13)

기력이 빠져 있던 이들 제자들이 숯불을 피울 필요도, 빵을 구할 필요도 없는 만찬이 준비되어 있었습니다. 예수님은 빵도 생선도 집어서 이들에게 주십니다. 모든 것이 부족할 뻔했는데 어느 하나 부족하지 않습니다. 하나님 나라 운동에 용기를 잃고, 그 운동에 나서기 전의 삶으로 돌아갈까 했던 이들 제자들은 감격하고 다시 용기를 일으켜 세울 시간이 된 것입니다. 그들의 마음과 영혼에도 동이 트고 있었을 것입니다.

여기서 끝이 아닙니다. 해야 할 바를 다시 일깨우십니다. 고기나 잡으러 가자고 했던 이들 제자들에게 질문이 이어집니다. 베드로가 그 대상이 되었습니다.

그들이 아침을 먹은 뒤에, 예수께서 시몬 베드로에게 물으셨다. "요한의 아들 시몬아, 네가 이 사람들보다 나를 더 사랑하느냐?" 베드로가 대답하였다. "주님, 그렇습니다. 내가 주님을 사랑하는 줄을 주님께서 아십니다." 예수께서 그에게 말씀하셨다. "내 어린 양 떼를 먹여라." 예수께서 두 번째로 그에게 물으셨다. "요한의 아들 시몬아, 네가 나를 사랑하느냐?" 베드로가 대답하였다. "주님, 그렇습니다. 내가 주님을 사랑하는 줄을 주님께서 아십니다." 예수께서 그에게 말씀하셨다. "내 양 떼를 쳐라." 예수께서 세 번째로 물으셨다. "요한의 아들 시몬아, 네가 나를 사랑하느냐?" 그 때에 베드로는, [예수께서] "네가 나를 사랑하느냐?" 하고 세 번이나 물으시므로, 불안해서 "주님,

주님께서는 모든 것을 아십니다. 그러므로 내가 주님을 사랑하는 줄을 주님께서 아십니다" 하고 대답하였다. 예수께서 그에게 말씀하셨다. "내 양 떼를 먹여라."(요한복음 21:15-17)

베드로가 예수님이 처형장으로 가는 길에 그를 세 번 부인한 것을 환기시키는 장면입니다. 그러나 그 어떤 힐난이나 자책을 요구하든지 아니면 부끄럽게 만드는 일은 전혀 없습니다. 사랑하는가? 그리하면 내 양을 먹이라는 것입니다. 이게 배 오른편의 비밀을 일깨우신 목적입니다. 그곳으로 그물을 던져야 하는 이유입니다. 차고 넘치는 만선을 위한 실천입니다.

인간의 거죽을 뒤집어 썼으나 짐승의 야만으로 이 시대를 지배하려는 자들이 여전히 군림하고 있습니다. 인류를 괴롭히는 짐승, 제국의 지배도 다르지 않습니다. 그러나 끝날 날이 옵니다. 우리의 역사에 등장한 짐승들 가운데 오늘날 우리가 직면하고 있는 짐승들이 마지막이기를 바랍니다. 이들과의 싸움은 결코 간단하지 않습니다. 밤을 새고 이리저리 애를 써 보았으나 어느새 날이 밝아와 어찌 하는 수가 없구나 하고 낙담할 수도 있습니다.

그러나 아직 배 오른편이 남아 있습니다. 그 비밀을 함께 공유하는 이들이 날로 늘어날 때 승리할 수 있습니다. 그 일을 위한 식탁은 하나님이 손수 준비하십니다. 숯불도 마련되어 있습니다.

────── 하나님 나라와 그 의를 구하면 나머지는 하나님께서 알아서 해 주신다는 말씀이 바로 이 말씀이다.

너희는 먼저 하나님의 나라와 하나님의 의를 구하여라. 그리하면 이 모든 것을 너희에게 더하여 주실 것이다.(마태복음 6:33)

그러니 이 말씀 또한 깊이 새길 바이다.

무엇을 먹을까, 무엇을 마실까, 무엇을 입을까, 하고 걱정하지 말아라.(마태복음 6:31)

인간을 잡아먹는 짐승들에게 우리의 미래를 넘겨줄 수 없지 않겠습니까? 예수님이 '내 양'이라고 부른, 세상에서 고통과 압박을 겪고 있는 이들에게 나눌 양식은 결코 부족하지 않습니다. 동이 터오는 그 돌이킬 수 없다고 여긴 시간에도. 그물을 던질 시간은 여전히 충분합니다. 세상을 구할 어부의 탄생을 기원합니다. 그물을 힘차게 배 오른편으로 던져 봅시다.

고기가 너무 많이 걸려서, 그 물을 끌어올릴 수가 없었다.(요한복음 21:6)

이 뜨거운 환상이 일상의 능력이 되기를 뜨거운 마음으로 빌겠습니다.

하나님의 절박한 마음

치열하게 고투하고 성찰하면서 쏟아내었던 말과 글들이 세월이 오래 지나니 하나 하나 조심스럽기만 합니다. 그만큼 하나님의 뜻을 세상에 전하는 일의 무게가 결코 가볍지 않은 것을 깨우친 까닭일 겁니다. 하여 새로 고쳐 쓰고 새로 더한 글들을 수없이 다시 읽고 또 읽으며 다듬고 난 뒤에는 결국 기도만 남게 됩니다.

제가 처음 냈던 설교집 제목처럼 이 책에 담긴 바가 '물 위에 던진 떡'이 되어 누군가의 갈급한 영혼을 채우고 일으켜 세우는 힘이 되기를 바라는 기도 말이지요. 단 한 줄이라도 그게 위로가 되고 격려가 되고 성찰과 실천의 힘이 되기를 깊이 소망하는 겁니다. 더 나아가 그런 힘이 무럭무럭 자라나서 하나님 나라가 이 땅에 이뤄지는 임무를 자신의 소명으로 삼는 이들이 늘어가기를 기원합니다.

세월이 갈수록, 우리를 향한 하나님의 마음이 참으로 절박하시다는 걸 깨닫게 됩니다. 힘겹고 위태로운 처지에 놓인 자식을 도로 찾는 부모님의 마음이 그런 것임을 떠올리면《하늘은 나를 얻고》의 기쁨이 무엇일지 가늠이 되고도 남습니다. 이 책을 손에 든 여러분들에게 하나님의 축복을 기원드립니다. 사랑과 평화, 그리고 무엇보다도 하나님의 지켜주심이 감격이 되시기를 빌겠습니다.